KB109550

코로나
시대의

역발상
트렌드

코로나 시대의 역발상 트렌드

2021년 7월 15일 초판 1쇄 발행 | 2021년 11월 30일 초판 6쇄 발행

지은이 민병운, 정휘관, 진대연, 유주리, 장차오
펴낸곳 부키(주)
펴낸이 박윤우
등록일 2012년 9월 27일
등록번호 제312-2012-000045호
주소 03785 서울 서대문구 신촌로3길 15 산성빌딩 6층
전화 02) 325-0846
팩스 02) 3141-4066
홈페이지 www.bookie.co.kr
이메일 webmaster@bookie.co.kr
제작대행 올인피앤비 bobys1@nate.com
ISBN 978-89-6051-873-5 03320

코로나 시대의 역발상 트렌드

메가 트렌드를 뛰어넘는
20가지 비즈니스 전략

민병운·정휘관·진대연·유주리·장차오 지음

부·키

지은이

민병운

서강대학교에서 신문방송학을 전공했고, 연세대학교 경영전문대학원에서 경영학 석사 학위, 그리고 서강대학교 신문방송학과에서 광고학 박사 학위를 받았다. 삼성전자 본사 인사팀, 브랜드 컨설팅 회사 에프오티 기획이사를 거쳐 현재 테미스코프 리서치 앤 컨설팅 대표이사를 맡고 있다. 그동안 삼성전자, 신세계백화점, SSG닷컴, 신세계프라퍼티, 한화호텔&리조트, 코오롱, 카카오, SM엔터테인먼트 등 주요 대기업과 국내외 스타트업의 마케팅 및 광고 컨설팅을 진행했다.

정휘관

한국외국어대학교에서 문학사, 서강대학교에서 문학 석사를 받았고 서강대학교 신문방송학과에서 박사 과정을 수료했다. 그리고 동 대학교 서강헬스커뮤니케이션센터 연구원으로 질병관리청, 한국보건의료연구원, 보건복지부 등의 프로젝트를 수행했다. 중앙자살예방센터 미디어홍보팀장, 식품의약품안전처를 거쳐 현재 전국시장군수구청장협의회 홍보팀장으로 근무하고 있다. 크리에이티브 기반 헬스커뮤니케이션과 정책 홍보 분야의 전문가다.

진대연

서울과학기술대학교에서 전자공학을 전공하고 에버노트 국내 사업 개발, 플로우 마케팅 총괄, 비트파인더 한국 지사장, 올거나이즈 국내 비즈니스 담당을 거쳐 현재 미국 최대 에듀테크 기업인 체그의 APAC 지역 그로스 마케터로 근무하고 있다. 'Zero to One' 비즈니스 전문가로서 국내외 대기업과 스타트업에서 실리콘밸리 문화 및 생산성 컨설팅을 진행하고 있으며, 생산성 전문가 그룹 '당근메일'을 운영하고 있다.

유주리

경희대학교에서 경영학 및 신문방송학을 전공했고, 연세대학교 경영전문대학원에서 경영학 석사 학위를 받았다. 15년 동안 스포츠토토에서 근무하며 상품 기획과 마케팅을 담당했고, 현재 건전문화팀장을 맡고 있다. 스포츠로 먹고사는 문화 애호가로서 스포츠, 문화·예술, 여행 산업에 관심이 많다.

장차오

허베이경제무역대학교Hebei University of Economics and Business에서 금융학을 전공했고, 서강대학교 신문방송학과에서 광고·홍보 전공 석사 학위를 받았다. 화장품과 생활용품 비즈니스에 관심이 많고, 글로벌 소비자 행동 비교를 주제로 여러 논문을 발표했다. 현재 애경 생활글로벌비즈센터 생활글로벌마케팅팀에서 중국 마케팅을 담당하고 있다.

역발상 트렌드라니, 흥미로운 제목이 가장 먼저 눈길을 끌었다. 비즈니스라는 총성 없는 전쟁터에서 늘 경쟁사들과 다른 차별화 포인트를 고민해 왔다. 이 책은 누구나 이야기하는 흔한 트렌드를 다루지 않는다. 다른 시각으로 트렌드를 바라보고 새로운 방향을 제시한다. 미래의 변화를 위해 준비하는 독자를 위한 책이다.
_김강정, IBM Korea Strategy and Enablement Leader in Technology 상무

머리가 절로 끄덕여지고 크게 공감하면서 완독할 수 있는 책. 필립 코틀러가 《마켓 3.0》에서부터 이야기했던 인간 중심 마케팅의 본질에 '역발상'으로 다가간다. 이를 통해 놓치기 쉽지만 결코 놓쳐서는 안 되는 키워드를 담았다. 창의적 접근으로 새로운 시각을 보여 준 저자들에게 감사드린다. _김윤덕, 애경 글로벌비즈센터장, 의학 박사

트렌드 분석은 세상의 변화를 센싱해서 해석하는 일이다. 이는 세상에 흩어진 데이터를 어떤 프레임으로 바라보느냐에 따라 결정된다. 그동안 우리는 트렌드 데이터를 하나의 프레임으로만 바라보고 해석해 왔다. 이 책은 세상의 모든 트렌드를 바라보는 프레임에 양면이 있음을 깨닫게 해 준다. 트렌드 데이터 이면에 숨겨진 인사이트를 알고 싶은가? 새로운 프레임으로 트렌드를 해석하고 싶은가? 그렇다면 꼭 이 책을 읽어 보길 추천한다.
_김태원, 이노션 데이터 커맨드 센터 국장, 《데이터 브랜딩》 저자

메가 트렌드에 편입되지 않은, 비주류와 다양성의 물결 안에서 혁신이 일어나고 시장의 균열이 발생하며 새로운 트렌드가 탄생한다. 모두가 한쪽만 바라볼 때 다른 한쪽뿐 아니라 전체 큰 그림을 볼 줄 아는 것은 개인과 조직 모두에게 중요한 경쟁력이 된다. 미래를 향할 때 일방적으로 물결에 휩쓸리기보다는 배의 방향타를 꽉 잡고 싶은 이들에게 이 책을 추천한다. 각 장의 말미에 수록된 '함께 읽으면 더 좋은 책' 코너가 이 책의 매력을 한층 더한다.
_박소령, 콘텐츠 퍼블리싱 플랫폼 '퍼블리' 대표

트렌드 예측의 출발은 이전 트렌드에 대한 통찰에서 시작해야 할 것이다. 자칫 공허할 수 있는 트렌드라는 주제를 이 책은 구체적인 사례를 통해 쉽고 심플하게 설명한다. 이 책의 단련된 통찰은 코로나 이후의 세상을 일반과는 다른 시각으로 바라보고 예측한다. 덕분에 나는 이미 설득되었다. _박순민, 신세계백화점 경기점장 상무, 전 신세계백화점 패션담당 및 영업전략담당

메가 트렌드와 역발상 트렌드는 공존하며 서로의 가치를 더욱 빛나게 한다. 그런 의미에서 이 책은 경쟁보다는 상호 보완의 관계에서 '공존의 트렌드'를 고민하게 하고, 더 나아가 시장 규모와 비즈니스 기회를 배로 확장할 수 있도록 안내해 준다.
_박준경, 콘텐츠 플랫폼 '뉴 아이디(NEW ID)' 대표

우리는 유명인들 혹은 언론이 무언가를 최신 트렌드라고 이야기하면 그대로 믿어 버린다. 만약 그들이 이야기한 트렌드가 일시적인 것이거나 정확하지 않다면? 이런 의심은 누구나 해 볼 수 있다. 아니, 우리 자신을 위해 반드시 해야 한다. 포스트 코로나 시대를 준비해야 하는 이 시점에서 세상을 조금 더 정확하게 바라보고 싶은 분들에게 이 책을 추천한다.
_배기식, 리디북스 대표

코로나19 팬데믹으로 인해 급성장하거나 추락하는 기업이 나오고 있다. 반짝 성장이 지속되지 못하는 곳도 많다. 소비자는 원하는 바를 속 시원하게 밝히지 않는다. 그러므로 트렌드를 앞서가 시장의 길목을 지키고 있어야 한다. 역발상 트렌드는 우리를 이 시장의 길목으로 안내해 줄 것이다. _신남선, 오리온 중국연구소 이사, '꼬북칩' 개발자

성공적인 고객 경험 관리를 위해서 주기적으로 민감하고 꼼꼼하게 찾아보는 주제 중 하나가 트렌드다. 역발상 트렌드는 '지속 가능한 트렌드'에 대한 이야기다. 단편적인 현상으로서의 트렌드가 아닌 경영 전략 수립을 위한 지침서이자 나침반으로서 이 책을 권한다.
_유형선, Adobe Korea 디지털미디어 사업부 고객성공 매니지먼트팀 상무

비즈니스에서 똑같은 전략으로 남들을 쫓기만 하면 경쟁력을 확보할 수 없다. 매년 수많은 플랫폼이 등장하고 사라지는 소셜 미디어 비즈니스에서는 특히 그렇다. 그런 점에서 이 책은 남들과 차별화될 수 있는 관점을 제시함으로써 신선한 통찰력을 제시해 준다. 남들과 다른 인사이트를 갖고 싶다면 이 책을 읽어 보길 추천한다.
_윤각, 서강대학교 지식융합미디어학부 교수, 전 한국광고학회장

마케터는 트렌드를 민감하게 인식하고 관련 서적도 많이 참조한다. 그리고 참조할 만한 훌륭한 책도 매년 많이 출간된다. 다만 이 책들은 메가 트렌드를 정방향 관점에서 다루고 전망할 뿐이다. 그런 의미에서 이 책은 '달의 뒷면'을 보게 해 주고 사고가 풍성해지도록 자극한다. 트렌드의 정방향을 다룬 책 한 권과 역발상을 다룬 이 책을 함께 읽으면 좋겠다.

_이선재, YES24 마케팅 이사, 전 YES24 ENT사업담당 이사

창업이나 투자를 할 때 우리는 트렌드를 의식한다. 이때 현재의 메가 트렌드를 아는 것이 중요하다. 하지만 메가 트렌드에만 집중하다 보면 새로운 변화의 씨앗을 놓칠 수 있다. 이 책은 역발상을 통해 우리가 아는 트렌드의 반대 방향을 보여 준다. 그러므로 새로운 시각을 얻고 싶다면 이 책을 꼭 읽어 보길 권한다.

_이택경, 스타트업 전문 투자사 '매쉬업엔젤스' 대표 파트너, 전 다음커뮤니케이션 공동창업자

비즈니스에 대한 의사 결정을 할 때면 항상 놓치고 있는 것은 없는지, 다른 성공 기회는 없는지 고민하게 된다. 이 책은 역발상을 통해 사업을 해석하는 새로운 방안과 신선한 통찰력을 제시해 준다. 미래를 내다보는 의사 결정과 성공 기회를 찾는다면 이 책을 추천한다.

_조용범, 페이스북 동남아시아 대표, 전 페이스북 코리아 대표

이 책은 트렌드의 본질을 재정립하고 재발견하는 발상의 전환이다. 코로나19로 인해 촉발된 변화의 프레임적 현상을 재해석하고, 디지털과 첨단 기술 뒤에 숨은 불편함과 비효율을 분석함으로써 트렌드의 의외성을 읽어 준다. 감성이나 공감처럼 초월하기 힘든 인간의 본성과 궤를 같이하는 이 의외성은 포스트 코로나라는 패러다임 변화에 의연하게 대응할 수 있도록 도와줄 것이다.

_주상식, SM엔터테인먼트 Head of ICT Lab

새로운 것을 건져 보려고 매일 많은 마케팅 서적을 뒤적이고, 이른 새벽 조찬 포럼에 나선다. 하지만 대부분 이론적 혹은 결과론적 인사이트를 얻는 것에 그친다. 반면 이 책의 분석과 제안은 동일한 트렌드에 기반하면서도 에지Edge 있는 영감을 선사한다. 똑같은 사물이라도 알고 보고 깊게 보면 다르다고 했던가? 동일한 트렌드와 현상도 반대편이나 위아래에서 헤집어 보면 입체감 넘치는 통찰력을 얻을 수 있고 나아가 고객을 신선한 프레임으로 바라볼 수 있다. 독자들은 이 책을 통해 수많은 포스트 코로나 예측 속에서 소중한 시사점을 발견할 수 있을 것이다.

_홍정표, 신세계 까사미아 상무

메가 트렌드를 뒤집으면
새로운 시장과 기회가 열린다

메가 트렌드에 갇혀 버린 라이프스타일과 비즈니스

어느 날 서점에 갔더니 수많은 트렌드 전망서가 나와 있었다. 매년 보던 제목의 책도 있었고, 코로나19 관련 책도 많이 보였다. 그중 몇 권을 읽어 보니 대부분 비슷한 트렌드를 언급하고 있음을 발견했다. 주로 비대면 일상과 디지털 전환에 따른 재택근무, 온라인 쇼핑, 온라인 교육, 혼자서 할 수 있는 취미 활동에 대한 것이었고, 그 방향성과 내용에 대해서도 고개가 끄덕여졌다. 하지만 코로나19 팬데믹으로 인한 일상의 변화는 매우 복합적이고, 몇 가지 트렌드만으로는 잘 설명되지 않는 부분도 많다.

결국 이런 궁금증이 생겼다. 트렌드 전망서가 많아진 만큼 예상되는 트렌드도 다양해진 것일까? 혹시 이 책들이 큰 틀에서 한 방향만 전망하고 있는 것은 아닐까? 주로 언급되는 트렌드만 따라가면 과연 우리는 미래를 잘 대비할 수 있을까? 모두가 그 트렌드를 따라간다면 경쟁 사회 속에서 우리는 어떻게 우위를 점할 수 있을까? 혹시 우리가 무언가 놓치고 있는 것은 아닐까?

그렇다고 기존의 트렌드 전망서들이 언급하고 있는 트렌드가 틀렸다는 말은 아니다. 우리 5명의 필자가 강조하고 싶은 부분은, 그런 트렌드를 참고하는 일과 별개로 그들이 놓치고 있는 트렌드에 주목해야 한다는 것이다. 그리고 그렇게 놓치고 있는 트렌드는 '역발상'에서 나온다고 믿는다. 마케팅 전략 중 'POP_{Point of Parity}'와 'POD_{Point of Difference}' 전략이 있다. 경쟁사와 차별화하여 경쟁의 우위를 점하기 위해서는 우선 경쟁사와의 유사성POP을 따라잡고 그 뒤에 차별화 포인트POD를 도입해야 한다는 전략이다. 예를 들어 스마트폰 경쟁에서 이기기 위해서는 경쟁사 스마트폰의 기술, 디자인, 가격 등은 유사하게 맞춰서 동등한 포지션을 확보한 다음 주변 기기, 부가 서비스, 애프터 서비스 등으로 차별화를 도모해야 한다는 것이다. 이런 관점에서 현재 출간된 트렌드 전망서들을 이해하는 것은 다른 사람들과 유사한 지적 수준을 유지하기 위해서 필수적이나 다른 사람들과 다른 관점, 즉 차별화된 통찰력을 얻으려면 한 걸음 더 나아가야 한다. 우리가 주목하고 조명하려는 부분이 바로 여기에 있다.

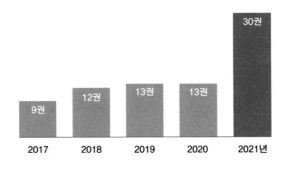

그림 1 | 2017~2021년 트렌드 전망서 출간 추세.

30종의 트렌드서가 23개의 메가 트렌드로 요약되다

구체적인 트렌드를 살펴보기 전에 우선 2021년 기준 트렌드 전망서의 수가 얼마나 증가했는지 체감하기 위해 최근 5년간 출간된 트렌드서 추이를 살펴보았다. 이를 위해 인터넷 교보문고에서 2017~2021년 1월 기준 국내 도서 중 경제·경영 카테고리의 트렌드서를 추렸다. 그중 세계 경제, 거시 경제, 재테크, 부동산 책들은 이 책의 주제인 일상과 밀접한 트렌드, 소비자 심리·행동, 라이프스타일과 거리가 먼 내용을 다루고 있어 이들을 제외하였다. 그 결과 2017년 9종, 2018년 12종, 2019년 13종, 2020년 13종, 2021년 30종으로 트렌드서 출간 추세는 예년 수준을 유지하다가 2021년에 약 2.3배 증가한 것을 알 수 있었다. 그만큼 코로나19로 인한 변화가 심했고 그에 따라 트렌드 전망에 대한 관심도 높아졌다는 것으로 이해할 수 있다.

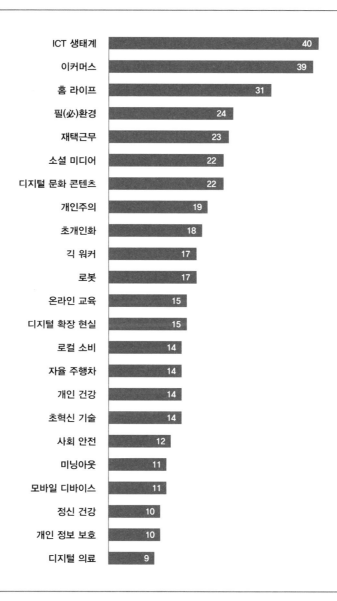

ICT 생태계 — 40
이커머스 — 39
홈 라이프 — 31
필(必)환경 — 24
재택근무 — 23
소셜 미디어 — 22
디지털 문화 콘텐츠 — 22
개인주의 — 19
초개인화 — 18
긱 워커 — 17
로봇 — 17
온라인 교육 — 15
디지털 확장 현실 — 15
로컬 소비 — 14
자율 주행차 — 14
개인 건강 — 14
초혁신 기술 — 14
사회 안전 — 12
미닝아웃 — 11
모바일 디바이스 — 11
정신 건강 — 10
개인 정보 보호 — 10
디지털 의료 — 9

그림 2 | 30종의 트렌드서에서 23개의 메가 트렌드가 언급된 횟수.

그렇다면 2021년 1월까지 출간된 30종의 책은 얼마나 다양한 트렌드를 제시하고 있을까? 이를 확인하기 위해 우선 각 책의 목차에 따라 트렌드 주제와 구체적인 내용을 요약하여 분류하고, 각 트렌드를 대표할 수 있는 키워드를 추출하여 코딩하였다. 이 과정에서 분류와 키워드 추출의 오류를 최소화하기 위해 각 분야 전문가의 의견을 수렴하였다. 이러한 분석 결과 30종의 책이 언급한 트렌드의 수는 총 526개로 각 트렌드서가 평균 17.5개의 트렌드를 언급했다. 이 중 동일하거나 유사한 트렌드를 상위 키워드 하나로 묶어서 재분류한 결과 총 56개의 트렌드로 압축되었고, 여기서 절반에 해당하는 23개의 트렌드가 전체적으로 언급된 트렌드의 80%를 차지하는 것을 알 수 있었다. 즉 30종의 책이 언급한 트렌드 10개 중 8개는 서로 유사한 내용을 언급하고 있다는 뜻이다. 그만큼 전문가들이 주목하는 트렌드에 대한 의견이 일치했다고 볼 수 있고, 최종적으로 23개의 트렌드가 지금 시대의 흐름을 좌우하는 메가 트렌드[1]라고 볼 수 있다.

23개의 메가 트렌드는 각각 수많은 서브 키워드를 포함하고 있는데, 우리는 이를 '사다리의 법칙The Law of Ladder'[2]에 근거하여 7개로 요약하였다. 사다리의 법칙에 따르면 일반적인 사람이 동시에 기억할 수 있는 숫자의 단위는 7이며, 따라서 각 메가 트렌드에 따른 서브 키워드는 7개까지가 유의미할 수 있기 때문이다. 이렇게 23개의 메가 트렌드와 각 메가 트렌드에 해당하는 7개의 서브 키워드를 살펴보면 최근까지 출간된 트렌드 전망서들은 물론이고 트렌드 관련 보도 기사의 내용들도 대동소이하다는 것을 알 수 있다. 또한 우리의 일상이 얼마

메가 트렌드	서브 키워드 7
ICT 생태계	빅 데이터, 인공 지능(AI), 클라우드, 블록체인, 사물 인터넷(IoT), 5G · 6G, 스마트 시티
이커머스	라이브 커머스, 구독 서비스, 배송의 진화, 라스트 마일, 1인 사업가, 옴니채널 확산, 탈(脫) 오프라인
홈 라이프	홈 다이닝, 홈 트레이닝, 홈 테크, 호모집쿠스, 방콕 경제, 키트 이코노미, 레이어드 홈
필(必)환경	그린 뉴딜, 제로 웨이스트, 세컨슈머, 리사이클 · 업사이클, 비건 비즈니스, 스마트팜, 트리 플래닛
재택근무	홈 오피스, 비대면 오피스, 원격 근무, 하이브리드 근무, 스마트 워크, 오피스 프리, SSL VPN
소셜 미디어	오운드 · 페이드 · 언드 미디어, 랜선 관계, 인플루언서블 세대, 인스타 인플루언서, 유튜브 크리에이터, 스마트 카피캣, 챌린지 문화
디지털 문화 콘텐츠	OTT, 넷플릭스, 온라인 게임, 랜선 투어, 무관중 스포츠, 숏폼 전쟁, 코드커팅
개인주의	편한 단절, 자발적 외로움족, 극단적 개인주의, YOLY · FISH, 1인 1쟁반, 1인 가구, 1코노미
초개인화	취향 세분화, 취향 콘텐츠, 나노 마케팅, 마이크로 모먼츠, 대량 개인화, 나만의 레시피, 하비홀릭
긱 워커	긱 이코노미, 긱 소사이어티, N잡러, 플랫폼 노동, 노동의 종말, 직업의 종말, 탈(脫) 인간화
로봇	로봇 제조, 로봇 물류, 드론, 서비스 로봇, RPA, 공장 자동화, 코봇
온라인 교육	원격 교육, 비대면 강의, 홈 스쿨링, 홈 에듀케이션, 에듀테크, 스마트 러닝, 무크
디지털 확장 현실	증강 현실(AR), 가상 현실(VR), 혼합 현실(MR), 메타버스, 버추얼 커넥터, 디지털 트윈, 브랜드 아바타
로컬 소비	동네, 지역 화폐, 로컬 소비, 로컬라이즈드 콘텐츠, 국내 여행, 슬로벌라이제이션, 탈(脫) 세계화

메가 트렌드	서브 키워드 7
자율 주행차	이동 수단 혁신, 미래 모빌리티 생태계, 통합 교통 서비스(MaaS), 퍼스널 모빌리티, 전기 자동차, 자동 주차, 테슬라 · 애플카
개인 건강	개인위생, 자기 관리, 셀프 메디케이션, 안티 바이러스 패션, 식생활의 변화, 면역력과 잠, 오늘 하루 운동
초혁신 기술	유전체학, 유전자 편집, 나노 기술, 재료 과학, 양자 컴퓨팅, 컴퓨터 비전, 3D · 4D 프린팅
사회 안전	VUCA, RUPT, 치안 · 방역, 차별 · 혐오 · 편견, 세이프티 퍼스트, 안전 민감증, 안전 여행
미닝아웃	신념 소비, 착한 소비, 착한 유난, 착한 플렉스, 선한 오지랖, 윤리적 감수성, 컨슈머 오블리쥬
모바일 디바이스	모바일 기기, 웨어러블 기기, 디지털 디바이드, 웨어러블 테크놀로지, 패셔너블 테크놀로지, 폴더블 스마트폰, 롤러블 스마트폰
정신 건강	코로나 블루, 심리 지원, 심리 방역, 멘탈 케어, 마음의 연대, 명상 · 사색, 치유 예술
개인 정보 보호	감시 사회, 통제 사회, 투명 사회, 빅 브라더, 정보 보안, 해킹, 사이버 복원력
디지털 의료	원격 의료, 실시간 비대면 진료, 의료의 인공 지능, 스마트 의료, 스마트 케어, 의료 마이 데이터, 디지털 치료제

그림 3 | 메가 트렌드별 7개의 서브 키워드.

나 일반화되어 인식되고 있는지도 알 수 있다. 그렇다면 앞에서 던진 궁금증을 다시 상기해 볼 필요가 있다.

궁금증 하나, 트렌드서가 많아진 만큼 예상 트렌드도 다양해졌다는 것일까? 2021년 1월까지 출간된 트렌드서의 수는 예년 대비 약

2.3배 증가했지만 내용의 80%가 23개의 메가 트렌드로 요약되기 때문에 다양하다고 보기 어렵다.

궁금증 둘, 많은 책이 큰 틀에서 한 방향만 전망하고 있는 것은 아닐까? 결과적으로 23개의 메가 트렌드와 각각 7개의 서브 키워드 외에는 큰 차이가 없기 때문에 우리의 일상은 매우 일반화되어 예상되는 것으로 보인다.

궁금증 셋, 주로 언급되는 트렌드만 따라가면 과연 우리는 미래를 잘 대비할 수 있을까? 메가 트렌드를 통해 어느 정도 대비할 수는 있겠지만 메가 트렌드만으로 설명되지 않는 부분도 많아 보인다.

궁금증 넷, 모두가 그 트렌드를 따라간다면 경쟁 사회에서 우리는 어떻게 우위를 점할 수 있을까? 다른 사람들의 수준과 유사하게 맞출 수는 있겠지만 메가 트렌드만으로 경쟁 우위를 점할 수 있다고는 확신할 수 없다.

이렇게 궁금증을 되짚어 보면 결국 우리가 놓친 것은 무엇인지, 그 실마리를 찾기 위해 어떤 작업을 해야 하는지까지 생각이 확장된다. 우리 필자들은 그 실마리를 찾기 위해 메가 트렌드의 '역효과'와 메가 트렌드에 대한 '역발상'에 주목했다.

역발상은 어떻게 경쟁 우위와 차별화의 무기가 되는가

역발상을 언급할 때 가장 먼저 떠올리는 일화는 '콜럼버스의 달걀'이다. 누구도 달걀 똑바로 세우기를 성공하지 못했지만 콜럼버스는 달걀의 한쪽 끝을 살짝 깨뜨려 똑바로 세워 보였고, 이 일화는 발상의 전환과 역발상의 상징이 되었다. 현대에 역발상은 다양한 산업 영역에서 구체적으로 구현되었다. 예를 들어 2009년에 제시된 리버스 이노베이션Reverse Innovation[3]은, 미래의 기회는 선진국 시장이 아닌 신흥 개발국 시장에 있고 신흥 개발국의 혁신이 선진국 시장으로 역류하게 된다는 개념이다. 그리고 2013년에 제시된 리버스 쇼루밍Reverse Show-rooming[4]은 온라인 쇼핑보다, 온라인 쇼핑몰에서 제품 정보를 얻어 오프라인 매장에서 제품을 구매하는 리버스 쇼루밍이 더 확대되고 있다는 개념이다.

이제 역발상은 마케팅에도 적용되고 있다. 유통업계에서는 여름에 겨울 상품을 팔고 겨울에 여름 상품을 파는, 수요가 없던 소비를 유발시키는 역시즌 마케팅을 이어 오고 있다. 그리고 소비자의 심리를 역이용하는 마케팅도 등장했다. 초기 손해를 감수하더라도 제품과 서비스를 무료로 제공하여 향후 고객의 지속적인 지출을 발생시키는 프리 마케팅, 불황기 소비 위축을 역이용해 생필품을 경품으로 내걸어 오히려 더 큰 소비를 발생시키는 불황 마케팅이 그것이다. 이 외에도 SNS 등을 활용해 음원과 도서를 순위 차트에서 '역주행'시키는 경우도 자주 발생하며, 심지어 역주행 플레이리스트도 등장했다. 이 모든 것이 역발상에서 비롯된 현상이고 실생활에서 쉽게 발견할 수 있다.

결국 역발상을 통해 메가 트렌드를 바라보면 새로운 인사이트를 발견할 수 있다. 이와 유사한 시도는 과거에도 있었다. 1982년 존 나이스비트가 《메가 트렌드》를 출간한 이후 마크 펜Mark Penn과 키니 잘레슨Kinney Zalesne은 다수가 추종하는 메가 트렌드가 아닌 1%의 소수

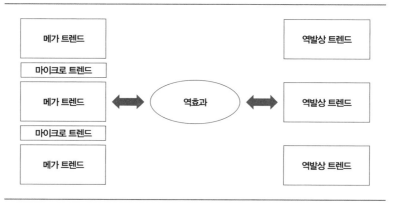

그림 4 | 역발상 트렌드 모델링.

에 초점을 맞춰 2007년 《마이크로 트렌드》를 주장한 것이다. 마이크로 트렌드에 따르면 1%의 소수는 그들만의 정보를 생성하고 공유하면서 큰 영향력을 행사한다. 하지만 마이크로 트렌드는 출퇴근 거리가 매우 먼 익스트림 통근족, 태양을 피하고 싶은 태양 혐오족 등 독특한 삶을 지향하는 소수에 주목하고 그 틈새시장에만 적합하다는 한계점을 안고 있기도 하다. 즉, 마이크로 트렌드는 각 트렌드의 구성원 수가 너무 적기 때문에 시장 규모가 명확하게 보이지 않는다는 한계가 있다.

따라서 우리는 소수에 초점을 맞추기보다 메가 트렌드를 색다른 관점에서 바라보되 그와 반대되는 방향에서 메가 트렌드만큼의 동조 범위를 가지고 그만큼의 영향력을 행사할 수 있는 '역발상 트렌드 Reverse Trend'를 제안한다. 역발상 트렌드는 메가 트렌드의 대척점에 있는 트렌드이자 메가 트렌드만큼 규모가 있는 트렌드를 의미한다.

이렇듯 메가 트렌드와 역발상 트렌드는 동전의 양면과 같다. 따라서 어느 한쪽이라도 부재하면 그것은 트렌드로서 가치를 잃는다. 결국 메가 트렌드를 이해함과 동시에 그 흐름을 역으로 살펴봤을 때 우리가 놓친 부분과 차별화 포인트를 발견할 수 있고, 경쟁에서 우위를 점할 수 있다. 그리고 역발상 트렌드는 역시즌 마케팅과 소비자의 심리를 역이용하는 마케팅과 같이 소비자 니즈가 없던 시장의 소비를 창출시킬 수 있다. 마케팅이란 주어진 시장에서 최고의 효율과 효과를 도모하는 것이지만, 소비자 니즈 이면의 소비를 창출시키는 과정이기도 하다.

다만 많은 트렌드 전망서가 언급하는 것처럼 코로나19로 인한 트렌드 변화는 팬데믹 이전부터 진행되고 있었다. 다만 그 흐름이 갑작스럽게 빨라졌을 뿐이지 트렌드와 현상을 전혀 예상할 수 없었던 것은 아니다. 따라서 역발상 트렌드 역시 세상에 없던 트렌드가 아니다. 오히려 코로나19가 발생했음에도 불구하고 변하지 않는 트렌드, 그리고 과거에 있었지만 현재 재조명되는 트렌드가 포함될 수 있다. 그렇기 때문에 역발상 트렌드는 단기보다 중장기적 전망으로 제안될 수 있다.

다시 한번 강조하지만 메가 트렌드를 간과하자는 것이 아니다. 많은 트렌드 전망서가 충분한 의미와 근거를 바탕으로 메가 트렌드를 제시하고 있으며 우리는 이에 대해 분명한 준비를 해야 한다. 메가 트렌드는 주류적 관점에서 경영 및 마케팅 전략을 수립할 때 반드시 선행되고 대비해야 할 트렌드이다. 결국 메가 트렌드로 저변을 탄탄하게 구축했을 때 역발상 트렌드로 차별화를 추구할 수 있다. 그러므로 메가 트렌드와 역발상 트렌드를 함께 이해하는 관점의 균형 역시 필요하다.

이처럼 역발상 트렌드로 전체적인 트렌드에 대한 관점의 균형을 바로잡고, 세상을 보는 시선에 발상의 전환을 더하면 무엇보다 새로운 성공 기회를 창출할 수 있다. 예를 들어 경영인과 의사 결정권자가 트렌드 전망을 활용하여 시시적인 경영 전략을 수립할 때 역발상 트렌드를 참고하면 변수를 줄이고 새로운 비즈니스 기회를 찾을 수 있다. 소비자와 밀접한 관계를 유지하며 실질적인 성과를 창출해야 하는 영업·마케팅 실무자가 마케팅 전략을 실행할 때 역발상 트렌드는 새로운 활력을 불어넣어 주고 경쟁 상대와의 치킨 게임에서 우위를 점할 수 있는 실마리를 마련해 준다. 취업을 준비하거나 이제 막 사회에 진출한 초년생은 역발상 트렌드를 통해 세상이 한 방향으로만 나아가지 않는다는 것을 깨닫고 새로운 도전의 방향성을 발견할 수 있다. 마지막으로 트렌드와 콘텐츠에 관심이 많은 크리에이터는 역발상 트렌드를 활용해 새로운 콘텐츠를 기획할 수 있을 것이다.

우리는 역발상 트렌드를 도출하기 위해 우선 각 메가 트렌드가 현재 얼마나 유효하게 작동하고 있는지 재검토해 보았다. 그리고 유효성에 따른 역효과는 없는지 분석했다. 일부 메가 트렌드의 경우 2개의 트렌드를 조합했을 때 개념이 더욱 명확해진다는 것을 발견했다. 그래서 어떤 역발상 트렌드는 2개의 메가 트렌드 조합의 결과로 도출되기도 했다.

이렇게 마련된 20개의 역발상 트렌드는 메가 트렌드와 마찬가지로 다양한 보고서, 통계, 사례, 사고 실험을 바탕으로 한다. 그러나 여기서 그치면 영속적인 트렌드로 작용하기 어려우므로 각 역발상 트렌드를 보다 깊이 이해하고 탄탄하게 뒷받침해 줄 수 있는 책을 함께 추천하였다. 이 책들은 독자들이 메가 트렌드에만 매몰되지 않도록 균형 잡힌 시각을 제공해 줄 것이다. 그리고 우리 필자들은 앞으로 제시될 역발상 트렌드가 메가 트렌드와 함께 활발하게 논의될 수 있는 토론의 장이 형성되기를 기대한다.

차례

역발상 1 소비 시장과 라이프스타일

"고객을 아는 것은 중요하다. 그러나
근본적인 변화의 첫 징후는 비고객에게서 찾을 수 있다."

이 명제를 다음과 같이 바꿔 보자.

"메가 트렌드를 아는 것은 중요하다. 그러나
근본적인 변화의 첫 징후는 역발상 트렌드에서 찾을 수 있다."

—피터 드러커

역발상 1

소비 시장과
라이프스타일

1장	# 리테일의 귀환 # VS. 이커머스
	보고 듣고 만지고 즐기는 체험형 쇼핑의 부활

1. 2020년, 이커머스는 웃었고 오프라인 쇼핑은 울었다

2020년 유통업계를 한마디로 표현하면 '이커머스와 오프라인 쇼핑의 희비가 교차한 해'라고 할 수 있다. 국내 이커머스의 매출 성장률은 꾸준히 상승하여 2019년 14.2%, 2020년 18.4%로 역대 최고치를 기록한 반면 오프라인 쇼핑의 매출 성장률은 감소 추세를 이어 갔다. 2019년 -0.9%로 처음으로 마이너스를 기록한 뒤 2020년 -3.6%로 역성장을 거듭했기 때문이다.[1] 이런 유통업계의 희비가 더욱 크게 느껴지는 이유는 코로나19 팬데믹이 불러온 비대면 쇼핑의 관성이 그대로

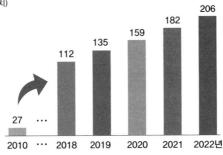

단위: 조 원
(2021~2022년은 전망치)

그림 1-1 | 국내 이커머스 유통 시장 규모. (자료: 통계청)

유지될 것이라는 업계 전문가들의 전망 때문이다.

실제로 2020년 유통업계는 전례 없는 상황을 맞이했다. 이커머스와 관련된 지표 대부분이 사상 최대, 최고를 나타냈고, 우리에게 익숙했던 오프라인 매장의 폐점 소식이 연이어 들려왔다. 이커머스 시장 세계 1위인 중국 대표 기업 알리바바와 세계 2위인 미국 대표 기업 아마존의 2020년 매출은 모두 사상 최대치를 기록했고, 주가 역시 알리바바는 2020년 10월, 아마존은 2020년 9월에 사상 최고치를 기록했다. 심지어 두 기업은 팬데믹 상황에도 불구하고 고용을 늘리기까지 했다. 국내 이커머스 시장은 뚜렷한 1위 기업 없이 치킨 게임을 거듭하고 있지만 2022년 시장 규모가 206조 원으로 전망될 정도로 높은 성장세를 이어 가고 있다.[2]

하지만 오프라인 쇼핑 상황은 전혀 달랐다. 일례로 《포브스》는

그림 1-2 | 코로나19 팬데믹의 여파로 수많은 오프라인 매장이 문을 닫았다.

2020년 12월까지 미국에서 1만 5542개의 오프라인 매장이 폐점되었다고 밝혔다.[3] 대표적으로 H&M 170개, 자라 1000개, 스타벅스 400개, 블루밍데일스 1개, 메이시스 125개, 노드스트롬 19개 등 가성비 브랜드부터 유명 백화점까지 그 범위를 가리지 않았다. 또한 S&P 글로벌S&P Global은 2020년 12월 기준 미국 내 51개 유통 기업이 파산 신청을 했다고 밝혔는데 이는 2009년 금융 위기 이후 가장 높은 수치이다.[4] 이 중에는 포에버21, 피자헛, 딘앤델루카, 센츄리21, JC페니, 니만 마커스, 시어스 등이 포함됐는데 이는 패션, 식음료, 백화점 등 업종을 가리지 않은 것이다. 그리고 국내 유통업계 1위 롯데쇼핑은 2020년에 100개 이상의 매장을 폐점했고, 2021년에도 100개 이상을 목표로 3년 동안 250개 매장을 정리할 계획이라고 밝혔다.[5]

이런 상황 속에서 많은 트렌드서가 코로나19 상황이 극복되더라도 이커머스가 유통 시장을 주도할 것이고, 시간과 장소를 가리지 않는 배송 시스템은 이를 더욱 가속화할 것이라고 전망한다. 일부 전문가들은 오프라인 유통 기업이 코로나19 위기를 극복하지 못해 곧 종말을 맞이할 것이라는 '리테일 아포칼립스Retail Apocalypse'를 주장하기도 했다.

2. 급성장한 이커머스의 부작용이 드러나다

이커머스는 메가 트렌드임이 분명하다. 그리고 오프라인 쇼핑은 리테일 아포칼립스를 맞이할지도 모른다. 하지만 과연 이 정도로 오프라인 쇼핑이 맥없이 영향력을 잃을 것인가에 대해서는 이견이 만만치 않다. 유통 시장에서 오프라인 쇼핑이 차지하는 비중은 여전히 크기 때문이다. 글로벌 시장 조사 기관 스테이티스타Statista에 따르면 2020년 전 세계 유통 시장에서 이커머스가 차지하는 비중은 16.1%로 나타났고, 그 비중은 2023년까지 증가하더라도 22%에 머물 것으로 전망됐다.[6] 세부적으로 중국 상무부에 따르면 2020년 중국의 이커머스 비중은 24.9%,[7] 미국 상무부에 따르면 2020년 미국의 이커머스 비중은 14.5%,[8] 한국 통계청에 따르면 2020년 11월 한국의 이커머스 비중은 29.2%로 나타났다.[9] 즉, 전체 유통 시장에서 오프라인 쇼핑이 차지하는 비중은 여전히 70~80%로 절대적인 것이다.

게다가 글로벌 컨설팅 기업 AT커니A.T. Kearney에 따르면 이커머스를 주도하고 있는 세대로 알려진 Z세대의 81%는 오프라인 쇼핑을 선호하고, 73%는 오프라인 매장에서 새로운 제품을 찾는 것을 좋아하며, 65%는 제품 체험을 위해 오프라인 매장을 방문하길 원한다고 밝혔다.[10] 더욱 놀라운 것은 디지털 네이티브인 Z세대의 58%가 오프라인 쇼핑을 할 때 소셜 미디어 및 디지털 세계와 단절됨으로써 쇼핑을 통한 치유, 즉 '리테일 테라피Retail Therapy'를 느낀다고 답한 것이다. 결국 유통 시장에서 오프라인 쇼핑이 차지하는 비중과 소비자 심리를 고려할 때 유통업계의 이커머스 추구에는 분명히 한계가 있어 보인다.

이커머스의 한계는 비단 숫자로만 드러나지 않는다. 2020년 이커머스가 급성장한 만큼 몇 가지 부작용도 발생한 것이다. 이커머스 업계 관계자에 따르면 그 부작용은 라이브 커머스, 신선식품, 명품 분야에서 두드러지게 나타났다. 각각은 플랫폼, 제품군, 가격대의 차이가 있지만 결국 이커머스가 모든 쇼핑 문제를 해결해 주지는 못한다는 점을 시사하고 있다.

– 라이브 커머스는 라이브지만 리얼은 아니다

2020년 이커머스의 화두는 단연 라이브 커머스였다. 기존 이커머스 플랫폼뿐 아니라 유사 형태인 홈쇼핑, 그리고 로드숍부터 백화점까지 모두 라이브 커머스를 도입했다. 롯데백화점은 예능 요소를 더한 라이브 커머스를 2020년 12월까지 180회 방송했고, 현대백화점은 네이버와 제휴하여 영업시간 이후 5시간 동안 라이브 커머스를 진행

그림 1-3 | 라이브 커머스는 생산지의 현장감을 전달하기도 한다.

했는데 27만 8800여 명이 접속했다. 신세계백화점 역시 브랜드별 라이브 커머스를 시도했고, 2021년에는 SSG닷컴을 활용한 라이브 커머스를 확대할 예정이라고 밝혔다.

하지만 주로 패션업계에서 활용된 라이브 커머스는 리얼 핏Real Fit 문제를 드러냈다. 사람마다 체형과 지향하는 스타일이 다른데 라이브 커머스를 진행하는 모델 몇 사람만으로는 모든 소비자 니즈를 충족시킬 수 없었던 것이다. 사실 이런 문제는 이커머스와 홈쇼핑이 모두 안고 있는 문제다. 그러나 오프라인 쇼핑을 대체하기 위해 라이브 커머스가 노입되었기 때문에 오프라인 쇼핑만큼의 만족도를 원했던 소비자 입장에서 라이브 커머스는 한계가 있을 수밖에 없었다. 이는 화장품업계의 라이브 커머스에서 지속적으로 지적되어 온 리얼 컬러Real

Color 문제와 같다. 색조 화장품의 경우 사람들의 피부 톤과 조명 상태에 따라 발색이 달라지는데, 라이브 커머스의 연출상 색조 화장품의 컬러감을 그대로 재현하는 것은 매우 어렵기 때문이다. 결국 대리 체험의 한계가 드러날 수밖에 없었던 것이다.

더 큰 문제는 라이브 커머스 시장의 성장세에도 불구하고 이 시장을 효과적으로 뒷받침할 수 있는 법과 제도가 미비하다는 점이다. 각종 법, 규정, 심의를 적용받고 5년마다 사업자 재승인 심사를 받는 홈쇼핑과 달리 라이브 커머스는 아직 관련 법이나 소비자 보호 제도의 적용을 받지 않고 있다.[11] 그래서 제품 안전성, 허위 광고, 과장 광고에 대한 심의가 사실상 불가능에 가까워 소비자 보호에 취약하다. 이렇게 소비자 피해가 누적되면 라이브 커머스 트렌드는 역풍을 맞을 수밖에 없다.

실제로 라이브 커머스 원조 격인 중국소비자협회에서 2020년 광군제 기간에 취합된 소비자 신고를 분석한 결과 라이브 커머스 트래픽이 증가할수록 부정적인 여론도 증가했다. 그 주요 내용은 매출 조작, 품질 불량, 가짜 상품, 반품 문제, 환불 불가 등이라고 밝혔다.[12]

– 신선식품은 더 이상 신선하지 않다?

코로나19로 인해 집에서 직접 음식을 해 먹는 사람이 늘어나면서 이커머스를 통한 신선식품 구매도 늘어나고 있다. 하지만 이커머스 특성상 신선식품의 현재 상태를 눈으로 직접 확인할 수 없고, 배송 중 품질이 저하되는 문제 등으로 인해 이커머스 신선식품 구매가 완전한

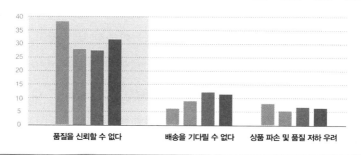

그림 1-4 | 이커머스로 신선식품을 구매하지 않는 이유.
(자료: 한국농촌연구원 식품행태조사, 미래에셋대우 리서치센터)

대안이 될 수 없다는 지적이 나오고 있다. 실제로 소비자들이 이커머스로 신선식품을 구매하지 않는 이유를 살펴보면 품질을 신뢰할 수 없거나 배송을 기다릴 수 없다는 지적, 상품 파손 및 품질 저하 우려 등이 제기되었다.[13] 더 세부적으로 살펴보면 이커머스를 통해 신선식품을 구입한 경험은 곡류 29.9%, 과일 28.1%, 채소 14.5%, 육류 13.7%, 계란류 13.1%, 수산물 11.3% 등으로 낮게 나타났는데,[14] 이 역시 앞서 언급한 이유가 크게 작용한 것으로 보인다. 그렇기 때문에 신선식품 유통 시장에서 이커머스가 차지하는 비중을 나타내는 신선식품의 이커머스 침투율은 중국 13%,[15] 미국 3%,[16] 한국 20%[17]로 전체 이커머스 침투율 대비 현격히 낮은 수치를 보이고 있다.

이러한 상황에서 이커머스 업계는 신선식품에 대한 투자를 늘리고, 오프라인 슈퍼마켓을 직접 론칭하는 등 노력을 기울이고 있지만 당장의 한계를 극복하기에는 무리가 있다. 왜냐하면 오프라인 쇼핑 업계에서 신선식품에 대한 우위를 더욱 공고히 하기 위해 다양한 마케팅 활동을 벌이고 있기 때문이다. 예를 들어 이마트 월계점은 이커머스와 차별화되지 않는 비식품 카테고리 비중을 대폭 줄이고 오히려 오프라인 쇼핑의 강점인 신선식품 비중을 늘렸다. 그리고 축수산물 손질 서비스인 '오더 메이드Order Made'를 시행하여 코로나19 상황에도 불구하고 매출을 증대시켰다.[18] 세계 최대 훠궈 브랜드 하이디라오 Haidilao는 2020년 10월 오프라인 슈퍼마켓을 오픈하여 소비자들이 직접 훠궈 재료를 구매할 수 있도록 했다.[19]

더불어 테스코 말레이시아Tesco Malaysia는 코로나19 상황에도 불구하고 육류, 생선, 채소 등 남편을 위한 '신선식품 쇼핑 가이드'를 제공하여 오프라인 신선식품 쇼핑을 돕는 마케팅을 진행해 큰 반향을 불러일으켰다.[20]

– 가품 때문에 신뢰를 잃은 명품 이커머스

코로나19 팬데믹이 발생하기 전부터 명품 브랜드들의 이커머스 진출은 활발했다. 명품 소비 세대가 MZ세대로 전환되면서 이커머스에 익숙한 MZ세대의 속성에 맞춰 앞다퉈 이커머스로 진출한 것이다. 그러면서도 명품 브랜드들은 무분별한 이커머스 판매를 통한 브랜드 이미지 저하를 막기 위해 엄격한 채널 관리를 병행해 왔다. 코로나19 상황이 장기화되면서 명품 브랜드들의 이커머스 진출은 더욱 광범위해졌다. 2020년 11월 기준 카카오톡 선물하기에 입점된 명품 브랜드

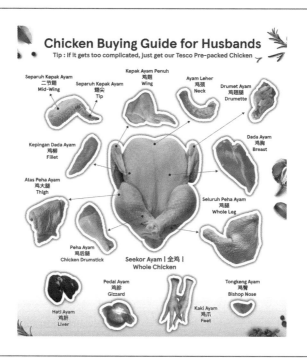

그림 1-5 | 테스코 말레이시아가 제공한 남편을 위한 신선식품 쇼핑 가이드.
　　　　(출처: 테스코 말레이시아 홈페이지)

는 약 100개로, 카카오톡 선물하기의 명품 매출은 전년 동기 대비 3배 이상 증가했다. [21]

　　오픈마켓에 가까운 카카오톡 선물하기에서도 명품 브랜드를 구매할 수 있다 보니 이런 분위기에 편승해 이커머스에서 가품을 판매하는 업자가 증가한다는 주장도 나오고 있다. 한 가품 업자를 적발한 결과 가품 중 95%가 이커머스에서 팔린 것을 발견했다. [22] 문제는 가품 판매가 오픈마켓뿐 아니라 유명 온라인 쇼핑몰도 가리지 않는다는 것이다. 이커머스는 오프라인 쇼핑보다 입점 절차가 간단하고 폐점하면 추적도 쉽지 않기 때문이다. 더욱이 온라인 쇼핑몰의 고객센터가 주말에는 휴무라는 점을 악용하여 주말에만 가품 쇼핑몰을 오픈한 뒤 바로 폐점해 버리는 신데렐라 쇼핑몰까지 등장해 이커머스를 통한 명품 판매는 신뢰를 잃고 있다.[23]

3. 체험을 원하는 소비 욕구가 오프라인 쇼핑을 살린다

이커머스의 한계를 극복할 수 있는 오프라인 쇼핑만의 장점은 분명하다. 그러나 이커머스에 대한 역발상 트렌드로서 오프라인 쇼핑이 유효한 이유는 오프라인 쇼핑만이 갖는 '체험 경제Experience Economy' 때문이다. 체험은 엔터테인먼트, 교육, 현실 도피, 감각 등 4가지 요소를 충족시켜 주고, 체험에 대한 만족도는 재방문, 구매 의도, 추천 의도에 긍정적인 영향을 주는 것으로 나타났다.[24] 전문가들 역시 그동안의 오프라인 쇼핑 방식이 코로나19 상황을 반영하지 못했기 때문에 현재의 위기를 맞은 것이지, 체험을 바탕으로 한 오프라인 쇼핑의 효용성은 변치 않는다는 것에 동의하고 있다. 그리고 그 효용성은 대규모 체험형 매장, 다양한 콘셉트의 팝업 스토어, 신제품 론칭 등에서 확인할 수 있다.

– 거거익선巨巨益善, 대규모 체험형 매장의 매력

시몬스 테라스, 이케아 랩, 다이슨 데모 스토어, 아모레 성수, 신전 뮤지엄은 전문가들이 성공 사례로 꼽는 대규모 체험형 매장들이다. 다양한 제품을 한곳에서 직접 체험하고 느끼고 필요한 경우 전문 어드바이저를 통해 보다 양질의 정보를 습득할 수 있다. 이 매장들은 이커머스에서는 얻을 수 없는 즐거움과 정보를 제공함으로써 구매 욕구를 자극하기 때문에 체험 경제에서 말하는 엔터테인먼트와 교육의 요소를 갖췄다고 할 수 있다. 이런 이유로 시몬스 테라스를 운영하는 시몬스는 코로나19 상황에도 불구하고 체험형 매장인 시몬스 맨션을 2020년에 19개, 2021년에 2개 이상 오픈 예정하고 있다. 그리고 시몬스의 경쟁사인 에이스침대 역시 체험형 매장인 에이스 스퀘어를 2020년에 8개 오픈했다.[25]

이커머스에 대한 불만족을 대규모 체험형 매장으로 해소하려는 곳은 패션업계와 화장품업계가 대표적이다. LF는 이커머스가 소비자에게 충분한 체험 가치를 제공하지 못한다는 한계를 인식하고 2020년 10월에 LF몰 스토어를 오픈했다. 이곳에서는 기존 LF 브랜드뿐 아니라 온라인 전용 브랜드까지 직접 입어 볼 수 있고, 전문 어드바이저를 통해 맞춤형 코디 제안을 받을 수 있어 코로나19 영향에도 불구하고 전년 동기 대비 100% 안팎의 매출을 달성했다.[26] 화장품업계 역시 아모레 성수, 애경산업의 루나 시그니처, AHC의 퓨처 살롱, 스타일 난다의 3CE 시네마 등 대규모 체험형 매장을 통해 활발한 마케팅 활동을 하고 있다.

나이키는 2019년 11월 미국 최대 이커머스 플랫폼인 아마존에서 자사 제품 판매를 중단하고, 오히려 대규모 체험형 매장을 연이어 오픈해 극적인 반전을 이루었다. 나이키는 2020년 7월 중국 광저우에 나이키 라이즈Nike Rise를, 프랑스 파리에 유럽 최대 플래그십 스토어인 하우스 오브 이노베이션 002House of Innovation 002를 오픈했다. 이 매장들은 디지털 기반 오프라인 체험을 강조하고 있으며 각종 맞춤 서비스를 제공해 소비자들의 관심을 집중시켰다. 이런 호응에 따라 나이키는 2023년까지 150~200개의 신개념 체험형 매장을 론칭할 계획이라고 밝혔다.[27]

한편 현실에 없는 환상적인 공간을 구현하여 특별한 경험을 선사하는 사례도 있다. 영국 해롯백화점Harrods은 2020년 2월, 영화 〈티파니에서 아침을〉의 모티브를 차용해 티파니 카페Tiffany Blue Box Cafe를 오픈했는데, 이곳에서는 마치 영화 속 한 장면처럼 식사하고 디저트를 먹는 경험을 통해 현실 도피를 할 수 있게 해 준다.

중국의 명품 백화점 SKP-S는 '다른 차원을 만나다Meet Another Dimension'라는 슬로건을 내걸고 백화점 공간 전체를 우주선, 탐사 자동차, 로봇 등으로 꾸몄고 제품도 마치 우주 공간에 전시한 것처럼 연출했다. 특히 SKP-S의 공간 연출에는 '환상'이라는 브랜드 경험을 극대화하는 것으로 유명한 젠틀몬스터가 참여했다. 젠틀몬스터는 2020년 5월에 블랙핑크 제니와 협업한 체험 공간인 젠틀 홈Jentle Home을 오픈하기도 했다.

마지막으로 오프라인 체험은 대리 만족에 대한 욕구를 채워 준

그림 1-6 | 중국 베이징에 위치한 SKP-S 백화점 내부 모습. (출처: SYBARIT 홈페이지)

다. 중국 최대 피규어 제작업체 팝마트Pop Mart는 매월 새로운 디자인의 피규어를 출시하고 다양한 브랜드와의 협업을 통해 소비자들에게 즐거움을 선사하는 것으로 유명하다. 그런 영향력을 바탕으로 팝마트는 2020년 11월, 모든 오프라인 쇼핑몰에서 론칭 10주년 행사를 진행했고, 2020년 12월에는 홍콩에서 상장까지 마쳐 약 15조 원 규모의 시가 총액을 기록하기도 했다.[28]

이처럼 대규모 체험형 매장은 코로나19 상황에도 불구하고 지속적으로 오픈해 소비자에게 다양한 경험을 선사했는데 이는 결국 체험 경제 효과를 의도한 것이다. 글로벌 시장 조사 기관 칸타Kantar에 따르면 소비자의 67%가 만족스러운 경험을 제공하는 매장에서 쇼핑을 한다고 답했고, 3분의 2 이상이 새로운 경험과 감각에 노출되면 그 브랜드를 선택할 가능성이 더 높다고 답했는데 이런 결과가 바로 체험 경제 효과와 일치한다.[29] 이에 대해 IT 컨설팅 기업 아바나드Avanade는 앞으로 전통적인 형태의 매장은 전체 중 약 56%가 축소되겠지만 체험을 중시하는 플래그십 스토어는 지속적으로 증가할 것이라고 전망했다.[30]

– 다다익선, 다양한 콘셉트의 팝업 스토어

코로나19로 인해 상가의 공실이 늘어나고 있는 것은 사실이지만 그 빈 공간을 가치 있게 채우고 있는 팝업 스토어는 여전히 매력적이다. 시몬스는 2020년 4월 서울 성수동에서 창립 150주년 기념 '시몬스 하드웨어 스토어'를 시작한 뒤 6월 서울 압구정동, 7월 경기도 이천시, 10월 부산 전포동까지 진출하여 누적 방문객 6만 명을 기록했다.[31] 그리고 브이티 코스메틱은 2020년 7월부터 약 2개월간 제주도에서 화장품을 체험할 수 있는 'VT 슈퍼마켓'을 운영해 수천 개의 인스타그램 피드를 양산하기도 했다.[32] 하이트진로는 2020년 8월부터 약 2개월간 서울 성수동에서 주류 캐릭터 숍 '두껍상회'를 운영해 누적 방문객 1만 명을 기록했고 2021년에 전국으로 확대할 예정이다.[33] 코로나19가 비대면 쇼핑을 고착화시키는 듯했지만 시기와 장소, 그리고 소비자 트렌드에 맞는 팝업 스토어의 장점은 여전히 유효했던 것이다.

팝업 스토어의 효용성은 여럿 있지만 '슈퍼 충전Super Charging' 효과에 근거한다. 슈퍼 충전 효과에 따르면 브랜드는 재고가 거의 없는 소규모 점포, 예를 들면 팝업 스토어를 통해 운영의 효율을 극대화할

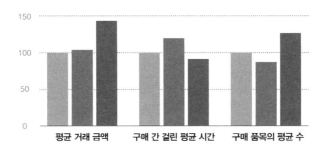

그림 1-7 | 슈퍼 충전 효과 지수. (자료: MIT슬론매니지먼트리뷰)

수 있고, 소비자는 이커머스가 아닌 오프라인 매장에서 더 다양한 품목의 제품들을 체험함에 따라 브랜드 경험에서 더 강도 높은 몰입감을 느낄 수 있다. 소비자는 슈퍼 충전을 통해 최초 구매와 반복 구매의 빈도와 구매량을 늘리게 되고, 반품을 줄여서 결국 브랜드의 운영 효율성도 높여 준다.[34] 그러므로 팝업 스토어가 없던 곳에 팝업 스토어가 생기면 해당 상권의 최초 구매자 수가 7% 이상 증가하는 것으로 나타났다. 그리고 이커머스의 최초 구매자 비율이 75%인데 반해 오프라인 팝업 스토어의 최초 구매자 비율은 83%에 달하는 것으로 나타났다. 결국 팝업 스토어는 브랜드와 소비자 사이의 슈퍼 충전을 통해 애착 관계를 형성하는 것이다.[35]

더 나아가 공간과 브랜드를 연결하여 전문적으로 팝업 스토어를 기획하고 운영하는 플랫폼이 등장하기도 했다. 미국에는 팝업 리퍼블

릭PopUp Republic과 스토어프론트Storefront가 있고 영국에는 어피어 히어 Appear Here가 있으며 한국에는 스위트스팟Sweet Spot이 등장해 성장세 를 이어 가고 있다.

이 외에도 기획자가 정기적으로 매장 콘셉트를 바꿔 다양한 팝 업 스토어를 전개하는 '매거진 스토어Magazine Store'라는 개념도 등장했 다. 미국의 스토리Story는 약 4주마다 새로운 매장 테마를 선정하고 그 에 따른 새로운 매장 디스플레이와 브랜드들을 선보였다. 메이시스는 그 성장세와 가치를 인정하여 2018년 5월 스토리를 인수했고, 2019년 4월부터는 메이시스의 모든 팝업 스토어를 스토리가 기획하고 운영하 기로 결정했다. 이와 유사한 국내 콘셉트로는 프로젝트 렌트Project Rent 가 존재한다.

최근에는 아예 팝업 스토어로만 이루어진 쇼핑몰이 등장하기도 했다. 2018년 11월에 오픈한 네이버후드 굿즈Neighborhood Goods는 넓 은 공간에 수많은 팝업 스토어를 전개하여 소비자들이 다양한 팝업 스 토어를 경험할 수 있도록 했다. 네이버후드 굿즈는 소비자들에게 다 양한 브랜드의 이야기를 들려준다는 개념으로 '이야기가 있는 백화점' 콘셉트를 제시했다.

그리고 2019년 3월에 오픈한 쇼필즈Showfieds는 겉모습은 옛날 백 화점과 비슷하지만 매장 콘셉트는 이커머스 브랜드를 위한 오프라인 팝업 스토어의 집합체로서 첨단 공간을 연출하고 있다. 즉, 보통의 팝 업 스토어는 한 공간에서 다양한 브랜드와 제품을 소개하지만 쇼필즈 는 각각의 이커머스 브랜드를 위해 독립된 팝업 스토어를 제공하고 이들을 쇼핑몰로 구성한 것이다. 이렇듯 팝업 스토어는 시기적으로 계절적 요인을 반영할 수 있고, 장소적으로 타깃 고객이나 잠재 고객을 고려해 핀 포인트로 진출할 수 있으며, 짧은 시간에 다양한 제품을 제안할 수 있다는 점에서 매우 효율적이다.

– 신제품 홍보에 더 효과적인 오프라인 매장

오프라인 쇼핑의 효용성은 체험 경제와 슈퍼 충전 효과를 통해서도 확인할 수 있지만 무엇보다 신제품 론칭 시 두드러지게 나타난다. 여러 연구 결과에 따르면 신제품의 경우 온라인에서 처음 공개되는 것보다 오프라인에서 처음 공개되는 것이 판매 성과에 더 긍정적인 영향을 미치는 것으로 나타났다.[36] 이것은 '후광 효과Halo Effect' 때문인데, 오프라인에서 실제 제품을 보고 경험함으로써 신제품에 대한 후광이 형성되고 그것이 제품에 대한 호감도와 신뢰도를 상승시킨다는 것이다. 그리고 오프라인에서의 후광은 결국 이커머스에도 영향을 미쳐 신제품을 오프라인에서 론칭하면 그 제품에 대한 웹 트래픽이 37%나 증가한다.[37]

결국 소비자들은 물리적 증거에 민감하다. 멀리서 보이는 매장 간판, 입구의 사이니지Signage, 인테리어, VMD 등 모든 물리적인 접촉 요소를 증거 삼아 그 제품과 브랜드에 대한 호감도와 신뢰도를 형성하기 때문이다. 그러므로 이커머스에 기반하는 브랜드라고 하더라도 신제품 론칭 때는 오프라인 매장을 통해 신제품 효과를 극대화할 수 있다. 이는 비단 제품에만 해당하는 것이 아니다. 넷플릭스 영화

그림 1-8 | 이커머스가 채울 수 없는 오프라인 쇼핑만의 매력과 마케팅 효과가 있다.

〈승리호〉가 강남역 근처에서 모형 비행선을 전시해 개봉 전 프로모션을 진행한 것, 신작 온라인 게임을 론칭할 때 오프라인 프로모션을 하는 것 역시 같은 맥락이다.

더불어 최근 중국에는 신규 로컬 화장품 브랜드가 많아지고 있는데 이들은 신제품을 출시할 때 와우 컬러Wow Colour, 컬러리스트Colorist, 하메이Harmay 등 대형 화장품 편집숍 3곳을 반드시 고려하는 것으로 알려졌다. 중국 소비자들이 주로 이 3곳을 통해 신상 화장품을 접하기 때문이다. 이 편집숍들은 글로벌 브랜드와 함께 신규 로컬 브랜드를 적극적으로 소개하며, 화장품 샘플을 구매할 수 있도록 하여 소비자 편의를 극대화했다.

4. 리:테일Re:tail의 귀환Re:turn을 맞이하라

코로나19로 인해 소비자들은 비대면 일상을 맞이했지만 이커머스의 편리함과 진일보한 배송 시스템 덕분에 쇼핑의 불편함을 거의 느끼지 못한다. 하지만 이커머스 시장이 급성장한 만큼 부작용도 생겼다. 또한 이커머스가 모든 소비를 대체할 수 없음은 많은 사례로 증명되었다. 결국 모두가 이커머스를 외칠 때에도 오프라인 매장은 사라지지 않을 것이고, 오프라인 매장만의 역할을 부여받을 것이며, 오프라인 쇼핑의 효용성은 유지될 것이다. 스타벅스가 오프라인 매장에서만 굿즈를 판매하고, 현대카드가 5번째 라이브러리를 계획하는 것도 같은 맥락이다.

심지어 코로나19 이후 주요 이커머스 기업들은 오프라인 매장을 속속 오픈하고 있다. 예를 들어 대표적인 패션 테크 플랫폼인 무신사는 서울 홍대입구역에 '무신사 스탠다드' 플래그십 스토어를 오픈했다. 무신사의 주요 소비층은 이커머스에 익숙한 10~20대지만 옷이나 신발을 직접 착용해 보고 구매하려는 수요가 늘면서 대형 오프라인 매장을 오픈하기로 결정한 것이다. 또한 수공예품 플랫폼 아이디어스는 인사동 '아이디어스 스토어'에 이어 경기도 용인, 서울 구로에 오프라인 스토어 총 3곳을 운영하며 소비자들이 오프라인에서 수공예품을 체험하고 구매할 수 있도록 유도한다. 특히 아이디어스는 코로나19 상황에도 불구하고 온라인에서 판매 중이던 수제 음식과 주류를 판매하는 다이닝 펍 '아이디어스 테이블'을 오픈하기도 했다. 그리고 크라우드 펀딩 기업 와디즈는 2020년 4월 성수동에 오프라인 매장 '공간 와디즈'를 열고 온라인에서 펀딩 중인 제품을 직접 경험하고 구매할 수 있도록 했다. 이 매장은 오픈 1년 만에 누적 상품 1700점, 누적 입점 업체 1200개, 누적 방문자 5만 5000명을 달성하는 성과를 거두었다.

이렇듯 이커머스 기업이 거꾸로 오프라인 매장을 오픈하는 사례는 소비재 업계에 그치지 않는다. 중고 거래 플랫폼 번개장터는 여의도 더 현대 서울에 오프라인 공간 'BGZT Lab by 번개장터'를 열고 스니커즈 리셀을 중심으로 한 중고 거래 플랫폼을 오프라인에 구현했다. 온라인에서만 이뤄지던 중고 거래를 오프라인에 실체화한 이 공간은 하루 평균 약 1000명이 방문하는 명소가 되었다. 더불어 부동산 플랫폼 직방 역시 합정동에 '직방라운지 합정366'을 운영하며 제휴사와 이용자가 직접 만날 수 있는 오프라인 공간을 제공하고 있다. 다른 거래보다 신뢰가 중요한 부동산 거래에 있어 앱으로만 이뤄지는 정보교환의 한계를 극복하기 위한 것이다. 직방에 따르면 직방라운지의 존재만으로 직방에 대한 이용자 신뢰가 높아지는 것을 확인하였기 때문에 향후 50개 이상으로 늘릴 계획이라고 한다.

결국 코로나19로 인해 비대면 비즈니스가 증가한다고 해도 거꾸로 오프라인을 통한 직접 경험의 중요성 역시 커질 것이고, 소비재뿐 아니라 다양한 분야에서 오프라인 매장을 오픈하고자 하는 니즈는 오히려 증가할 것이다. 따라서 오프라인 매장 환경에서 어려움을 겪는 업계 종사자들은 모든 관점을 이커머스로 돌릴 것이 아니라 오프라인 매장에서의 체험, 콘셉트, 희소성 등을 활용하여 이커머스가 주지 못하는 즐거움을 제공할 방도를 고민해야 한다. 또한 자본력을 갖춘 오프라인 백화점, 대형 쇼핑몰 업계는 좋은 상권임에도 불구하고 현재 공실이 발생하는 공간에 주목할 필요가 있다. 왜냐하면 이커머스 업계가 오프라인으로 진출함에 따라 기존 오프라인 업계의 상권까지 위협하기 때문이다. 아이러니하게도 코로나19로 인한 상권 경쟁은 이커머스에서 오프라인으로 옮겨지고 있다.

함께 읽으면 더 좋은 책

《리테일 4.0》 [필립 코틀러, 주셉페 스틸리아노 지음]
이 책에서 저자는 코로나19 팬데믹 이후 전통적인 비즈니스 모델을 가진 기업, 특히 오프라인 유통업계는 리테일 업業의 의미를 다시 확인하고 생태계를 바꿔야 한다고 말한다. 하지만 그 중심에 디지털만이 있는 것이 아니라 '고객 경험'을 중시해야 한다고 주장한다. 한마디로 사람과 사람이 연결되는 H2H Human to Human가 핵심이라는 것이다. 그래서 이 책은 "사람들이 무엇을 구매하고 소비할 의향이 있는지를 결정짓는 것은 바로 경험이다"라는 한 문장으로 요약된다. 이 책으로 오프라인 쇼핑의 존재 이유를 다시 한번 상기할 수 있을 것이다.

《리:스토어》 [황지영 지음]
비내면 시대에 오프라인 기업들이 추구해야 할 8가지 전략을 기술하고 있다. 저자는 전작 《리테일의 미래》에서 리테일 비즈니스의 기술적 트렌드를 분석했는데, 비대면 시대에는 이 책을 통해 오히려 오프라인 쇼핑이 나아가야 할 길을 제시한 것이 흥미롭다.

2장	# 아웃 라이프 ## VS. 홈 라이프
	슬기로운 집콕 생활보다 안전한 집 밖 활동

1. 호모 집쿠스와
   홈 루덴스의 시대

"외출과 모임은 자제하고 집에 머물러 주세요"라는 메시지가 주도했던 2020년, 코로나19 팬데믹은 홈 라이프를 권장하는 메가 트렌드를 만들어 냈다. 일, 공부, 사회생활, 취미 생활 등 일상의 모든 것을 집에서 할 수 있는, 혹은 해야 하는 'Everything at Home'의 시대가 온 것이다. 즉, 일상의 필수라 여겼던 출퇴근, 외식, 모임, 운동과 같은 집 밖 활동은 더 이상 허용되지 않았고 집은 이제 단순한 주거 공간이 아닌 멀티플렉스가 되어 버린 것이다. 그래서 기존 집의 의미에 다양한 기능이 추가된 레이어드 홈Layered Home이라는 개념도 등장했다. 구체적으로 집은 재택근무와 온라인 학습의 장이 될 뿐 아니라 홈 쿡, 홈파티, 홈 트레이닝, 홈 엔터테인먼트 등 모든 활동의 중심이 되었다.

이렇게 집에만 있거나 집에서 모든 활동을 영위하는 사람을 과거에는 히키코모리, 또는 사회 부적응자로 칭하며 부정적으로 인식했다. 하지만 코로나19는 이런 사람들을 자기만의 공간에서 자기 주도로 다양한 활동을 할 줄 아는 트렌디한 '호모 집쿠스'라고 재평가하게 만들었다. 그리고 야외 활동이 아닌 주로 집에서 놀고 즐기는 사람을 가리켜 놀이하는 인간이라는 뜻의 '홈 루덴스Home Ludens'라는 신조어도 등장했다.

실제로 홈 라이프 트렌드가 성장함에 따라 홈 퍼니싱 시장도 급성장했다. 코로나19로 인해 사람들이 집에 있는 시간이 길어지면서 인테리어 수요가 증가했기 때문이다. 국내 1위 인테리어 기업 한샘의 2020년 매출은 2조 674억 원으로 2019년 대비 21.7% 증가하였고, 순이익 또한 2019년 대비 58.1% 증가했다.[1] 더불어 '온라인 집들이' 콘셉트의 '오늘의 집'은 다른 집을 방문할 수 없는 환경에서 여러 가정이 게시물을 통해 인테리어 아이디어를 공유할 수 있게 돕고, 인테리어 시공이나 인테리어 용품 구매까지 유도하여 큰 호응을 얻었다.

이와 같은 흐름에서 홈 쿡, 홈 파티를 위시한 홈 다이닝과 가정 간편식Home Meal Replacement, HMR 시장 역시 급성장하였다. 한국농촌경제연구원에 따르면 가정 간편식 시장은 2017년 100억 원 규모에서 2020년 2000억 원 규모로, 3년 만에 20배 성장한 것으로 나타났다. 또한

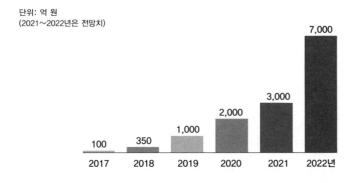

단위: 억 원
(2021~2022년은 전망치)

그림 2-1 | 국내 밀키트 시장의 성장. (자료: 한국농촌경제연구원)

가정 간편식의 시장 침투율도 10%에 달해 전체 소비자 10명 중 1명이
가정 간편식을 경험해 봤다.[2]

　헬스장과 같은 실내 체육 시설의 영업 중단은 홈 트레이닝 트렌드
를 부추겼다. 롯데멤버스에서 20대 이상 남녀 1600명을 대상으로 실
시한 조사에 따르면 응답자 중 78.1%는 집에서 운동을 해 본 적이 있
고, 응답자의 89%는 요가 매트, 덤벨, 실내 자전거와 같은 홈 트레이
닝 용품을 구매한 적이 있다고 답했다.[3] 또한 2015년 론칭된 홈 트레
이닝 전문 유튜브 채널 땅끄부부Thankyou BUBU는 2021년 4월 기준 구
독자 수 277만 명을 달성했는데, 2020년 국내 유튜브 구독자 수 최다
증가 채널 10위에 오를 만큼 코로나19에서 비롯된 홈 트레이닝 효과
를 크게 누렸다. 사실 홈 트레이닝은 코로나19가 만들어 낸 트렌드는
아니다. 팬데믹 전에도 홈 트레이닝 트렌드는 있었지만 코로나19로

인해 전문 피트니스, 요가, 필라테스 등 보다 다양하고 전문성 있는 프로그램까지 집에서 소화하게 됐다는 특징이 더해진 것이다. 이처럼 코로나19에 대한 불안이 완화되는 와중에 코로나19가 수 차례 재확산되는 위기를 경험하면서 바이러스, 건강, 위생, 안전에 대한 경각심은 높은 수준을 유지할 것이다. 그만큼 홈 라이프 트렌드도 더욱 공고해질 수 있다.

2. 집 안에서 불가능이란 없지만 제대로 되는 것도 없다

코로나19 시대에 집은 여러 기능을 다층적으로 수행할 수 있다는 의미로 레이어드된다. 하지만 사실 집은 물리적으로, 구조적으로 정형화되고 고정되어 있는 공간이다. 백화점 문화센터나 공연장의 경우 파티션을 이용하거나 좌석을 계단식, 평면식으로 배치하면 공간을 다양하게 구성할 수 있지만 집은 각각의 공간이 고유의 역할을 수행하도록 설계되어 있다. 이 때문에 제대로 갖춰지지 않은 공간에서 재택근무나 온라인 학습을 해야 하고 층간 소음 등의 요소로 인해 업무 비효율이나 학업 집중력 저하 문제가 발생한다. 게다가 홈 다이닝과 홈 드레이닝으로 인한 안전사고가 증가하는 등 역효과가 유발되고 있다. 즉, 홈 라이프 덕분에 집에서 불가능한 것이 없게 되었지만 반대로 제대로 되는 것도 없다는 지적을 받고 있다. 나아가 홈 라이프는 트러블

그림 2-2 | 홈트와 같은 집 안 활동이 많아진 만큼 사고와 부상의 위험도 높아졌다.

메이커로 사회 문제를 야기하기도 한다.

– 우리 집이 안전사고 다발 지역?

대전을지대학교병원 응급의학과 성원영 교수는 코로나19 위험으로부터 집이 안전하겠지만 여러 안전사고의 사각지대라는 점도 염두에 둬야 한다고 주장했다. 그는 "집 안 안전사고가 아이들에게만 일어날 것이라고 생각한다면 오산"이고 "나이는 물론 성별도 불문한다"고 말했다.[4] 실제로 질병관리본부가 화상 사고로 응급실을 찾은 환자 사례를 조사해 분석한 결과, 장소별 비중은 실내 89.6%, 실외 9.6%이었고, 화상 사고의 세부 장소는 집 65.9%, 상업 시설 19.2%로 나타났다.[5]

또한 사회적 거리 두기 장기화로 실내에서 사용하는 도구로 인한 안전사고 역시 늘고 있다. 한국소비자원에 따르면 각종 도구 사용법 미숙이나 부주의 등으로 인해 실내 안전사고가 증가했다. 한국소비자원 소비자 위해정보 동향에 따르면 2020년 소비자위해감시시스템CISS에 접수된 스포츠 및 취미 용품 위해 사례는 5680건으로 집계됐다. 이는 2019년 5553건보다 2.3% 증가한 수치이고 2018년 4128건 대비 37.6%로 큰 폭으로 불어난 것이다.[6] 특히 온라인 수업 실행으로 인해 아동의 가정 체류 시간이 길어진 상황에서 집에 각종 운동 기구들을 설치함에 따라 아동들의 안전사고가 큰 문제가 되고 있다. 그리고 집에서 운동 영상을 보고 무작정 따라 하다 통증이 생기거나 부상을 당해 병원을 찾는 사람 역시 늘고 있다.

지속될 것 같던 홈 트레이닝 트렌드의 열기는 2021년 들어 크게 식었다. 뱃살 빼기, 복근 만들기 등 운동법을 알려 주는 홈 트레이닝 앱 사용자가 급격하게 감소하고, 중고 거래 사이트에 운동 기구 매물이 쏟아지는 것이다. 데이터 분석 솔루션 모바일인덱스Mobileindex에 따르면 코로나19 유행 시점이던 2020년 3~4월 홈 트레이닝 앱 이용자는 최고치를 찍은 뒤 일제히 하락하는 경향을 보였다. 한 홈 트레이닝 앱은 4월에 월간 활성자 10만 명을 돌파하며 최고치를 기록했지만 2021년 들어서 사용량은 40% 감소했다. 또 다른 트레이닝 앱들도 이용자가 줄었거나 사용량 추세가 크게 꺾이고 있다. 각종 커뮤니티와 블로그에는 운동 지속성이 떨어지고, 불규칙한 시간과 의지 부족 등 각종 홈 트레이닝 실패담이 올라오고 있다.

그림 2-3 | 코로나19 이후 일회용품 사용량이 급증하면서 쓰레기도 크게 늘었다.

– 쓰레기 메이커로 급부상한 홈 다이닝

밀키트 제품은 2019년 9월 기준 10개 브랜드에서 270종을 판매했으나, 2020년 10월에는 61개 브랜드가 1100종 제품을 생산할 만큼 밀키트 시장 전체는 약 1년 만에 급성장했다. 그런데 밀키트는 대량의 쓰레기를 낳아 환경 오염을 초래하는 요인으로 비난받고 있다. 밀키트 제품은 주로 재료별 개별 포장, 1인분씩 낱개 포장되어 있고 신선함을 유지하기 위해 냉장·냉동 완충재까지 사용하는 경우가 많아 분리수거 쓰레기의 양과 횟수가 늘어났기 때문이다.

특히 코로나19로 인해 2020년 한 해 동안 밀키트와 같은 가정 간편식 소비뿐 아니라 배달과 테이크아웃도 크게 늘었다. 덕분에 음식물 쓰레기 발생량도 크게 증가했다. 하루 평균 500g 이상의 음식물 쓰레기를 배출하는 가구의 비중이 2019년 34.6%에서 2020년 45.2%

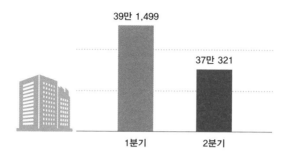

그림 2-4 | 2020년 상반기 서울 상가 수 변화. (자료: 부동산114)

로 크게 증가한 것이다. 대략 추산해 보면 2019년에는 하루 평균 약 454g의 음식물 쓰레기를 배출한 반면, 2020년에는 512g씩 배출해 가구당 일평균 약 60g의 쓰레기가 증가한 것으로 분석되었다.[7]

– 집 안에만 머물면 지역 경제는 누가 살리나

로컬은 홈 라이프와 밀접한 또 다른 메가 트렌드다. 코로나19는 집 주변 활동을 부추겨서 지역 경제를 활성화시켰다. 하지만 홈 라이프로 인해 집 안 활동량이 많아진 만큼 로컬 트렌드와 반대로 지역 경제를 비활성시키는 요인으로 작용하기도 한다. 그래서 홈 라이프를 뒷받침할 수 있는 제품, 서비스, 배송 인프라를 갖춘 대기업의 경쟁력은 부각되는 반면 지역 경제를 뒷받침하는 소상공인은 홈 라이프 트렌드의 혜택을 크게 받지 못했다.

결국 지역 경제를 지탱하는 자영업자들은 코로나19 발생 이후 생존 기간이 6개월가량 단축된 것으로 나타났다.[8] 그리고 10년 이상 운영을 지속했던 점포 중 1709곳이 2020년 1~6월 사이에 폐업했고, 30년 이상 장기 운영된 업체 중 122곳도 문을 닫았다. 코로나19가 장기화되면서 대형 상권이 아닌 소규모 대학 상권, 주택가 골목 상권에서도 줄폐업 징후가 나타나고 있다.

3. 호모 소시올로지쿠스와 호모 루덴스로의 회귀

홈 라이프라는 메가 트렌드는 사람들이 호모 집쿠스와 홈 루덴스가 되어 간다고 주장하지만 인간은 본질적으로 사회적 인간, 즉 호모 소시올로지쿠스Homo Sociologicus이자 놀이하는 인간인 호모 루덴스Homo Ludens다. 호모 소시올로지쿠스는 사람이 기본적으로 혼자서 살 수 없는 존재라는 것을 의미한다. 사람은 작게는 가족과 함께 사회를 구성하고 학교, 직장, 취미 동아리, 종교, 기타 단체에 몸담으며 크게는 국가, 사회 안에서 살아간다. 또한 사회적 인간은 감정, 경험, 아이디어, 비전, 가치의 공유를 열망하고, 이런 공유가 가능한 사람들과 함께하고 싶은 속성이 있다. 그러므로 관계를 이루며 살아가는 인간에게 연결은 본능에 가깝다.

호모 루덴스는 인간을 생각하는 존재로 보는 호모 사피엔스Homo

Sapiens에 반기를 든 개념이다. 문화는 놀이에서 발생했고, 삶의 본질은 자유로운 놀이이며, 놀이야말로 사람의 본질과 접속하는 삶의 방식이라는 관점이다. 즉, 사회적 거리 두기의 장기화 때문에 누적된 고립감과 활동 제약의 피로를 해소하려는 욕구는 인간의 기본적 특성이며 갈수록 점증될 것이다. 일례로 코로나19가 안정세를 보였던 2020년 4~5월 연휴 기간 중 국내 숙소 예약률이 49% 증가한 것은 일상 복귀에 대한 높은 잠재 수요를 반증한다.[9] 그래서 사람들의 라이프스타일과 관심사는 '슬기로운 집콕 생활'에서 '안전한 집 밖 활동'으로 이동하고 있으며 이러한 트렌드는 MZ세대들이 견인할 전망이다.

– 안전한 집 밖 활동을 주도하는 MZ세대

통계청에 따르면 2020년 우리나라 전체 인구수 대비 밀레니얼 세대 비중은 약 22.2%, Z세대는 약 21.7%를 차지했다. MZ세대가 전체 인구의 43.9%에 이른 것이다. 부모 세대인 베이비부머 세대와 X세대를 합친 비중이 약 31.5%임을 감안하면 MZ세대가 트렌드를 주도하고 있음은 분명하다.

다양한 연구를 통해 분석된 MZ세대의 특징은 다음과 같다. 자기효능감이 높고 재미를 추구하며 사고가 자유롭다. 길고 진지한 것보다는 짧은 호흡과 속도감, 변화, 변주를 선호한다.[10] 특히 집 안에서의 단순하고 반복된 생활에 만족하지 못한다. 그래서 다양한 공간을 활용하여 선택의 시공간 제약 없이 재미와 즐거움을 추구한다. 이러한 MZ세대의 문화는 기업 마케팅의 최대 관심사로 부상하고 있다. 예를

그림 2-5 | 등산을 즐기며 쓰레기를 줍는 '클린하이킹'도 MZ세대의 집 밖 활동 중 하나.

들어 코로나19 상황에 맞춰 도심 속 트레일 러닝이나 야간 산행을 즐기는 젊은 층이 늘었고 이는 아웃도어 업계에 변화를 불러오고 있다. 서울의 문화적 배경을 소개하면서 트레킹을 즐기는 '나이트 하이커' 프로그램, 안전한 트레일 러닝 주법을 알려 주는 '윈드 체이서', 도심을 달리면서 쓰레기를 줍는 '쓰담쓰담 솟솟' 등이 대표적이다. 이들 프로그램의 분석에 따르면 참가자의 72.5%가 20~30대인 것으로 나타났다.[11]

– 나 홀로, 그리고 다 함께 버추얼 액티비티

비대면 일상, 러닝, 사이클링, 등산 등을 즐기는 MZ세대의 라이프스타일 트렌드에 따라 버추얼 액티비티Virtual Activity가 대안으로 떠오르고 있다. 버추얼 액티비티란 러닝, 사이클링, 등산 대회 등의 참가자들이 스마트폰의 GPS를 활용해 각자 자신이 원하는 시간과 장소에서 각자 설정한 목표를 달성하는 활동이다. 코로나19로 인해 어쩔 수 없이 혼자 레이스를 하지만 다양한 기술을 통해 타인과 함께한다는 동질감, 대회에 참여한다는 소속감, 기록에 대한 경쟁심 등 실제 레이스 액티비티의 장점을 느끼도록 하는 것이다. 주최 측에서는 메달, 티셔츠, 암 밴드, 컬러 양말 등으로 구성된 '런 팩Run Pack'을 제공하여 참가자에게 동기를 부여하기도 한다.

버추얼 액티비티에는 버추얼 런, 버추얼 사이클링 등 분야가 다양하다. 전 세계의 버추얼 런 관련 정보를 공유하는 플랫폼 'World's Marathons'에는 114개 대회가 등록되어 있을 정도로 버추얼 런 활동이 활성화되어 있다. 유통업계도 이러한 경향을 적극 활용하고 있는데 예를 들면 쇼핑몰 내에서 버추얼 런을 진행하거나 출발 지점을 쇼핑몰로 설정하는 것 등이다. 또는 온라인 쇼핑몰이 버추얼 런을 기획하고 관련 제품 카테고리를 운영하기도 한다.

버추얼 액티비티는 다양한 목적으로 활용되기도 한다. 굿 네이버스의 'STEP FOR WATER 희망 걷기 대회', 아이들과 미래재단의 'Mercedes-Benz 기브 앤 레이스 버추얼 런', 푸르메재단의 '2020 미라클 365 버추얼', 국제어린이양육기구의 '2020 버추얼 컴패션 런', 월드비전의 '2020 글로벌 6K 포 워터 버추얼' 등 기업의 사회적 책임Corporate Social Responsibility, CSR과 브랜드 액티비즘Brand Activism이 연계되고 있는데, 이들 대회 참가자 중 55% 이상이 20~30대 여성이다.

− 자동차의 변신은 무죄, 레이어드 카

많은 전문가가 비대면 일상으로 인해 집에서 많은 것을 해결하고 집이 다양한 용도로 활용될 것이라고 예상했지만, 집에서 발생하는 여러 문제로 인해 레이어드 홈에도 한계가 있다. 안전한 집 밖 활동을 추구하지만 방역과 위생 문제로 공동생활 공간이나 숙박업소 이용을 꺼리는 사람들에게는 차가 매우 활용적이다. 즉, 홈 라이프의 역발상 트렌드 중 하나가 바로 카 라이프인 셈이다. 집만큼 사적인 공간인 차를 활용한 집 밖 활동 사례는 무궁무진하다.

가장 대표적인 것이 '차박'이다. 차박 트렌드는 기존에도 있었지만 2020년을 거쳐 2022년을 향하면서 좀 더 진화한 트렌드로 자리 잡을 것이다. 우선 차박이 레이어드 카Layered Car 트렌드로 활성화될 수 있는 바탕에는 튜닝 규제 완화가 있다. 실제로 규제 완화 이후 '튜닝 캠핑카' 수는 267% 증가했고,[12] 전년도 대비 2020년 캠핑카 튜닝 현황 역시 월별로 증가 수치를 기록했다. 심지어 2020년에 처음으로 RV 판매량이 세단을 넘어서기도 했다.[13] 캠핑카 및 수입 카라반 공식 딜러인 '카라반리테일'은 기아자동차의 레이를 개조한 레이 캠핑카 '로디'를 선보였고, 현대자동차는 포터를 개조한 캠핑카 '포레스트'를 출시했다.

더불어 차박 커뮤니티 가입자 수도 증가하고 있고, 네이버 트렌드에서 '차박' 검색 결과 역시 증가 추세다. 특히 관심을 끄는 것은 인스타그램 계정인 '차박에 미치다'이다. 이 계정은 차박이 가능한 장소를 보여 주는 구글맵이 연동되어 있다. 그래서 저마다의 이용자가 발

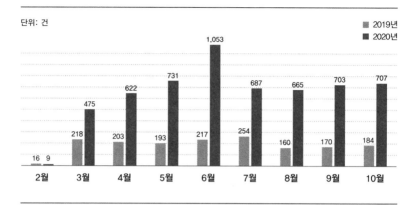

단위: 건

■ 2019년
■ 2020년

그림 2-6 | 월별 캠핑카 튜닝 현황(2.28~10.31). (자료: 한국교통안전공단)

견한, 또는 유명하지 않은 차박 장소를 DM으로 공유하여 지도에 남길 수 있다. 이처럼 숨겨진 차박 명소를 발견하는 활동은 MZ세대에게 색다른 재미가 된다.[14]

아웃도어 업계의 에어비앤비로 불리는 캠핑카 공유 업체 아웃도어시Outdoorsy는 2021년 2월 누적 거래액이 10억 달러를 넘어섰다. 2014년에 설립된 아웃도어시는 세계 최대 캠핑카 공유 서비스 회사로 미국, 캐나다, 호주, 프랑스, 영국을 비롯해 전 세계 14개국 4만 8000여 개 도시에 캠핑카 20만 대를 확보했다. 지금까지 아웃도어시 플랫폼을 통한 누적 예약 일수는 320만 일, 가입 회원 수는 3700만 명에 이른다. 득히 2020년 코로나19 상황에서 여행업계가 전반적으로 침체를 겪었지만 아웃도어시는 거꾸로 역대 최고 실적을 기록했다. 아웃도어시의 2020년 10월 예약 건수가 연초 대비 무려 4600%나 증가한 것이다. 아웃도어 업계는 코로나19 확산 속에서 타인과 접촉을 줄이면서 자연을 즐기고, 이동과 숙박을 동시에 해결할 수 있는 차박이 주목받으면서 캠핑카를 찾는 소비자가 늘었다고 분석한다. 또한 차를 타고 돌아다니며 생활하는 '밴 라이프Van Life'를 쿨한 라이프스타일로 받아들이는 MZ세대의 성향도 차박 인기를 거들었다고 밝혔다.

아웃도어시는 2021년 하반기에 한국, 일본 등 아시아 시장에 진출할 계획이다. 하지만 이미 일본에서는 최초로 차박 시장에 뛰어든 캠핑카 공유 서비스업체 카스테이Carstay가 입지를 강화하고 있다. 카스테이는 차박 장소 인근 관광지 정보와 각종 행사 정보, 예약 서비스까지 제공해 지역 경제 활성화에 기여한다는 평가도 받는다. 한국에서도 2020년부터 서비스를 개시한 캠핑카 공유 업체 캠버Camver를 시작으로 캠핑카 제작사 다온티앤티, 캠핑카 수입사 코센모빌리티 등 업체가 캠핑카 공유 시장에 뛰어들었다. 그만큼 차박과 캠핑카 트렌드가 확대되고 있다는 뜻이다. 국토교통부에 따르면 2020년 3월 기준 국내 캠핑카 등록 대수는 2만 대 수준으로, 2011년과 비교했을 때 19배 급증했다. 또한 같은 기간 캠핑 인구는 60만 명에서 10배인 600만 명으로 증가한 것으로 나타났다.[15]

2021년 이후에는 전기 차박이 트렌드가 될 것으로 보인다. 차박을 하게 되면 아무래도 각종 전기 도구를 사용하거나 실내 온도 유지를 위해 냉난방을 할 수밖에 없는데, 시동을 걸지 않고도 전기를 쓸 수 있는 전기 자동차는 차박에 최적화된 수단이기 때문이다. 특히 테슬라의 경우 캠핑 모드를 작동하면 디스플레이에 모닥불이 타는 소리와

그림 2-7 | 안전하게 자연을 즐기고픈 욕구가 실현된 차박 문화.

영상이 재생되어 소비자들의 차박 경험 만족도를 높여 주기도 한다.[16] 마찬가지로 현대의 코나 EV, 기아의 니로 EV 등 역시 각광받을 것으로 보인다.

　레이어드 카와 관련된 또 하나의 사례는 드라이브스루뿐 아니라 드라이브 인Drive-In 생활이 가능해졌다는 것이다. 차를 탄 채 학교 입학식과 졸업식, 결혼식과 장례식, 각종 문화생활까지 경험하는 드라이브 인 사례가 많아지고 있다. 예를 들어 CGV는 자동차 극장을 오픈했는데 관람객의 자동차로 팝콘을 배달해 주는 서비스를 도입했고, 현대모터스튜디오는 드라이브 인 콘서트를 개최했으며, 독일 쾰른 공항은 드라이브스루 갤러리를 선보였다. 또한 드라이브 인은 각종 마케팅에도 활용되고 있다. BMW는 신차 공개 행사 참석자들이 신차에 탑승한 상태로 발표회를 지켜볼 수 있도록 했고, 넷플릭스 영화 〈승리

그림 2-8 | 독일 쾰른 공항에 마련된 드라이브스루 갤러리. (출처: Artlife 홈페이지)

호〉는 개봉 프로모션으로 서울 용산역에 드라이브 인 언택트 체험존을 오픈하기도 했다. 이런 트렌드에 따라 집보다 차를 선호하는 라이프스타일이 진화하면서 '호모 카피엔스Homo Carpiens'라는 신조어가 등장했다.

– 멀티플 공간으로 진화하는 레이어드 호텔

안전한 집 밖 활동이라는 역발상 트렌드는 활동 공간을 호텔로 옮겨 놓았다. 이제 호텔은 여행지에서 잠을 자기 위해 머무르는 공간이 아니라 집의 대체재, 또는 다양한 집 밖 활동의 역할을 수행하는 멀티플 공간으로 활용되기 시작했다. 대표적으로 공간의 제약이 사라진 원격 근무 수요와 넘치는 공실을 활용하려는 호텔 공급이 만나 워크케이션Workcation을 탄생시켰다. 대표적으로 인터콘티넨탈 코엑스는 주

중 한정으로 '8 to 8 Workcation' 패키지를 출시했다. 기존 호텔의 데이유즈Dayuse 개념을 회사 운영 방식에 접목해, 아무 방해도 받지 않고 오롯이 업무에 집중할 수 있는 집 밖, 회사 밖 공간을 제공한 것이다. 서울 시내 5성급 호텔 여러 곳이 이와 같은 패키지를 출시했으며 제각각 도시락 런치를 제공하거나 객실 내 휴대용 트레이드 밀을 대여해 주는 등 이들 사이에서도 차별화된 서비스로 안전한 집 밖 생활을 유도하고 있다.

호텔의 변신은 계속된다. 온라인 수업으로 인해 학교에 가지 못하고 친구들과 놀 공간과 다양한 체험 활동이 없어진 아이들을 위해 키캉스Kicance 공간으로 변모했다. 그랜드 하얏트 서울 호텔에서는 원어민과 함께하는 영어 교실과 캠핑 체험을 제공하는 '그랜드 위켄드 패키지'를 출시했고, 제주 신화월드는 체험형 프로그램 '신화 키즈 리틀 크리에이터'와 '신화 키즈 리틀 익스플로러'를 운영하고 있다.

거리 두기 2.5단계가 시행되었을 때 카페 매장 이용이 불가하고 최대 체류 시간도 1시간으로 제한되면서 카페에서 공부하는 '카공족'들이 갈 곳을 잃었다. 그래서 스위스 그랜드 호텔에서는 '스터디는 호텔로'라는 패키지를 내놨다. 안전하고 독립적인 공간이 필요한 수험생이나 대치동 학원가의 학생들이 스터디케이션Studycation의 주요 고객이 된 것이다. 이제 호텔은 단순한 휴식을 넘어 취미, 문화, 다양한 타깃의 수요를 충족시켜 주는 레이어드 호텔Layered Hotel이 되었다.

4. 아웃 라이프,
집 밖 활동의 패러다임을 바꾸다

인간은 사회적 동물이다. 다만 코로나19로 인해 안전이 보장된 슬기로운 집콕 생활을 받아들일 수밖에 없었다. 그러나 각종 기술을 활용한 버추얼 액티비티와 자동차를 활용한 집 밖 활동을 통해 안전이 담보된다면 메가 트렌드는 집이 아니라 집 밖 활동이 될 것이다.

실제로 2020년 11월 문화체육관광부에서 발표한 '코로나19 이후 SNS 게시물 거대자료 분석 결과'에 따르면 '산악회' 언급량은 줄었지만 '등산' 언급량은 증가했고, '호캉스, 기차' 언급량은 줄었지만 '차박과 캠핑, 드라이브' 언급량은 증가했다.[17] 이들의 공통점은 밀집도 높은 모임이나 밀폐된 공간에서의 야외 활동을 지양하는 반면 이를 대체할 안전한 야외 활동은 늘었다는 것이다. 즉, 코로나19로 인해 아웃 라이프 자체를 안 하는 것이 아니라 안전이 담보된 대안적 아웃 라이프 추구가 트렌드라고 할 수 있다. 따라서 비즈니스 기회와 마케팅 포인트는 여전히 실내가 아닌 집 밖에 있다. 스포츠, 아웃도어 용품뿐 아니라 자동차 주변 기기 수요도 증가할 것이고, 차 안 활동이 늘면서 영상이 아닌 라디오나 팟캐스트 같은 음성 기반 콘텐츠와 광고의 수요도 함께 늘어날 것이다. 왜냐하면 인간은 사회적 동물인 호모 소시올로지쿠스이고, 놀이를 중시하는 호모 루덴스이기 때문이다.

함께 읽으면 더 좋은 책

《놀이하는 인간》 [노르베르트 볼츠 지음]

이 책은 놀이를 단지 비생산적 소모 행위로 바라보는 시각에 반론을 던지고, 놀이의 즐거움을 새롭게 복원하고 있다. 예를 들어 컴퓨터 게임, 스포츠, 슬롯머신과 같은 우연성 게임에도 긍정적인 면이 있다는 것이다. 그래서 저자는 놀이하는 인간을 정확하게 이해해야 불확실한 미래를 대비할 수 있다고 주장한다.

《트라이브즈》 [세스 고딘 지음]

이 책의 저자는 생각을 공유하고 공동의 목표를 향해 운동을 전개하는 사람들의 모임을 '부족'이라 부른다. 부족을 찾고 그에 들어가고자 하는 욕망은 인간이 생존하기 위해 내재한 가장 원초적인 본능으로, 누구나 기회가 생기면 부족에 들어가고 싶어 한다. 즉, 이 책은 인간이 사회적 동물이라는 것을 전제하고 있다. 그래서 지금의 사람들이 파편화됨으로써 기존 마케팅으로는 해결하지 못하는 난제들을, 인간이 사회적 동물임을 자각하는 것에서부터 시작해 '부족'이 해결할 수 있다고 말한다.

3장	홈 니어 근무 VS. 재택근무
	집과 회사보다 더 효율적인 업무 공간을 발견하다

1. 재택근무, 기왕 할 거면 제대로 하자

"당신은 재택근무를 경험해 본 적이 있는가"라고 물어본다면 대부분 "그렇다"라고 대답할 것이다. 재택근무 경험이 없는 사람도 이 용어를 들어 보지 못한 이는 없을 것이다. 2020년 3월 11일, 세계보건기구WHO의 코로나19 팬데믹 선언 이후 정치·경제·사회·문화 등 우리 삶의 모든 것이 바뀌었는데, 특히 경제 활동을 영위하는 우리 일터의 모습도 마찬가지다. 일터는 바로 일을 하는 공간이다. 돈을 벌기 위해 존재하는 공간이고, 자신의 꿈을 향해 달려가는 무대다. 더불어 조직

그림 3-1 | 코로나19로 인한 가장 큰 업무 변화는 바로 재택근무.

이라는 테두리가 존재하는 공간이고, 조직 구성원들과 관계를 지속해야 하는 관계 지향적 공간이다. 하지만 코로나19가 발생한 이후 이런 물리적인 공간에 반드시 존재Presence해야 한다고 생각하기에는 다소 무리가 생겼다. 이제는 원거리 존재감Telepresence이라는 것을 경험해야 하는 세상이 된 것이다. 기존 일터의 개념이 완전히 깨져 버렸다고 할 수 있겠다.[1]

우리나라에서 재택근무는 생소한 문화다. 일단 집에서 일한다는 것 자체를 받아들이기 어렵다. 조직 생활이 중요하고 위계질서가 만연하며 수직적인 문화, 군대 문화가 팽배한 대한민국에서는 생소한 근무 환경임에 틀림없다. 그동안 외국계 기업과 스타트업에서나 볼 수 있는 혁신적인 근무 시스템이라고 생각되었지만 코로나19 팬데믹 이후 분위기는 많이 바뀌었다. 유튜브에서 '재택근무'를 검색하면 '재택근무 잘하는 법 '재택근무 에피소드' 등 수많은 콘텐츠가 나오고 더불어 높은 조회 수를 기록하고 있다. 이것만 보더라도 문화가 바뀌었다는 사실을 쉽게 확인할 수 있다.

2020년 한국경제연구원의 조사에 따르면 코로나19 이후 국내 매출액 기준 500대 기업 중 26.7%가 재택근무를 시행했다. 기업뿐 아니라 정부와 공공 기관에서도 비슷한 수준의 재택근무제가 시행됐다.[2] 고용노동부의 조사에 의하면 우리나라 기업들의 인식도 바뀐 것을 알 수 있다. OECD 국가 중 재택근무 도입률이 최하위였던 우리나라 기업들이 변한 것인데, 48% 이상이 재택근무제를 운영하겠다고 의견을 밝혔다. 실제로 도입을 했거나 체험을 해 본 기업도 36%에 이른다. 더불어 재택근무를 경험한 직원들도 재택근무제가 정착되기를 희망하는 의견이 많았다.[3]

코로나19 이후 재택근무가 활성화된 것은 틀림없다. 기업, 공공 기관, 정부 등 앞다퉈 재택근무제를 도입했고, 실제 직원들도 정착되기를 희망하고 있다. 협업 서비스 기업 잔디JANDI의 2020년 재택근무 리포트에 따르면 재택근무 이용자의 90%가 코로나19 팬데믹 이후부터 재택근무를 시작했고, 경험자의 69%는 재택근무에 만족한다고 대답했다. 78%의 응답자가 집에서 업무를 보아도 생산성이 그대로 유지된다고 답변한 것이다. 그 이유는 뭘까? 65%의 응답자가 재택근무를 하면 출퇴근 시간의 낭비가 없다고 이야기했다. 그만큼 출퇴근의 압박이 크다는 의미다.[4] 어쩌면 다들 9시에 기상해 씻지도 않고 업무를 시작했을지도 모른다. 어떤 이는 평소라면 출퇴근에 소비될 시간을

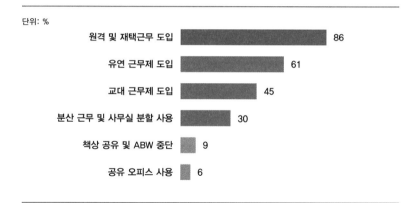

단위: %

원격 및 재택근무 도입 ████████████████ 86

유연 근무제 도입 ███████████ 61

교대 근무제 도입 ████████ 45

분산 근무 및 사무실 분할 사용 █████ 30

책상 공유 및 ABW 중단 ██ 9

공유 오피스 사용 █ 6

그림 3-2 | 코로나19 이후 기업 근무 방식의 변화. (자료: KB금융지주연구소)

운동에 할애했을지도 모르고, 어떤 이는 육아로 알차게 활용했을지도 모른다. 출퇴근의 압박만 사라지더라도 많은 것을 할 수 있음을 발견한 것이다.

코로나19 팬데믹 종식 이후 재택근무는 어떻게 될까? 종식 이후에도 재택근무를 도입할 것인지 기업들을 대상으로 조사한 결과 29.5%의 기업이 도입하겠다고 대답했고, 24.3%는 도입하지 않겠다고 응답했다. 더불어 잘 모르겠다는 응답도 46.2%나 나왔다.[5] 비록 70% 가까이 확실치 않다고 대답했지만 재택근무에 대한 시선이 바뀐 것만은 분명하다. 물론 아직은 시행착오를 겪고 있지만 말이다. 재택근무는 코로나19 상황에 새롭게 도입된 개념이 아니다. 과거에도 재택근무 개념은 존재했다. 다만 과거에는 원격Remote과 현장Onsite의 개념으로 물리적 거리감을 줄이는 것에 방점이 찍혀 있었다. 그러나 현재는

ICT 기술을 활용해 국가와 지역을 초월한 실시간 협업에 방점이 찍혀 있다.[6]

재택근무는 진화했고 코로나19로 인해 우리 사회에 뿌리내리기 시작했다. 그러나 아직은 고용주나 고용인에게 익숙한 문화가 아니기 때문에 다양한 묘책을 가지고 서로 적응하려고 노력하고 있다. 기업들은 직원들의 재택근무 상황을 관리 감독하기 위해 일일 업무 일지를 보고받거나, 정기적 또는 불시적 화상 회의를 도입하는 등 업무 효율을 높이고자 노력하고 있다. 이는 직원들도 마찬가지다. 고화질 캠, 고음질 마이크, 편하고 좋은 의자를 구입하고 설치하는 등 개인적인 노력이 계속되고 있다.

2. 시작은 달콤했지만
막상 해 보니 매콤하더라

– 재택근무도 오래되면 우리를 지치게 만든다

코로나19 상황이 이렇게 오래 지속될 것이라고는 아무도 예상하지 못했다. 2020년부터 포스트 코로나 이야기가 나오고 있지만 정확히 언제부터일지 예상하기 힘든 상황이다. 오히려 포스트 코로나를 언급하는 것 자체가 시대의 흐름을 읽지 못하는 사람처럼 느껴지기도 한다. 재택근무를 시행하는 모든 기업도 마찬가지였을 것이다. 오랜 재택근무는 다양한 신조어를 만들어 냈다. 수개월째 계속되는 영상

그림 3-3 | 많은 직장인이 잦은 화상 회의 때문에 긴장과 피로도가 높아졌다.

회의에 대한 피로감을 담은 줌 피로Zoom Fatigue, 코로나19로 인해 우울감을 느껴 본 사람이라면 누구나 들어 봤을 코로나 블루Corona Blue, 우울을 넘어 신경증적 증상으로 발전한 코로나 레드Corona Red 등이 대표적이다.[7]

　이처럼 재택근무에 대한 부정적 신조어가 만들어진다는 것은 그만큼 재택근무에 대한 청사진만 있는 것이 아니라는 의미다. 오죽했으면 재택근무자들을 위한 휴양지들의 경쟁이 치열해지고 있을까? 에스토니아, 크로아티아, 포르투갈 등 10여 개국은 1년 체류에 드는 세금과 비자를 모두 면제해 주는 디지털 유목민 전용 비사 제도를 시행하고 있다. 디지털 유목민이란 유목민처럼 한곳에 정착하지 않고 네트워크가 있는 곳이라면 어디든 장소에 구애받지 않고 옮겨 다니며 디

지털 기기를 활용해 일하는 사람을 뜻하는데 코로나19로 인해 다시 주목받고 있다.[8]

'워캉스'는 호텔에서 편하게 쉬면서 일하는 체험이자 상품을 일컫는다. 호텔들은 오전 8시에 체크인하여 저녁 8시에 체크아웃하는 상품인 하프데이 스테이Half Day Stay와 다음 날 낮 12시에 체크아웃하는 오버나잇 스테이Overnight Stay 등 여러 옵션을 제공한다.[9] 오랜 재택근무로 인해 우리는 상당히 피로해졌고 이 피로감을 해소하기 위한 상품도 많이 개발되고 있다.

– 일과 일상이 분리되지 않으면 효율은 떨어진다

많은 재택근무자가 서서히 부정적인 의견들을 피력하기 시작했다. 재택근무 시행 초기의 기대와 다른 모습이 전개되었기 때문이다. 누구나 집에서만 하는 개인행동들이 있다. 이는 집이라는 공간이 일터라는 공간과는 다른 의미를 가지기 때문이다. 바로 이런 차이에서 비롯된 개인행동이 업무를 방해한다는 것이다. 게다가 일터에서 행해져야 하는 규범이 집이라는 공간까지 침습해 와 몰입을 방해하고 있다. 출퇴근이 모호해진 바람에 과로하기 쉬운 환경도 되었다.[10]

재택근무자들은 집에서 근무하고 있음에도 불구하고 공통적으로 건강상 문제를 호소한다. 회사보다 짧은 동선, 책상의 불편함 등이 건강을 악화시킨다는 것이다. 회사에서는 넓은 업무 공간이 확보되지만 집에서는 그렇지 못하다. 점심시간에 즐겼던 운동과 산책도 재택근무 시에는 다소 제한적이다. 침실, 휴식, 취미 공간과 업무 공간이 분리

단위: %

그림 3-4 | 재택근무 만족도 및 업무 집중도. (자료:오픈서베이)

되지 않아 불편하다는 이야기도 있다.[11]

    잔디의 2020년 재택근무 리포트를 다시 들춰 보면 재택근무의 가장 큰 단점은 업무 공간과 생활 공간의 비분리(32%)다. 더불어 적절한 긴장감이 없어 나태해졌다는 의견은 21%, 업무와 가사의 분리가 불가능하다는 의견은 19%를 차지했다. 또한 코로나19 이후 재택근무가 활성화되지 않을 것이라고 응답한 사람은 41%, 지금 수준을 유지할 것이라고 예상한 이는 34%로 나타났다. 이처럼 재택근무는 업무와 일상이 분리되지 않는 상황과 공간으로 인해 많은 문제와 불편이 야기되었다. 불편은 여기서 그치지 않는다. 모바일 리서치 회사인 오픈서베이의 '오픈서베이 식상 생활 트렌드 리포트 2021'을 보면 많은 응답자가 재택근무 제도의 원활한 정착을 위해서는 '상호 신뢰'가 필요하다고 대답했다.[12]

재택근무자들이 보다 업무를 잘하기 위해 노력하는 것도 이와 같은 맥락이라고 할 수 있다. 재택근무의 편리에도 불구하고 직원들은 보이지 않는 '눈치'를 보고 있는 것이 사실이고, 이로 인해 더 큰 불편함이 초래되고 있다. 차라리 이렇게 감시를 받을 바에는 출근해서 당당하게 업무에 임하고 자기 의견을 표출하는 게 나을지도 모른다고 생각하는 이가 많다. 또한 응답자 10명 중 4~5명은 재택근무를 할 때 오히려 업무 집중도가 떨어진다고 인식했는데, 회사보다 긴장감이 떨어지거나 조직원 간 소통의 어려움 때문이라고 대답했다. 이런 대답의 비율은 연령과 직장 연차가 많을수록 높게 나타났다.

한 공간에 함께 존재하지 않기 때문에 일의 효율이 떨어진다는 주장도 있다. 일터에서는 근로자끼리 '함께 있다'는 것이 상호 집중Mutual Focus, 감정 공유Shared Emotion, 운율 부유감Rhythmic Entrainment을 불러일으킬 수 있다. 여기서 운율 부유감이란 동료들과 함께할 때 그들의 에너지에 편승해 고양되는 감정 같은 것인데 이를 통해 집중력과 일의 효율이 올라간다. 하지만 물리적 단절은 운율 부유감을 이끌어 낼 수 없다.[13]

앞서 이야기한 것처럼 재택근무는 업무 공간과 생활 공간이 분리되지 않음으로써 업무에 있어 다양한 문제점을 노출한다. 2017년 전 세계를 강타한 로버트 캘리 부산대학교 교수의 BBC 인터뷰와 기상 캐스터 레슬리 로페즈의 방송 사고는 비록 해프닝으로 끝났지만 재택근무의 불편함을 그대로 보여 준 사례다.[14]

서로를 배려하지 않는 충/간/소/음

그림 3-5 | 재택근무로 인해 낮에 집에 머무는 시간이 많아지면서 층간 소음 문제는 더 많아졌다.

– 불편을 넘어 삶의 질까지 저하시키다

재택근무는 불편을 넘어 심각한 문제를 야기하기도 한다. 집에 머무르는 시간이 늘면서 가족 간 불화가 잦아지기도 했다. 근무 중에도 육아를 병행할 수밖에 없는 상황에서 겪는 부부 간 갈등, 집에서 온라인 수업을 듣는 자녀와의 갈등 같은 부작용도 늘고 있다. 일과 일상이 분리되지 않아 겪을 수밖에 없는 스트레스는 피할 수 없게 되었다.

특히 재택근무 이전에는 경험해 보지 못한 층간 소음 문제에 대해 민감하게 반응하는 이가 많아졌다. 그동안 느껴 보지 못했던 삶의 불편함이 재택근무를 통해 도래한 것이다.[15] 2021년 한국환경공단에 따르면 '층간 소음 이웃사이센터'에 접수된 민원(상담)은 총 4만 2250건에 달했는데 이는 전년도 대비 2배 이상 증가한 수치다. 민원의 핵심은 바로 소음이었다. 집에 머무는 사람이 늘면서 집 안에서 일하는 사람과 일상을 영위하는 사람끼리의 충돌도 늘게 된 것이다. 이는 결코 불편에서 그칠 문제가 아니다.[16]

3. 재택근무가 아닌 새로운 오피스 환경의 필요성을 실감하다

– 일과 일상을 분리시켜 줄 공유 오피스의 증가

일과 삶의 경계가 무너진 후 생긴 또 다른 부작용은 코로나19 팬데믹이 지속되는 상황에서도 재택근무를 지양하고 회사로 출근하고 싶은 직장인이 많아졌다는 것이다. 그래서 공유 오피스가 주목받기 시작했다. 물론 코로나19 팬데믹 직후 공유 오피스의 매출은 큰 타격을 입었지만 재택근무 트렌드의 연장선에서 역으로 더 성장할 가능성도 높다. 공유 오피스가 우리나라에 도입된 것은 2000년대부터인데 서비스드 오피스Serviced Office 또는 비즈니스 센터Business Center 형태로 시작되었다. 2015년 국내 브랜드인 패스트파이브가 서울 남부터미널 인근에 1호점을 내었고, 2016년에는 위워크가 강남역 인근에 1호점을

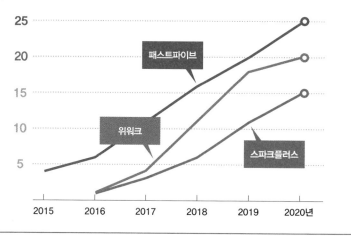

그림 3-6 | 국내 공유 오피스 연도별 지점 현황. (자료: 각 사)

내면서 국내 공유 오피스 시장은 급속도로 성장했다. 불과 4년 전에는 600억 원 수준이었으나 2022년에는 7700억 원 규모까지 성장할 것으로 예상된다.[17]

  2019년 기준 전 세계 공유 오피스 이용자는 약 300만 명으로 추정되며 2022년에는 전 세계의 공유 오피스 지점 수가 3만 개소 이상이 될 것으로 보인다. 더불어 이용자는 약 510만 명에 이를 것으로 전망된다.[18] 공유 오피스는 저렴한 임대료, 오피스 인프라, 회의실과 라운지 같은 이용자 간 협업 공간 제공 등 업무에 있어 상당한 편의성을 갖추고 있다.[19] 덕분에 전 세계 공유 오피스 수는 증가하고 있으며, 국내 공유 오피스 시장 역시 경쟁이 치열해지고 있다. 공유 오피스 내에

그림 3-7 | 재택근무의 부작용을 보완하기 위해 홈 니어 오피스가 대두되었다.

어린이집을 마련하거나 교육 프로그램을 운영하는 등 공간 대여 이상의 복지 혜택을 마련해 차별화를 꾀하고 있다.[20]

코로나19 이후 공유 오피스 시장은 유연한 업무 환경을 찾는 고객들의 호응을 얻어 가파르게 성장하는 중이다. 예전에는 프리랜서나 소규모 기업 위주였지만 현재는 대기업, 공공 기관 종사자 등 고객층이 다양해졌다. 재택근무를 하기 어려운 환경이거나 카페에 의존해야 하는 이들이 공유 오피스 시장을 더욱 성장시키고 있다. 더불어 사회적 거리 두기로 인해 카페 이용조차 어려워진 상황은 공유 오피스의 필요성을 더욱 굳건하게 만들고 있다.

– 홈 니어 오피스, 보다 효율적인 업무 공간을 찾아서

각성 수준 이론Optimal Arousal Theory에 의하면 사람은 가장 적절한 수준의 각성을 유지하기 위해 동기화한다. 한동안 자극이 없던 상태에서는 각성 수준의 증가가 유쾌하게 느껴지지만 많은 자극에 노출되었을 때에는 추가되는 자극이 혐오스럽게 느껴진다는 것이다. 재택근무의 불편한 경험은 각성 수준 이론을 통해 설명되는데 또한 홈 니어 Home Near 오피스가 필요하다는 근거가 되기도 한다. 우리는 이미 재택근무를 '경험'했는데, 이 경험은 재택근무가 얼마나 비효율적인가를 확인하는 시간이기도 했다. 물론 시행 초반의 만족도는 높을 수밖에 없었다. 출퇴근으로 인한 문제들을 한 번에 해결해 주었기 때문이다. 육아를 병행할 수 있었고, 회사가 멀어도 큰 문제가 없었다. 하지만 재택근무는 '어정쩡한 휴가'라고 표현할 수 있을 만큼 효율상 문제가 있었다.

이런 이유로 홈 오피스 시대가 아니라 홈 니어 오피스 시대가 도래할 것이다. 이제 사람들은 집보다 집에서 가장 가까운 오피스 공간에서 근무하고자 할 것이다. 이는 카공족과 카업족(카페에서 업무를 보는 사람들)이 함께 공존하는 시대라고 할 수 있겠다. 프리스위라지 차우두리 하버드대학교 교수는 요즘 인재들은 일하기 좋은 환경을 찾아간다고 이야기한다. 집이라는 근무 공간이 아닌, 더 나은 근무 환경을 주목한 것이다. 또한 린다 그래턴 런던비즈니스스쿨 교수는 이제 '어디서든 근무Work From Anywhere'로 진화하고 있다고 보았고, 앤디 세 전모긴스탠리 수석 이코노미스트는 코로나19 종식 이후 기업들이 조직 슬림화에 나설 것이라고 전망했다.[21]

공유 오피스 증가와 더불어 이제는 집에서 가장 가까운 오피스를

그림 3-8 | 스타벅스 재팬은 카업족을 위해 리얼 오피스 카페를 마련했다.
(출처: 스타벅스 재팬 홈페이지)

찾게 될 것이다. 많은 전문가가 코로나19로 인해 공유 오피스는 사라질 것으로 예측하지만 공유 오피스들은 변신을 꾀하고 있다. 다수가 일할 수 있는 공간 대신 3~4명이 중심이 된 '셀 오피스'를 도입하거나 1인실을 늘리는 등 말이다. 이들은 특정 기업과 MOU를 맺어 공유 오피스 내에 특정 기업의 VPN을 제공하여 인트라넷을 사용할 수 있도록 하기도 했다. 이런 공유 오피스의 서비스가 늘어날수록 직장인들은 가장 가까운 지점에 방문해 출퇴근 시간을 최소화하면서 업무 능력을 극대화할 수 있다. 더불어 식사도 모바일 식권 서비스를 통해 해결하는 등 출근하지 않아도 출근한 것 이상의 효율을 거둘 수 있다.[22]

2020년 SK텔레콤은 을지로, 종로, 서대문, 분당 판교 등 4개 지역에 거점 오피스를 마련했다. 재택근무의 단점을 해소할 수 있고 출퇴근 시간도 줄기 때문에 하루 100~200여 명이 이용하고 있다. 더불어 공간에 구애받지 않고 어디서든 일할 수 있는 '워크 애니웨어Work Aanywhere' 제도를 추진하고 있다. SK텔레콤은 워크 애니웨어가 사회 전반적으로 확대되면 이동 시간이 줄어 차량의 탄소 배출이 저감되는 등 ESG(환경, 사회, 지배 구조)에도 기여할 수 있다고 밝혔다.[23]

거점 오피스를 넘어 분산 오피스라는 개념도 생겼다. '집 근처 사무실'을 모토로 2020년 5월 론칭한 공유 오피스 서비스 '집무실'은 기업 단위가 아닌 개인 단위 홈 니어 오피스 공간과 업무 집중 환경을 제공한다. 주목할 점은 1개월 단위 임대 개념에서 탈피해 월 3만 3000원 짜리 회원제로 운영되고 있다는 점이다. 매일 1시간이 기본으로 제공되고 필요하면 추가 요금을 내고 이용할 수 있어 말 그대로 개인화된 공유 오피스 서비스라고 할 수 있다.[24]

– 지방 소멸 문제 해결의 실마리를 제공하다

사람이 도시로 몰리는 이유는 도시의 경제 활동이 활발하기 때문이다. 그래서 취업이나 결혼 등의 이유로 거주지를 정할 때 출퇴근 거리는 필수 고려 사항이 되었다. 경제 활동을 영위하기 어려운 지역에 살고 있다면 그 지역을 떠나 경제 활동이 가능한 지역으로 자리를 옮긴다. 이런 연쇄 이동으로 인해 도시 중심의 기형적인 성장이 이뤄졌고, 국가 균형 발전이 정부의 주요 정책으로 자리매김하게 되었다.

한국고용정보원 조사 결과, 2020년 5월 기준 전국 226개 시군구 가운데 42%가 '소멸 위험 지역'으로 분류되었다. 2014년 79곳, 2016년 84곳, 2018년 89곳이었지만 2020년에는 105곳을 기록한 셈이다.

더불어 105곳의 소멸 위험 지역 중 92%에 달하는 97곳은 비수도권 지방이었다.[25]

지방 소멸 해소와 국가 균형 발전을 위해 정부는 기업과 정부, 공공 기관 등 관공서 이전 정책을 추진한다. 물리적인 이전으로 문제를 해결하려는 것이다. 하지만 KTX와 같은 사회 간접 자본의 발달은 근본적으로 지방 소멸 해소와 국가 균형 발전 정책에 물리적 이전이 적합하지 않다는 것을 알려 준다. 금요일만 되면 수도권에 거주하는 지방 이전 기업 종사자들이 상경하는 모습을 심심치 않게 발견할 수 있다. 교통편의 매진 행렬은 이제 익숙하다. 하지만 코로나19 상황에서 재택근무가 활성화되고 홈 니어 오피스 시대가 도래하면 도시로부터 경제적, 환경적 탈출을 원하는 세대에게 큰 울림을 줄 수 있다.

아직은 국내 공유 오피스 대부분이 서울에 집중되어 있다. 또한 SK텔레콤처럼 거점 오피스를 활성화하여 워크 애니웨어를 도입한 기업은 미비하다. 하지만 홈 니어 오피스가 활성화되면 더 이상 도시에서 일하지 않아도 경제 활동을 영위할 수 있고, 제주도처럼 자신이 원하는 지역에서의 삶을 살아갈 수 있으며, 지방 소멸 해소 및 국가 균형 발전이라는 정책상 큰 해법을 제시할 수 있다. 따라서 재택근무의 역발상 트렌드로서 홈 니어 오피스는 새롭게 주목받을 것이다.

함께 읽으면 더 좋은 책

《원하는 곳에서 일하고 살아갈 자유, 디지털 노마드》 [도유진 지음]

이 책은 원격 근무를 도입하여 높은 효율을 올리고 있는 세계적 기업들을 소개하고, 공간을 탈피하고 지금까지와는 다른 방식으로 일하는 것에 대한 시대적 관점을 충실히 제시하고 있다.

《협업의 시대 COLLABORATION》 [테아 싱어 스피처 지음]

결국 홈 니어 오피스 시대는 물리적인 공간에 존재하지 않아도 충실한 협업이 가능해야 도래한다. 이 책은 바로 이 협업의 혜안을 제시한다. 각자의 상황과 특성에 맞는 협업 전략을 제시하고 있기 때문이다.

4장	# 역진행 수업 ## VS. 온라인 수업
	온라인 수업으로 인한 학력 격차를 해소하는 대안적 교육

1. 비대면 교육,
온라인 수업과 에듀테크가 선도하다

2020년 교육 시장은 온라인 교육과 각종 정보통신기술ICT을 교육 서비스에 접목한 에듀테크Edutech가 이끌었다고 해도 과언이 아니다. 코로나19로 인해 초등학생부터 대학생까지 거의 등교하지 못하고 집에서 원격 수업을 받아야 했고, 자기계발이 필요한 직장인들 역시 학원을 이용하기 어려워짐에 따라 비대면 교육 환경에 익숙해져야만 했다. 실제로 2020년 1학기 기준 평균 등교 일수는 초등학교 41.3일, 중학교 40.6일, 고등학교 50.9일에 불과했고,[1] 대학교는 거의 모든 수업

그림 4-1 | 코로나19로 인해 등교 일수가 줄고 그 자리를 온라인 수업이 대신했다.

을 비대면으로 진행했다. 이 추세는 국내뿐 아니라 전 세계적인 현상이었는데 2020년이 마무리될 때까지 개선되지 않았다. 초중고 학생들은 2020년 한 해 동안 약 3개월도 등교하지 않았고, 대학생들은 가장 비싼 동영상 스트리밍 서비스에 가입한 것과 마찬가지라는 우스갯소리를 하기도 했다. 이렇게 원격 수업과 비대면 교육이 필수 불가결한 상황에서 온라인 교육과 에듀테크 관련 시장은 유례없는 성과를 달성하였다.

글로벌 온라인 교육 플랫폼 코세라Coursera는 2020년 3월 중순 이후 신규 가입자가 전년 동기 대비 520% 증가해 2500만 명을 넘어섰다고 밝혔다. 또한 글로벌 금융 서비스 기업 페이오니아Payoneer에서 전 세계 40개국 온라인 교육자를 대상으로 진행한 '코로나19 이후 떠오르는 온라인 교육'에 대한 설문 조사 결과에 따르면 전문 기술 교육자

단위: 억 달러
(2021~2025년은 전망치)

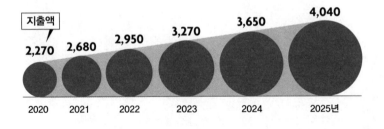

그림 4-2 | 글로벌 에듀테크 시장 규모. (자료:홀론아이큐, KOTRA)

의 82%, 외국어 교육자의 55%가 '온라인 강의 수강생이 늘었다'고 답했다.[2] 국내 온라인 교육 전문 기업 휴넷Hunet은 2020년에 617억 원의 매출을 올려 사상 최대 실적을 기록했다.[3] 'K-12'는 유치원부터 고등학교를 졸업할 때까지의 교육 기간을 뜻한다. 이런 배경 속에서 K-12의 글로벌 온라인 교육 시장은 2020~2025년까지 약 11.5%의 연평균 성장률을 달성할 것으로 전망됐다.[4]

코로나19 이전에 전망한 글로벌 에듀테크 시장 규모는 2019년 1630억 달러, 2025년 3410억 달러였고 연평균 성장률은 13.1%였다. 하지만 코로나19 이후 시장 규모는 2025년에 4040억 달러, 연평균 성장률은 16.3%로 상향 조정되었다.[5] 세부적으로 살펴보면 미국의 에듀테크 투자액은 2019년 16억 6000만 달러를 기록하며 5년 만에 최고치를 달성했고, 에듀테크 투자 세계 1위 중국은 에듀테크 유니콘 기업의 절반 이상을 보유할 만큼 이 분야에서 선도적 입지를 다졌다.[6] 국내 교육 서비스 기업들도 인공 지능과 빅 데이터를 활용한 온라인 교육 콘텐츠를 개발하고, 각종 인공 지능 교육 플랫폼과 에듀테크 스타트업을 인수하는 등 그 흐름에 동참하고 있다.

실제로 온라인 교육과 에듀테크는 코로나19 상황에 최적화된 교육 방식으로 많은 장점을 지녔다. 우선 물리적·심리적 편의 덕분에 여러 불편과 시간 낭비를 줄일 수 있고, 학습 과정의 용이함 덕분에 학생이 자기 상황에 따라 자유롭게 학습을 조절할 수 있으며, 기술적 활용성 덕분에 다양한 미디어 자료와 기술을 원활하게 이용할 수 있다.[7] 특히 온라인 교육은 시공간을 초월하기 때문에 지역 간 교육 격차를 줄이는 데에도 일조할 수 있다. 그동안 온라인 교육은 사교육, 자격증, 외국어 등 입시와 자기계발 관련 교육 시장에서 '인강(인터넷 강의)'이라는 개념으로 적극 활용되어 왔는데, 그 활용도가 코로나19로 인해 공교육과 고등 교육으로 확대된 것이다. 그렇기 때문에 많은 전문가가 온라인 교육이 메가 트렌드로서 교육 시장을 주도할 것이며, 앞으로의 교육 방식 역시 온라인 교육과 에듀테크가 지배할 것이라고 전망하고 있다. 게다가 이런 흐름을 반영하지 못하는 학교와 교사는 큰 위기를 맞이할 것이라고 본다.

2. 온라인 교육의 한계가 학력 격차를 만든다

온라인 교육의 많은 장점에 대해서는 이론의 여지가 없다. 하지만 온라인 교육이 선효과만 가지느냐에 대해서는 상반된 견해가 존재한다. 코로나19로 인해 온라인 교육이 사교육에서 공교육으로, 그리고 고등교육으로까지 확대되면서 온라인 교육에 따른 역효과가 나타났기 때문이다. 일례로 2020년 초중고등학교의 원격 수업에 대한 학부모 만족도는 54.5%에 그쳤고, 코로나19 이후에도 원격 수업을 지속할 것인지 물었을 때 학부모 의향은 28.4%에 불과했다. 특히 교사의 68.4%, 학부모의 62.8%가 원격 수업으로 인해 학습 격차가 커졌다고 인식했다.[8] 이에 따라 등교 일수가 공립보다 많고 비대면 수업의 질도 낮다는 서울 지역 사립 초등학교 38곳의 평균 경쟁률은 2019년 대비 3배 이상 증가한 6.8 대 1을 기록했다.[9] 대다수의 대학교가 2020년에 이어 2021년 1학기에도 비대면 수업 위주로 학사를 운영하겠다고 밝힌 가운데, 여전히 대학생들의 온라인 교육 만족도는 떨어지는 것으로 나타나 우려가 예상된다. 2020년 대학교 온라인 교육에 대한 설문 조사 결과 응답자 중 75.3%가 '온라인 교육으로 인해 수업 내용 등에 대한 만족도가 낮아졌다'고 답했고, 26.4%는 비대면 수업 환경이 지속된다면 '2021년 1학기를 휴학할 것'이라고 답했기 때문이다. 이들 중에는 심지어 휴학하고 다시 입시를 준비하겠다는 응답과 남학생의 경우 입대하겠다는 응답도 있었다.[10]

단위: %

원격 수업 지속 의향(학무보 응답)

학생 간 학습 격차 인식(교사 응답)

그림 4-3 | 코로나19 이후 원격 수업과 학습 격차 인식. (자료:교육부, 한국교육학술정보원)

결국 온라인 교육의 주요 소비자이자 이해관계자인 학생과 학부모 모두에게 온라인 교육은 다소 부족하게 다가온 것이다. 근본적인 문제는 온라인 교육 인프라나 교사에게 있는 것이 아니라 온라인 교육에 내재된 전달력의 한계에 있다. 즉 많은 전문가가 온라인 교육의 부족함과 한계는 결국 상호 작용의 제한에서 비롯됐다고 판단한다.[11] 인간의 소통 과정에서 눈빛, 손짓, 발짓 등 비언어적 커뮤니케이션은 약 70%를 차지하는데 온라인 교육은 필연적으로 비언어적 커뮤니케이션을 놓칠 수밖에 없기 때문이다.[12] 특히 온라인 교육은 동시다발적인 의사소통이 어려워 밀도 있는 의견 교환이나 토론도 어렵다. 이는 비단 고등 교육에만 적용되는 것이 아니다. 최근 초등학교에서 토론식

그림 4-4 | 온라인 교육으로 인해 학습 격차가 커지자 학부모들의 고민과 걱정도 커졌다.

학습이 전개되기 시작했고 중학교에서는 팀 활동이 잦아지면서 언어적 및 비언어적 커뮤니케이션이 매우 중요해졌다. 그런데 온라인 교육은 이 부분에서 매우 취약하다. 그래서 교사와 학생 간 또는 학생 간 상호 작용성이 떨어질 수밖에 없고 이는 집중력과 학업 성취도 저하로 이어진다.

현재 적용되는 온라인 교육은 일 대 다수 형태로 진행되고 교육 내용 역시 '평균적 학생'에 맞춰져 있다. 그러다 보니 학생 개개인에 맞는 특화된 교육 내용을 전달하기는 매우 어렵다. 온라인 교육과 에듀테크가 혁신 기술을 활용하고 있음에도 불구하고 오히려 교육의 질이 떨어진다는 것은 아이러니하다. 심지어 온라인 교육은 지역 간 교육 격차를 줄이는 데에도 기여할 것이라고 기대했지만 온라인 교육 인프라, 즉 PC나 인터넷 환경이 잘 갖춰져 있지 않은 지역에서는 온라인 교육 성취도가 오히려 떨어지고 말았다. 이는 지역 간 학업 격차가 벌어지게 만드는 원인이다. 따라서 온라인 교육이 모든 교육 시장을 잠식할 것이냐에 대해 많은 전문가가 회의적인 입장을 나타내고 있다.

3. 온라인 수업을 보완하는 대안적 교육법, 플립 러닝

– 학생과 부모의 속을 뒤집는 온라인 수업을 다시 뒤집다

온라인 교육의 부작용과 역효과가 드러나고 있는 상황에서 그 대안으로 많이 언급되는 것이 플립 러닝Flipped Learning, 우리말로는 역진행 수업이다. 플립 러닝은 각자가 온라인 동영상 등으로 사전 학습한 후 온라인 또는 오프라인에서 토론식 수업을 이어 가는 교육 방식이다. 각종 기술의 발달로 온라인 사전 학습 설계가 용이해지면서 최근 혁신적인 교육 방법의 하나로 대두되었다. 과거에는 교실에서 수업을 듣고 집에서 온라인 동영상을 보며 복습하는 것이 일반적이었다면 플립 러닝은 집에서 온라인 동영상을 시청한 뒤 교실에서 보다 깊은 학습을 진행하는 것이다. 기존 수업 방식을 거꾸로 뒤집는 개념이기 때문에 'Flipped Classroom, Inverted Learning, Inverted Classroom' 등으로 표현되기도 한다.[13] 특히 현재 진행되고 있는 온라인 교육은 교사가 수업 내용을 일방적으로 전달하는 하향식Top-Down인 반면 플립 러닝은 학생이 자기 주도적으로 사전 학습을 한 뒤 교사와 토론식 수

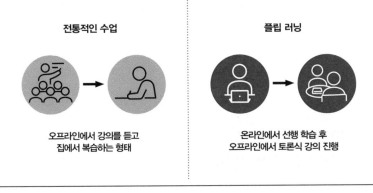

그림 4-5 | 전통적인 수업 방식과 플립 러닝 방식.

업을 전개하는 상향식Bottom-Up이라 할 수 있다.

플립 러닝의 학습 방법은 보다 단순한 온라인 수업과 차이가 있다. 말로 설명하기, 실제로 해 보기, 집단 토의하기 등 학생의 적극적인 참여가 중점이 되기 때문에 일방적인 강의와 수동적인 학습이 중점인 기존 온라인 교육보다 학습 효과가 뛰어나다. 또한 플립 러닝의 교육 목표 또한 현재 진행 중인 온라인 수업과 차이가 있다. 플립 러닝은 수업의 이해와 기억을 넘어 창의력과 분석력 향상 등 상위 목표를 추구하는 반면 온라인 교육은 여전히 수업의 이해와 기억 등 하위 목표에 국한되어 있다.

– 강력한 학습 동기와 성취 경험을 선사하다
플립 러닝을 도입하면 교사는 학생의 학습 동기를 불러일으킬 수 있고 학생은 성취감을 얻을 수 있어 온라인 교육의 단점이 보완된다. 교사 입장에서의 장점은 '학습 동기Learning Motivation 이론'으로 설명되는데 이에 따르면 학습 동기는 주의 집중, 관련성, 자신감, 만족감 등으로 구성된다. 교사는 학생의 주의력을 집중시키고, 학생의 흥미를 수업 내용과 연관시키며, 이를 바탕으로 학생의 자신감을 고취시켜 결과에 대한 만족감을 준다.[14] 즉, 플립 러닝 방식을 통해 교사는 학생의 학습 동기를 향상시킬 수 있다.

또한 학생 입장은 '자기 효능감Self-Efficacy 이론'으로 설명된다. 이에 따르면 학생은 자기 주도적인 학습을 통해 성취 경험을 쌓고, 교사로부터 직접적인 격려를 받아 자존감이 향상된다. 그리고 다른 학생의 성취를 대리 경험하면서 관찰자로서 정서적 각성을 할 수 있고, 긍정적 마인드와 자신감이 생긴다.[15] 플립 러닝 교육 프로세스에 따라 온라인 사전 학습 후 교실에서 교사와 심화 학습을 하면 자기 주도적 학습에 대한 자신감이 생기고 자존감을 형성할 수 있다는 것이다.

이처럼 플립 러닝 효과는 학습 이해도, 암기 효과, 문제 해결력, 창의력, 사고력 면에서 장점이 있고 학생들의 능동적인 수업 참여를 유도할 수 있다. 특히 플립 러닝은 온라인 사전 학습에 있어 학생 수준과 학습 패턴에 맞춰 가장 최적화된 학습법을 제공하고, 학생 역시 스스로 커리큘럼의 속도와 내용을 조정할 수 있어 개인화된 학습이 가능하다.[16] 최근 연구에 따르면 플립 러닝을 활용한 비대면 수업의 학습 효과는 대면 수업과 유사한 수준으로 나타났다. 플립 러닝 기반 비대면 수업의 학습 효과를 기존 대면 수업과 비교한 결과 통계적으로 유

그림 4-6 | 플립 러닝의 대표적 사례인 미네르바 스쿨. (출처: 미네르바 스쿨 홈페이지)

의한 차이가 나타나지 않은 것이다.[17] 따라서 코로나19로 인한 비대면 교육 상황은 물론 그 이후에도 플립 러닝은 온라인 교육의 역발상 트렌드로 작용할 여지가 충분하다.

– 세계 유명 대학이 플립 러닝을 도입하기 시작했다

이미 플립 러닝은 국내외 유명 대학에서 적용되고 있다. 가장 대표적인 곳이 미국의 미네르바 스쿨Minerva School이다. 2014년 설립된 미네르바 스쿨은 물리적인 캠퍼스가 없다. 모든 수업은 온라인으로 진행되고, 나머지 시간은 외부에서 학생들끼리 프로젝트를 진행하거나 각종 기업, 공공 기관, 비영리 단체에서 실전 체험을 한다. 기초 수업은 온라인 강의를 통해 학생 스스로 해결하도록 하고, 이를 바탕으로 외부에서 토론이나 프로젝트 수행에 중점을 둔 것이다. 미네르바 스쿨의 효과와 혁신성은 크게 인정받아 이제는 하버드대학교나 MIT 보다 입학하기 어려운 학교가 됐고, 글로벌 기업들은 미네르바 스쿨 졸업생을 채용하고자 경쟁하고 있다.[18] 이 외에도 스위스 로잔연방공과대학교는 전 교과 중 절반 이상을 차지하는 통상적인 지식 관련 수업과 대면 수업을 온라인 강의로 대체하고 프로젝트와 활동 기반 학습으로 진행하고 있다. 국내에서는 서울대학교, 카이스트, 울산과학기술원이 플립 러닝을 일부 도입했다.

특히 코로나19 발생 이후 가장 눈에 띄는 곳은 울산과학대학교다. 울산과학대 학생들은 대면 수업 이전에 원격 선행 학습을 하고, '플립 러닝실'에서 교수와 학생 간 피드백을 주고받는다. 플립 러닝실의 벽면은 화이트보드가 둘러싸고 있는데 오프라인 수업 시 학생들이 아이디어를 적거나 메모지를 붙여 의견을 공유할 수 있도록 설계됐다. 울산과학대는 여기에 '비캔버스Beecanvas'와 '패들렛Padlet' 등 온라인 협업 도구를 함께 사용한다. 비캔버스는 일종의 온라인 화이트보드로, 다양한 툴과 사이트에 흩어진 정보를 한 공간에 모으고 해당 내용을 학습 관계자들과 실시간으로 공유할 수 있는 협업 툴이다. 패들렛은 마치 접착식 메모지를 붙이듯 하나의 작업 공간에서 여럿이 동시에 피드백을 주고받을 수 있는 웹 애플리케이션이다. 패들렛을 이용해 교수의 질문에 조별 학생들이 메모지를 붙이듯 실시간 피드백을 주고받는 것이나. 울산과학대는 14곳의 플립 러닝실을 운영하며 코로나19 시대의 온라인 교육 상황을 뒤집고 있다. 또한 울산과학대는 팬데믹 상황이 끝나도 플립 러닝 방식을 그대로 유지하고 나아가 확대할 계획이라고 밝혔다.

4. 교실을 뒤집으면
온라인 교육의 가치도 살아난다

정신분석학자이자 사회심리학자 에리히 프롬은 저서 《소유냐 존재냐》 에서 학생을 소유 지향적인 학생과 존재 지향적인 학생으로 분류하고 이 둘을 비교했다. 소유 지향적인 학생은 교사의 강의 내용을 기록하기 위해 필기에 집중하고, 필기한 노트를 소유하는 것에 만족을 느낀다. 반면 존재 지향적인 학생은 수업 내용을 미리 학습하여 머릿속에 자기만의 사고를 형성한 뒤 교사와의 수업에 따른 상호 작용을 통해 스스로 성장하고 진화한다.

　코로나19로 인해 어쩔 수 없이 진행되거나 받아들이고 있는 온라인 교육은 아직 소유 지향적인 학생을 전제로 적용되고 있다. 하지만 메가 트렌드로 언급하는 온라인 교육 흐름은 고육지책일 뿐 상수로 자리 잡기 어려워 보인다. 그동안 전통적인 교육 패러다임을 혁신하기 위해 온라인 교육, 스마트 러닝, 에듀테크 등 다양한 교육 방법론이 동원됐고 또 코로나19가 그 흐름을 앞당기기도 했다. 하지만 각각의 방법이 지닌 한계로 인해 전통적인 방식을 완전히 바꾸지는 못했다. 플립 러닝 역시 교실과 온라인 교육을 뒤집었을 뿐 완벽한 대안이 될 수 없을 것이다. 하지만 플립 러닝 수업 방식과 교육 프로세스는 가장

그림 4-7 | 플립 러닝의 장점 중 하나는 자기 주도적인 학습이 가능하다는 것이다.

효과적인 학습 방식이자 학생들에게 높은 만족도와 학습 몰입도를 제공할 수 있음은 부정할 수 없다. 그래서 미국 최대 플립 러닝 커뮤니티인 플립 러닝 네트워크Flipped Learning Network와 플립 러닝 오픈 소스 학습 관리 시스템인 무들Moodle이 활성화되고 있다. 더불어 미국 최대 에듀테크 기업 체그Chegg 역시 플립 러닝의 개념을 활용한 시스템을 설계 중이다.

따라서 온라인 교육에 대한 역발상 트렌드로서 플립 러닝은 지속적으로 대두될 것이며, 이에 대한 교육 서비스를 어떻게 제공할 것인가가 화두로 떠오를 것이다. 학교 인프라는 기존의 '교실'이 아닌 '플립 러닝실' 중심으로 바뀌어야 하고, 토론과 심화 학습이 가능한 보조 교구를 갖추는 것에 중점을 둬야 할 것이다. 이에 따라 플립 러닝 특화 학교, 플립 러닝을 추구하는 학교의 경쟁력이 강해지고, 미네르바 스쿨과 아시아경영대학원ASB처럼 플립 러닝 성과로 인해 학교의 명성을 뒤집는 기회가 생길 것이다. 또한 플립 러닝 효과를 극대화할 수 있는 플랫폼인 비캔버스, 패들렛, 체그 등 새로운 에듀테크가 더욱 주목받을 것이다.

함께 읽으면 더 좋은 책

《말하는 수학》 (양환주, 정철희 지음)
이 책은 플립 러닝 방식을 수학에 적용한 방법을 소개한다. 과거 주입식 교육 방식을 답습하고 있는 온라인 교육의 폐해로 인해 수학을 포기해 버린 일명 '수포자'들에게 플립 러닝이 효과적인 대안이라는 것을 잘 설명해 준다. 흥미로운 것은 모든 과목 중 가장 학습하기 어렵다는 수학을 중심으로 플립 러닝 사례를 풀어낸다는 점이다.

《하브루타 네 질문이 뭐니?》 (하브루타문화협회 지음)
하브루타는 2명씩 짝을 이뤄 서로 공부한 것에 대해 대화 또는 논쟁하면서 가르치고 배우는 유대인의 전통 교수 학습법이다. 이 책은 4차 산업 혁명 시대에 필요한 것은 기계적 사고가 아니라 질문을 통한 학습법, 소통법, 리더십이라고 강조한다.

<table>
<tr><td>5장</td><td>**글로벌 보복 소비
VS. 로컬 소비**</td></tr>
<tr><td></td><td>억눌린 소비 심리가 향할 곳은 우리 동네가 아니다</td></tr>
</table>

1. 로컬리즘,
글로벌라이제이션, 디글로벌리제이션

많은 트렌드 전망서와 전문가가 코로나19로 인해 국제 교류가 단절되고 사람들의 이동과 여행이 제한되면서 로컬 문화와 로컬 여행이 중요해졌다고 강조한다. 실제로 각 국가들은 자국 경제와 국민의 건강을 보호하기 위해 무역 장벽을 높이고 국가 간 교류를 제한했으며, 타국가 사람들에 대한 경계심을 강화했다. 일례로 유엔무역개발회의는 2020년 세계 무역액이 전년 대비 약 20% 축소될 것으로 전망했고, 유엔세계관광기구는 국제 관광객이 전년 대비 약 80% 줄어들 것으로 예측했다. 관련 전문가들은 이런 흐름에 따라 소비자들의 시선이 로컬을 향하고 있다며 구체적으로 동네 소비, 로컬 여행, 탈세계화를 메가 트렌드로 꼽았다.

– 동네를 재발견했더니 로컬 소비가 늘어나다

코로나19로 인해 사람들이 멀리 나가거나 오래 이동하는 것에 부담을 느끼면서 이동 거리와 이동 시간은 자연스럽게 줄었다. 실제로 통계청과 SK텔레콤이 모바일 빅 데이터 기반 '코로나19 발생 후 인구 이동'을 분석한 결과 코로나19 확산에 따라 주말 인구 이동이 42%까지 줄어든 것으로 나타났다. 특히 인구 이동이 감소한 지역은 상업 지역, 관광지, 레저 스포츠, 사무 지역, 주거 지역 순으로 나타났는데, 이 중 주거 지역의 인구 이동 감소율이 가장 낮았다.[1] 즉, 사람들은 다른 지역에서의 활동을 대폭 줄인 반면 주거 지역에서의 활동은 유지한 것이다. 동네를 돌아다니거나 장을 보고 카페를 찾는 등 동네의 숨겨진 명소를 찾는 경향까지 생겼다. 동네 소비를 메가 트렌드로 꼽는 전문가들은 이러한 경향을 '동네의 재발견'이라고 명명했다. 동네 중심 경제 활동과 콘텐츠 활동에 '로컬 생태계, 로컬 크리에이터, 로컬라이즈드 콘텐츠'라는 이름이 붙기도 했다.

라이프스타일의 이러한 변화와 함께 정부는 소상공인과 골목 경제 활성화를 목적으로 지역 화폐를 발행했다. 또한 재난 지원금 사용을 동네 슈퍼와 편의점 등으로 제한하자 백화점, 대형 마트, 이커머스 매출은 감소세를 보인 반면 동네 슈퍼, 편의점 매출은 고신장을 기록

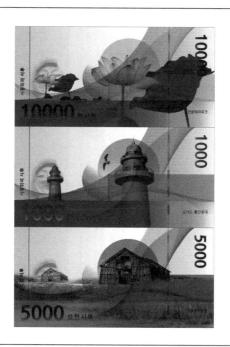

그림 5-1 | 경기도 시흥시에서 발행한 지역 화폐 '시루'의 모습. (출처: 시흥시청 홈페이지)

했다.[2] 심지어 산업통상자원부의 2019~2020년 주요 유통업체 매출 통계 자료에 따르면 편의점 3사 매출 비중(31.0%)이 처음으로 백화점 '빅Big 3' 매출 비중(28.4%)을 추월하기도 했다.[3]

– 멀리 떠나지 못하니 로컬 여행이 늘었다

로컬이라는 메가 트렌드가 동네 소비를 부추긴 것처럼 여행에 있어서도 로컬 여행이 큰 흐름으로 자리를 잡는 것으로 보인다. 로컬 여

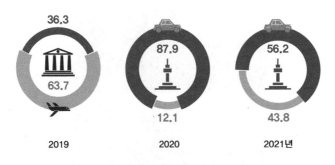

단위: %　　　　　　　　　　　　　　　　　　　■ 국내　■ 해외

36.3
63.7
2019

87.9
12.1
2020

56.2
43.8
2021년

그림 5-2 | 코로나19 이후 국내외 선호 여행지 비율. (자료: 인천공항공사 공항산업기술연구원)

행의 다른 말인 인트라바운드Intrabound 여행은 사실 몇 년 전부터 이어져 온 트렌드인데, 코로나19 이후 내국인의 해외여행인 아웃바운드Outbound 여행과 외국인의 방한 여행인 인바운드Inbound 여행을 할 수 없게 되면서 로컬 여행이 유일한 대안이 된 것이다. 부킹닷컴 분석 결과 코로나19 이후 전체 여행 중 로컬 여행의 비중은 약 89%에 달했는데 이는 11%에 머물렀던 2019년 대비 8배가 증가한 것이다. 그리고 코로나19 이후 평균 여행 거리는 약 850km 수준에 머물렀는데 이는 2757km를 이동한 2019년 대비 약 3분의 1에 그친 것이다.[4] 즉, 로컬 여행의 비중이 증가함과 동시에 여행 거리는 짧아졌다.

　　이런 트렌드에 따라 아고다Agoda는 로컬 즉흥 여행을 위한 '고로컬 투나잇GoLocal Tonight' 상품을 선보이기도 했다.[5] 아고다 검색 데이터에 따르면 로컬 여행이 증가하고 있을 뿐 아니라 로컬 여행의 경우

그림 5-3 | '고로컬 투나잇'은 아고다가 내놓은 즉흥 국내 여행 상품이다. (출처: 아고다 홈페이지)

마음만 먹으면 언제든지 떠날 수 있다는 장점이 있기 때문이다. 결국 코로나19로 인한 여행 선택의 제한과 로컬 여행의 편의성 때문에 로컬 여행은 메가 트렌드로 받아들여졌다.

− 로컬 트렌드를 넘어 탈세계화를 향하는 것일까

동네 소비와 로컬 여행에서 더 나아간 트렌드는 세계화가 쇠퇴하고 있다는 슬로벌라이제이션Slowbalisation과 세계화 쇠퇴를 넘어 탈세계화Deglobalisation로 나아가고 있다는 전망이다. 즉, 코로나19로 인해 로컬에 대한 니즈가 증가했을 뿐 아니라 팬데믹으로 인해 물리적으로 국가 간 교류가 중단되고, 보호 무역과 고립주의, 자국우선주의, 국가주의가 심해졌기 때문에 더 이상 세계화는 유효하지 않다는 것이다.[6]

이에 대해 전문가들은 코로나19가 가속하는 탈세계화의 특징을 다음과 같이 5가지로 정리했다.[7] 첫째, 코로나19로 인해 효율보다 안정을 중시하게 되면서 자국에 가까운 생산지로의 이전과 함께 지역 공급망 구축과 본국 회귀를 추구하여 세계화의 핵심인 세계 공급망이 변할 것이다. 둘째, 코로나19로 미중 경쟁이 치열해지면서 양국 경제의 탈동조화가 지속되어 세계화에 지장을 초래할 것이다. 셋째, 방역 조치로 국경 통제가 늘어나고 항공 산업이 침체에 빠지며 항공료가 올라 사람의 이동을 제약할 것이다. 넷째, 안전 자산이 선호되면서 신흥국과 개도국으로부터 자본 이탈이 일어나 경제 격차를 심화시켜 세계화에 지장을 줄 것이다. 다섯째, 세계화를 뒷받침하는 다자협력주의와 국제기구가 제대로 작동하지 않아 세계화에 어려움을 더할 것이다.

그래서 거시경제학자이자 경제 및 금융 위기 전문가인 다니엘 슈텔터는 저서 《코로노믹스》에서 "한국은 서구 국가에서 나타나는 탈세계화 움직임을 생각해 지금까지와 다른 접근법으로 경제 정책을 세워야 한다"며 "이를 위해 아시아 지역으로의 수출을 늘리는 데 초점을 맞추고, 내수 경제를 활성화하는 쪽으로 정책 방향을 바꿔야 한다"고 주장하기도 했다. 즉, 기본적인 소비자 라이프스타일뿐 아니라 거시경제 차원에서도 로컬과 탈세계화에 대비해야 한다는 것이다.

2. 로컬리즘 트렌드가
계속될 거라는 오해와 착각

이렇게 보면 동네 소비, 로컬 여행, 탈세계화 등 코로나19로 인한 로컬리즘 트렌드는 확실한 것처럼 여겨진다. 하지만 몇몇 차원에서 로컬리즘은 지나치게 과장됐다. 우선 다른 메가 트렌드와 달리 로컬리즘은 대체재가 아니라 보완재에 가깝다. 즉, 코로나19로 인해 이동 거리와 이동 시간이 짧아지고, 멀리 가지 않으려고 하는 라이프스타일 변화 때문에 사람들은 '잠시' 동네에 머무른 것이다. 그리고 로컬리즘을 일부 부추겼던 재난 지원금 역시 영원하지 않고 한시적인 정책이라는 점을 간과해서는 안 된다.

더불어 로컬 여행은 해외여행을 갈 수 없는 현실적 제약이 만들어 낸 일시적 현상이다. 오히려 사람들은 코로나19로 인해 억눌린 심리 탓에 해외여행에 대한 욕구가 더욱 강해진 것으로 보인다. 인천국제공항공사에 따르면 한국인의 70.2%가 백신 개발 이후 해외여행을 떠날 것이라고 응답했기 때문이다.[8] 그리고 희망 여행 시기는 3~6개월 이내 33.4%, 6개월~1년 이내 31.4%로 전체 응답자 중 64.8%가 1년 내 해외여행을 희망하고 있어 기대 수요가 높다는 것을 보여 준다.

심지어 코로나19 백신에 대한 예방 접종 여부를 묻는 항목에서 '예방 섭송을 하겠다'는 응답이 70% 이상이었고, 백신 접종 이유로 89.1%가 '해외여행을 가기 위해서'라고 답했다. 사람들이 얼마나 해외여행을 가고 싶어 하는지 알 수 있는 대목이다. 그리고 화이자 백신

단위: %　　　　　　　　　　　　　　　　　　　　　■ 내국인 ■ 외국인

코로나19 백신 이후
해외여행 계획이 있다

70.2

82

코로나19 백신 이후
해외여행 시기는?

3~6개월 이내　　33.4 / 35.3

6개원~1년 이내　　31.4 / 28.6

1년 후　　19.9 / 27.1

3개월 이내　　15.3 / 9

그림 5-4 | 코로나19 백신 접종 이후 해외여행 의향. (자료: 인천공항공사 공항산업기술연구원)

1호 접종자는 접종 후 "마스크를 벗고 해외여행을 가고 싶다"고 말하기도 했다. 즉, 백신 접종에 대한 일부 의견이 갈리는 상황 속에서도 해외여행을 위해 백신 접종을 하겠다는 것이다.

　이런 흐름 속에서 현대프리미엄아울렛 김포점은 지중해 휴양지 느낌의 야외 조경 공간 '빅팟 가든Big pot Garden'을 오픈했다. 프랑스 마르세유 광장을 모티브로 한 빅팟 가든은 공간 전체를 유럽에서 고급 정원수로 꼽히는 '에메랄드 그린'으로 꾸몄다. 현대프리미엄아울렛 김포점은 "코로나19 장기화로 해외여행이 쉽지 않은 상황에서 고객들에게 이국적인 느낌을 제공하기 위해 '크루즈가 정박하는 지중해 휴양지'를 콘셉트로 조경 공간과 휴게 공간을 대폭 늘렸다"고 설명했다.

　이런 경향은 한국에만 국한되지 않는다. 태국 타이항공은 사람들의 해외여행에 대한 니즈를 충족시키기 위해 태국 본사 2층에 비행기

그림 5-5 | 타이항공에서 서비스하고 있는 기내식 식당. (출처: Thai catering 홈페이지)

콘셉트의 레스토랑을 운영 중이다. 이 레스토랑은 항공기에 탑승하는 듯한 분위기를 만들기 위해 2층 입구를 항공기 출입용 계단처럼 꾸몄다. 특히 기내식 콘셉트를 위해 의자를 모두 비행기 좌석으로 꾸미고, 실제 기내식 제공사에서 만든 요리를 타이항공 승무원들이 직접 제공한다. 결국 보완재인 동네 소비와 로컬 여행은 물리적 제약이 해소되면 언제든지 원래대로 회귀할 수밖에 없는 일시적인 현상이라고 할 수 있다.

　탈세계화 역시 지나친 비약이다. 세계화 추세는 전 세계 122개국의 세계화 지수를 종합한 KOF 세계화 지수KOF Globalisation Index에 따라 꾸준히 그 흐름을 지속하고 있기 때문이다. 그리고 몇 가지 지표에 따라 탈세계화가 진행되고 있는 것 같지만 2021년 들어 그 흐름이 역전되는 지표도 발견되었다. 2020년 DHL 글로벌 연결 지수DHL Global

Connectedness Index에 따르면 국경 폐쇄, 여행 금지, 여객기 운영 중단처럼 코로나19로 인한 팬데믹과 사회적 거리 두기의 영향으로 글로벌 연결 지수가 하락한 것은 사실이지만 2008년 글로벌 금융 위기만큼 밑돌진 않을 것으로 분석됐다. 특히 이 보고서는 무역과 자본의 현재 흐름은 이미 일정 수준 회복한 것으로 파악하고 팬데믹 기간 동안 대면 접촉을 대신한 인터넷 트래픽, 모바일, 이커머스 사용 증가 등 국제적인 데이터 흐름이 급증한 것은 여전히 세계화가 지속되고 있음을 증명하는 것이라고 판단했다.[9] 이와 더불어 IMF는 2021년 글로벌 교역과 소비 및 투자 심리가 개선될 것으로 전망하면서 글로벌 경제 성장률은 2020년 4.4%에서 2021년 5.2%로 반전할 것이라고 예상했다.[10]

한편 뉴욕대학교 경영대학 수석 연구원 스티븐 알트만Steven Altman은 코로나19로 인해 세계화가 붕괴된 것이 아니라 국가 간 연결 방식이 변화한 것이라고 했다. 국가 간 연결 고리가 무너지고 전 세계가 위기에 직면했을 때 가장 중요한 것은 협력이며 "국제적인 흐름을 통해 세계화가 더 진행된 국가들이 더 빠르게 경제적으로 성장할 수 있는 것처럼 더 강한 글로벌 연결성이 코로나19로 인한 팬데믹으로부터 회복을 가속화할 수 있다"고 강조했다. 결국 탈세계화 역시 그간의 세계화 추세로 볼 때 일시적인 현상이고 결국 현재 상황을 극복하기 위해서는 역설적으로 세계화가 근간이 되어야 한다는 것이다.

이렇게 세계화, 탈세계화, 다시 세계화로 귀결되는 과정은 시계추 이론으로 설명할 수 있다. 시계추 이론은 코로나19와 같은 특수한

그림 5-6 | 안전이 보장된다면 해외여행 수요는 언제든 늘어날 수 있다.

사건, 즉 외생 변수가 발생하면 기존 흐름을 일순간 큰 폭으로 변화시켜 반대 방향으로 나아간다는 이론이다.[11] 이 이론에 따르면 세계사적 사건 발생 시 사회 문화적 대변화가 일어날 수 있는데 그런 사건은 주로 세계 경제 불황과 감염병의 세계적 유행 등에서 찾을 수 있다. 즉, 갑작스러운 외생 변수가 생겼을 때 일시적으로 반대되는 행동 경향을 보인다는 것이다. 하지만 그것은 영원하지 않고 다시 원래의 흐름대로 돌아가는 경향이 있다. 결국 지금 당장은 동네 소비, 로컬 여행, 탈세계화가 두드러지는 것처럼 보이지만 코로나19에 대한 극복이 가시화되면 원거리 소비, 해외여행, 세계화에 대한 추세 쪽으로 돌아갈 것이라 선망할 수 있다.

3. 로컬에 대한 보복 소비는
글로벌을 향한다

결국 코로나19로 인한 많은 제약은 로컬리즘과 탈세계화를 한시적 메가 트렌드로 보이게 했지만 이는 시계추 이론에 따라 반작용으로 되돌아올 것이다. 중요한 것은 그 반작용이 불러일으킬 소비자 행동의 변화다. 그것은 원거리 소비, 보복 소비, 펜트업 수요Pent-Up Demand로 나타날 것으로 예상된다. 우선 원거리 소비의 경우 메가 트렌드인 동네를 벗어나 다시 각 지역의 랜드마크를 찾는 형태로 회복될 것이다. 이에 따라 2021년 2월 오픈한 서울 최대 백화점 '더 현대 서울', 2021년 8월 오픈 예정인 충청권 랜드마크 '대전신세계 엑스포점', 2021년 8월 개장 예정이며 잠실 롯데월드의 3배가 넘는 규모인 부산 '롯데월드 매직 포레스트', 2022년 3월 개장 예정으로 전 세계 10번째 레고랜드이자 국내 최초 글로벌 테마파크인 춘천 레고랜드가 주목받고 있다. 유통업계 관계자에 따르면 코로나19로 인해 인구 이동이 가장 많이 감소한 상업 지역과 관광지로의 인구 이동이 다시 시작될 것으로 예상되는데, 이는 타임 셰어Time Share 경쟁에 다시 불을 붙일 것이다.

한편 보복 소비는 현재도 일상에서 쉽게 접할 수 있다. 과거라면 쉽게 구매하지 않았던 명품과 화려한 옷을 쇼핑하고, 한 끼 식사비로 10만 원 이상을 손쉽게 지불하는 등 억눌렸던 욕구를 소비로 풀어내기 시작한 것이다. 중요한 것은 보복 소비의 대상이 로컬리즘과 로컬 여행이 아니라는 점이다. 왜냐하면 보복 소비란 기존에 제한됐던 소

그림 5-7 | 보복 소비에 리셀러가 더해져 명품 구매 대기 줄은 더 길어지고 있다.

비 패턴의 반작용으로 일어나는 속성을 가졌기 때문에 기존 흐름의 반대편에서 소비가 일어난다. 그러므로 유통업계와 여행업계는 앞으로 로컬 브랜드보다 해외 브랜드와 해외 명품, 로컬 여행보다는 해외여행으로 보복 소비가 표출될 것으로 예상한다. 이에 대한 예후는 벌써 나타나고 있다. 전국 백화점의 명품 브랜드 매장 앞에는 연일 수백 명의 구매 대기 줄이 생기고 있기 때문이다.

여행업계는 해외 특산품 전용 온라인 쇼핑몰을 오픈해 해외에 대한 소비자들의 관심이 여전함을 확인했는데, 특히 참좋은여행과 모두투어는 이를 통해 새로운 수익 모델을 창출했다. 참좋은여행은 유럽 특산품을, 모두투어는 유럽 특산품 외에 해외 쇼핑몰에서 판매하는 제품까지 구매 대행해 주는 서비스를 론칭한 것이다. 이렇게 현지의 인기 특산품을 골라 판매하는 '버티컬 커머스' 전략은 억눌린 해외여

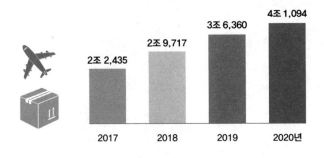

단위: 억 원

- 2017: 2조 2,435
- 2018: 2조 9,717
- 2019: 3조 6,360
- 2020년: 4조 1,094

그림 5-8 | 국내 해외 직구 거래액 추이. (자료: 통계청)

행 욕구와 맞물려 여행 시장의 새로운 사업 모델로 떠오르고 있다.[12] 지마켓과 옥션은 2020년 보복 소비 심리에 따라 명품 해외 직구 매출이 각각 429%, 161% 증가했다고 밝혔고,[13] 몰테일 역시 2020년 11월 보복 소비로 인한 해외 직구가 80% 증가했다고 밝혔다.[14]

이런 현상에 대해 뱅크오브아메리카는 백신 접종으로 생활이 정상화 단계에 접어들면 여행과 엔터테인먼트에 대한 소비가 회복할 것이라고 전망했다. 특히 억눌렸던 소비는 여행, 호텔, 영화관, 카지노 등 4개 분야로 집중될 가능성이 높기 때문에 향후 호텔과 항공업계 실적에 주목해야 한다고 밝혔다.[15] 그 가운데 해외여행 숙소 시장의 바로미터인 에어비앤비에 대해 전문가들은 긍정적인 리포트를 내놓았고, 실제로 2021년 2월에 예상치를 뛰어넘은 실적을 발표하여 주가는 상장 이래 최대 폭으로 상승했다.[16] 그리고 《월스트리트저널》은 국가별 백신 접종이 시작됨에 따라 해외여행 수요 회복에 대한 기대가 커지면서 상저하고의 실적 흐름을 보이고 특히 하반기에 가속화될 것이라고 전망했다.[17] 즉, 보복 소비의 대상은 로컬이 아닌 글로벌을 향하고 있는 것이다.

모건스탠리 역시 2021년 경제가 정상화되면 보복 소비가 나타날 것으로 예상한다. 충분한 저축을 바탕으로 전 세계 가계의 재무 상황이 건전하기 때문이다. 엘런 젠트너Ellen Zentner 모건스탠리 수석 이코노미스트는 현재 미국 소비자들이 연간 국내총생산GDP의 6%에 달하는 1조 3000억 달러 규모의 저축을 갖고 있다고 분석했다. 이는 코로나19로 인해 비자발적으로 쌓아 놓은 돈, 정부의 부양책 지원액, 신중한 소비 등에 따른 결과이며 2021년 하반기 소비 성장을 위한 추진력이 될 것으로 예상했다.[18]

더욱이 국가주의와 자민족중심주의로 점철될 것 같던 탈세계화 흐름도 실제 소비자들은 다르게 느끼는 것으로 보인다. 현재 국제 관계의 단절이 이어지고 있는 것은 사실이지만 우리의 연구에 따르면 대외 개방성과 세계 시민을 지향하는 소비자 세계주의나 국적과 상관없이 혁신 기술을 즐기려는 소비자 혁신성은 전 세계에 공통적으로 나타나고 있기 때문이다. 사람들은 여전히 세계 문화와 여행, 글로벌 브랜드에 대한 매력을 느끼고 있다. 넷플릭스를 통해 전 세계 콘텐츠가 공유되면서 그전에는 쉽게 접하지 못했던 제3 세계 영화와 드라마에 대한 관심이 높아졌고, 사람들은 그 어느 때보다 다양한 국적의 콘텐츠를 즐기게 되었다.

4. 글로벌 노마드는 로컬에 머물지 않는다

지금까지 우리는 세계 곳곳을 여행했고, 글로벌 브랜드를 로컬 브랜드로 여길 만큼 글로벌 친화적인 생활을 해 왔다. 그렇기 때문에 해외 문화와 음식이 국내에 들어올 때 더 이상 퓨전이 아닌, 있는 그대로를 즐길 수 있기를 원하고 다문화에 대한 이해도도 높아졌다. 세계적인 정신분석학자이자 문화인류학자 클로테르 라파이유는 이를 두고 '글로벌 코드'라고 명명했다. 즉, 코로나19로 인해 한시적으로 로컬리즘과 탈세계화를 겪고 있지만 우리는 글로벌 코드를 가진 글로벌 노마드인 것이다. 게다가 그동안 억눌린 소비는 엄청난 잠재 자본으로 남아 있고, 그 잠재 자본은 결국 전 세계 브랜드와 해외여행을 위해 소비될 것이다.

삼성전자는 2021년 5월 프리미엄 맞춤형 생활 가전 '비스포크' 판매를 올해 상반기 전 세계로 확대하기로 결정하였다. 프리미엄 글로벌 브랜드에 대한 전 세계적 보복 소비 트렌드를 겨냥하겠다는 뜻이다. 심지어 인도네시아 타시크말라야 카랑르식 관광 단지인 '말라야 파크'는 해외여행 수요를 노리고 한국 문화와 콘텐츠로 구성한 '제주 공원'을 마련하기도 했다.

이런 경향은 베트남에서도 매우 선명하게 확인할 수 있다. 해외여행을 가지 못한 베트남 중산층과 부유층의 대리 만족을 위한 명품 소비, 소득이 늘어난 이들의 보복 소비 때문에 해외 명품 매출이 급성장한 것이다. 그래서 고가의 해외 명품 브랜드들이 코로나19 상황에도 불구하고 베트남에 매장을 속속 오픈하고 있다.[19] 포르쉐가 베트남 최초로 하노이에 스튜디오를 공식 오픈했고, 롤스로이스는 2020년 12월 새 딜러와 계약하며 베트남 사업을 이어 가고 있다. 스위스 명품 시계 브랜드 오데마피게Audemars Piguet는 2020년 9월 새 매장과 함께 새로운 브랜드 컬렉션을 선보였고, 이탈리아 명품 액세서리 브랜드 불가리는 2021년 2월 호치민시 1군에 매장을 다시 열었다. 이에 따라 스테이티스타는 2021년 베트남 명품 시장 규모가 11억 4000만 달러에 이르고, 2025년까지 연평균 7.17% 성장할 것으로 전망했다.

따라서 관련 업계는 이러한 소비 심리에 대비하기 위해 로컬만 주목할 것이 아니라 프리미엄 브랜드를 중심으로 글로벌 시장에 다시 진출하거나 해외 브랜드와의 관계를 공고히 유지해야 한다. 또한 아직 저평가되고 있는 글로벌 브랜드 발굴 역시 멈추지 말고 지속해야 한다.

함께 읽으면 더 좋은 책

《글로벌 코드》 (클로테르 라파이유 지음)

《컬처 코드》의 저자 클로테르 라파이유가 글로마드Glomad에 주목했다. 저자는 이 책을 통해 지역 중심의 컬처 코드를 뛰어넘어 세계를 아우르는 12개의 글로벌 코드를 소개한다. 약 10년 전에 출간된 《컬처 코드》가 각 문화별 서로 다른 코드가 유지되고 있다는 주장을 담았다면, 이 책은 전 세계를 넘나드는 글로마드의 공통된 글로벌 코드에 주목하고 있다.

역발상 2

REVERSE TRENDS
IN THE COVID-19 ERA

소셜 미디어와
문화 콘텐츠

6장

소셜 릴레이션 서비스 VS. 소셜 미디어와 개인주의

허락된 관계의 특별함, 폐쇄형 소셜 미디어와 프라이빗 비즈니스

1. 바잉 파워,
점점 커지는 소셜 미디어의 영향력

2004년 페이스북, 2006년 트위터의 론칭 이후 소셜 미디어 가입자 수는 꾸준히 증가했는데 2010년 약 9.7억 명에서 2020년 약 38.1억 명으로 최근 10년간 약 4배 증가했다. 최근 5년만 살펴보아도 2015년 약 20.7억 명에서 2배로 급성장했음을 알 수 있다. 2021년 기준 소셜 미디어 가입자 수는 이제 39.6억 명으로 추산되는데 이는 전 세계 인구 약 77.7억 명 중 50%를 초과하는 규모다. 이를 통해 소셜 미디어의 영향력이 절대적임을 알 수 있다. 특히 한 사람이 보유하는 평균 소셜

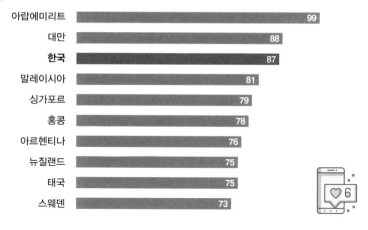

그림 6-1 | 2020년 1분기 국가별 소셜 미디어 이용률. (자료: KT경제경영연구소, DMC미디어, 모바일인덱스)

미디어 계정은 2014년 4.8개에서 2020년 8.8개로 약 80% 증가했고, 한 사람이 소셜 미디어를 사용하는 평균 시간은 2015년 1시간 44분에서 2020년 2시간 24분으로 약 38% 증가하여 소셜 미디어는 양적, 질적으로 모두 성장하고 있음을 알 수 있다.[1]

무엇보다 소셜 미디어는 디지털 연결성으로 인해 기존 미디어와 다른 수준으로 정치, 경제, 사회, 문화 등 전 분야에 영향력을 미친다. 그리고 코로나19 이후 소셜 미디어 사용량 증가로 인해 그 영향력은 갈수록 커지고 있다. 소셜 미디어 사용자 조사에 따르면 코로나19 이후 유튜브 사용자의 74.5%, 트위터 사용자의 45.8%, 인스타그램 사용자의 45.1%, 페이스북 사용자의 39.8%가 사용량이 증가했다고 밝혔다.[2] 이는 사회적 거리 두기 시행으로 집에 머무는 시간은 늘고 대면 접촉은 줄면서 나타난 결과다.

다수의 전문가는 코로나19 상황의 장기화에 따라 개인화된 일상이 보편화되고, 파편화된 개인 일상이 중요해지면서 결국 소셜 미디어에 대한 높은 의존으로 이어져 극단적 개인주의Extreme Individualism를 형성시킬 것이라고 한다. 즉, 일상적으로 사회적 거리 두기를 하면서 사람들이 각자 취향에 맞는 소셜 미디어에 매몰되고 사회적으로 단절되면서 사람들의 개인주의가 심화됐다는 것이다. 그리고 이는 소셜 미디어에 익숙했던 MZ세대, 알파 세대뿐 아니라 영포티, 실버 세대 등 기성세대에게도 영향을 미치고 있다.

2. 호사다마, 점점 커지는 소셜 미디어의 부작용

소셜 미디어의 영향력이 확대된 만큼 그에 대한 역효과도 만만치 않다. BBC에 따르면 소셜 미디어는 스트레스와 불안을 증가시키고 우울증, 수면 장애, 중독, 질투심, 사회적 고립을 유발할 수 있으며 기분, 자존감, 삶의 만족도, 상호 작용을 부정적으로 만든다.[3] 사회심리학자들은 소셜 미디어가 특히 사회적 고립을 심화시키고, 코로나19 상황에서 인간관계와 상호 작용을 부정적으로 만들고 있으며 이것이 개인주의 성향을 부추겼다고 주장한다.

그림 6-2 | 좋아요와 댓글 수를 통해 성취감을 느끼는 사람들도 많아졌다.

하지만 이와 같은 부작용들은 소셜 미디어를 사용할 때 느끼는 부정적 감정의 산물일 뿐, 소셜 미디어를 구조적, 기술적으로 분석해 보면 이보다 더 큰 부작용이 있음을 알 수 있다. 가장 대표적인 부작용 중 하나는 소셜 미디어가 오히려 개인주의가 아닌 집단주의를 강화시킬 수 있다는 점이다. 이는 소셜 미디어 사용자들이 기본적으로 '소외에 대한 두려움Fear Of Missing Out, FOMO'을 가졌기 때문이고, 더불어 특정 인플루언서를 추종하면서 나타나는 밴드 왜건 효과Band Wagon Effect나 레밍 효과Lemming Effect 때문이다. 많은 전문가가 소셜 미디어와 개인주의를 동일시하지만 사실은 그렇지 않다. 예를 들어 중국과 베트남 등 개방형 사회주의 국가는 국가 주도적으로 소셜 미디어를 관리하기 때문에 소셜 미디어가 개인주의에만 영향을 미친다는 주장은 쉽게 하지 못한다.

사실 개인주의와 집단주의 중 어느 한쪽이 절대적 혹은 상대적으로 선하다고 할 수 없다. 하지만 집단주의가 심화되면 국가주의가 되고, 국가주의는 전체주의로 이어질 수 있다는 점에서 소셜 미디어는 집단주의의 트리거로 작용할 수 있다. 더불어 소셜 미디어는 가짜 뉴스 양상에 최적화된 플랫폼이다.[4] 소셜 미디어에서 가짜 정보의 확산 속도는 진짜 정보보다 6배 빠르다.[5] 이러한 부분 역시 소셜 미디어가 집단주의 성향을 강화시킬 때 극대화될 수 있는 부작용 중 하나이다.

– 소셜 알고리즘이 집단주의를 조장하다

소셜 미디어가 개인주의가 아닌 집단주의를 강화시킬 수 있다는 것은 소셜 미디어의 알고리즘에 기인한다. 수학자이자 데이터 과학자인 캐시 오닐의 저서 《대량살상 수학무기》에 따르면 아무리 선하게 알고리즘을 설계한다고 해도 개발자의 가치관과 의도가 개입될 수밖에 없기 때문에 100% 완벽한 객관적 알고리즘을 만들기는 어렵다. 즉, 알고리즘에는 개발자와 소셜 미디어 기업의 가치관과 의도가 숨겨져 있고, 이를 바탕으로 사용자는 특정 가치를 중심으로 그룹화될 수밖에 없다. 그것은 특정 정치, 경제 이데올로기에 영향을 미칠 수도 있고, 특정 사회 가치를 강화시키는 데에 기여할 수도 있다.

넷플릭스 다큐멘터리 〈소셜 딜레마〉는 소셜 미디어가 어떤 알고리즘 설계를 통해 사용자를 좌지우지하고, 또 어떤 가치로 연결시키는지 잘 설명해 준다. 이에 따르면 소셜 미디어는 사용자들이 어떤 종류의 글을 많이 읽는지, 어떤 글에 '좋아요' 또는 '싫어요'를 누르는지,

그림 6-3 | 넷플릭스 다큐멘터리 〈소셜 딜레마〉 포스터. (출처: 넷플릭스 홈페이지)

어떤 사람과 자주 교류하는지, 주로 어떤 시간대에 어떤 지역에서 접속하는지 등을 분석하여 행동 패턴을 파악한다. 그리고 이렇게 파악한 데이터를 기반으로 특정 성향을 가진 사용자들끼리 묶는다. 그래야 광고주들이 특정 성향을 가진 사용자 집단에게 맞춤형 광고를 할 수 있고, 특정 사용자 집단에 광고를 노출해야 비용 대비 효과가 커지기 때문이다. 즉, 소셜 미디어는 알고리즘을 통해 사용자와 가장 동질화된 사람들과의 연결을 강화시킨다. 따라서 소셜 미디어 알고리즘은 개인주의가 아닌 집단주의를 지향한다.

일부 연구에서는 집단주의의 선한 영향력도 언급하고 있지만 집단주의가 어느 한쪽의 가치를 강화할 경우 사회적 갈등을 유발할 수 있다는 점에 대해서는 이견이 없다. 최근 유튜브 등 소셜 미디어가 사회적 관계를 증진시키는 것이 아니라 극단화를 가속화하고, 사용자가 편향된 정보에 갇혀 버리는 필터 버블Filter Bubble로 이끈다는 것이 증명됐다.[6] 한 실험에서는 유튜브에서 '노무현'과 '박근혜'를 각각 첫 검색어로 선정한 후 알고리즘이 추천한 상위 영상만을 따라가며 하루 1시간씩 일주일간 영상을 시청해 보았다. 그렇게 날마다 홈 화면에 노출된 추천 영상 16개를 분석한 결과 시간이 지날수록 홈 화면 영상은 각자가 선택한 이념대로, 편향성이 심한 채널이 추천된 것으로 나타났다. 이에 대해 카이스트 문화기술대학원 이원재 교수는 "알고리즘은 비슷한 걸 보여 줘야 사람들이 유튜브에 오래 머문다는 걸 알고 있다"며 "결국 사용자들은 그들과 비슷한 성향의 사람들끼리 연결될 수밖에 없다"고 말했다.

이런 집단주의적 알고리즘을 바탕으로 소셜 미디어는 남녀 갈등, 세대 갈등, 지역 갈등, 부의 갈등 등 여러 차별적 집단 갈등을 야기한다.[7] 그리고 최근 한국뿐 아니라 미국, 중국의 20대가 이 모든 갈등의 중심에 서게 된 것도 결국 소셜 미디어와 무관하지 않다. 이런 상황을 예의 주시하던 글로벌 기업들은 소셜 미디어의 차별적이고 갈등을 유발하는 환경에 대항하고자 광고를 보이콧하기도 했다. 페이스북이 인종 차별에 대한 극단적 게시물을 방치하고 이를 바탕으로 집단화를 조

그림 6-4 | '#Stop Hate for Profit' 캠페인을 펼치는 단체까지 등장했다.
(출처: stophateforprofit 홈페이지)

장하는 것으로 보이자 코카콜라, 스타벅스 등 글로벌 기업들이 '#Stop Hate for Profit' 캠페인을 펼치며 페이스북과 인스타그램에 광고를 하지 않기로 결정한 것이다.[8]

– 집단주의를 넘어 국가주의를 강화시키다

소셜 미디어는 집단주의를 강화하는 것에서 나아가 국가주의를 강화시킬 수도 있다. 소셜 미디어는 정치 어젠다에 더 강한 집단주의적 성향을 띨 수 있기 때문이다.[9] 특히 이것은 정보 게리맨더링Information Gerrymandering 효과로 설명될 수 있다. 정보 게리맨더링이란 사회 관계망 내에서 정보가 전달되는 양상을 조작해서 실제로는 다수 의견이 아닌데도 다수의 것처럼 보이게 만들어 한쪽으로 치우친 가치를 강화할 수 있다. 그리고 여기에 정부가 개입한다면 더 강한 집단주의를

부추길 수 있다.[10]

한편 영국 옥스퍼드대학교 산하 옥스퍼드 인터넷 인스티튜트에는 전 세계 81개국에서 소셜 미디어를 통해 여론을 조작하는 '사이버 부대'가 산업적 규모로 활동하는 증거를 발견했다고 발표했다.[11] OII는 '산업화된 허위 정보-2020년 조직된 소셜 미디어 조작 목록'이라는 보고서를 통해 이런 조직적 활동이 포착된 나라는 2017년 28개국에서 2019년 70개국, 2020년에는 81개국으로 증가했다고 집계했다. 그리고 사이버 부대를 운영하는 주체는 정부 기관, 홍보 회사, 정당 등이라고 밝히며 그 정도가 높은 단계에 해당하는 국가로 중국, 베트남, 미국 등을 꼽았고 한국은 중간 단계였다. 한국 역시 이 논란에서 자유롭지 않은 것이다.

이런 부작용은 한국과 미국 등 민주주의를 표방하는 국가에서도 문제이지만 개방형 사회주의 국가에서 더욱 심각하게 나타난다. 중국에서는 만리 방화벽Great Firewall of China이란 인터넷 감시 시스템 때문에 유튜브와 인스타그램 등을 사용할 수 없고, 중국이 개발한 소셜 미디어 플랫폼만 사용할 수 있다. 즉, 중국 정부가 소셜 미디어 사용을 제한하고 게이트 키핑을 함으로써 세계 공통의 정보를 통제하는 것이다.[12] 그래서 중국의 20대는 이에 대한 영향을 많이 받았고 다른 세대에 비해 국가주의적이고 자민족주의적이다.[13] 이에 따라 중국 기업들은 중국 문화와 제품을 중시하는 궈차오國潮 마케팅을 주도하고 있다. 베트남 역시 중국과 마찬가지로 베트남 정부 주도로 소셜 미디어 행동 규범을 도입하였고, 베트남 내 페이스북 영향력을 대체하기 위해 국

영 소셜 미디어 로터스Lotus를 출시하여 소셜 미디어에서의 국가 영향력을 확대하고 있다.[14]

– 가짜 뉴스는 소셜 미디어를 타고 더 널리, 더 빨리 퍼진다

소셜 미디어가 집단주의와 국가주의를 강화하고 양극단의 가치를 강화하는 것은 가짜 뉴스를 양산하는 밑거름이 된다. 즉, 소셜 미디어는 가짜 뉴스 양상에 최적화된 플랫폼으로 작용하는 것이다. 소셜 미디어를 통해 활발하게 소통되는 정보가 균형 잡힌 관점을 반영하지 못하고, 개인의 성향에 맞는 정보만 맞춰서 제공되기 때문에 가짜 뉴스를 접하게 되더라도 그것이 사실이라고 믿게 된다. 실제로 로이터저널리즘연구소의 '디지털 뉴스 리포트 2020'에 따르면 한국인의 44%는 '나와 같은 관점의 뉴스를 선호한다'고 답했는데, 이런 경향은 전 세계 40개국 중 터키, 멕시코, 필리핀에 이어 4위 수준으로 매우 높다. 이에 대해 한국언론진흥재단은 "정치 관심도가 높고 정치적 성향이 분명한 사람들에게서 나와 같은 관점의 뉴스를 선호하는 경향이 더 높게 나타난다"고 분석했다.

소셜 미디어에서 가짜 정보의 확산 속도는 진짜 정보보다 6배 더 빠르다. 진짜 뉴스가 1500명의 트위터 사용자에게 도달하는 데 평균 60시간이 걸렸지만 가짜 뉴스는 고작 10시간이 걸렸다. 또한 가짜 뉴스는 진싸 뉴스보다 평균적으로 35% 많이 퍼졌고, 리트윗되는 횟수도 70% 많았다. 게다가 진짜 뉴스는 1000명에게 리트윗되는 경우가 거의 없었던 반면 가짜 뉴스는 1만 명에게 전달되었다.[15] 그러므로 페이스북, 트위터 등 소셜 미디어는 정부나 웹 서비스 제공자들보다 가짜 뉴스에 대한 책임이 더 크다고 인식되고 있다. 심지어 스테이티스타에 따르면 가짜 뉴스 확산에 대한 책임이 누구에게 더 큰가 물었을 때 페이스북이라고 답한 응답자가 구글이라고 답한 이들보다 2배 정도 많은 것으로 나타났다.[16] 그리고 전 세계 저널리스트들에게 가장 신뢰받는 뉴스 출처를 물어보면 아직까지 전통적인 미디어가 가장 신뢰할 수 있는 뉴스 출처라는 응답이 72%에 달했다. 그 뒤를 이어 회사의 웹사이트가 13%, 소셜 미디어와 블로그가 6%를 차지했다.[17] 이처럼 소셜 미디어의 영향력은 커졌지만 신뢰도는 아직 미흡한 모습을 보이는 것이다.

3. 폐쇄성, 프라이빗, '나 자신'과 취향이 중요해진 시대

– 넓고 얕은 관계가 아니라 좁고 깊은 관계를 원한다

결국 소셜 미디어는 개인주의와 집단주의 모두를 강화시키는 속성을 가지고 있지만 그 어느 방향도 긍정적이라고 할 수 없다. 왜냐하면 소셜 미디어가 개인주의를 강화시킬 때에는 사회적 고립과 인간관계에서의 부정적 상호 작용을 야기하고, 집단주의를 강화시킬 때에는 국가주의와 전체주의로 이어질 수 있기 때문이다. 그래서 등장한 것이 관계주의라는 대안이다. 관계주의는 개개인의 가치를 중시하면서도 소규모 커뮤니티 등 특정 그룹 사람들끼리의 관계를 중시하는 성향이다. 이때의 관계는 매우 유연하며 주변 사람들과의 상호 관계 속에서 극단적 개인주의자로 치닫지 않고, 타 집단을 경계하거나 차별적 관점을 두지 않음으로써 집단적 피해를 주지 않는다.

개인주의는 개인의 가치와 선택, 개인의 이익을 중시하는 한편 집단주의는 집단의 이익을 중시하며 타 집단을 배타적으로 대하고자 하는 성향이 있다. 관계주의는 개인이나 집단 전체의 이익보다 자신과 친밀한 다른 구성원과의 관계를 더 중시하는 관점이 내재되어 있기 때문이다. 즉, 집단주의는 집단의 목표나 요구에 따라 개인의 개성과 욕구가 억제되거나 약화되는 것을 뜻하는 반면, 관계주의는 개인의 욕구에 따라 두 사람 이상이 연합Coalition을 이루는 형태를 지칭한다. 따라서 집단주의는 집단에 대한 자신의 종속으로, 관계주의는 자신의 확대를 통한 관계의 구성으로 볼 수 있으며 그 기본 동기에는 현격한 차이가 있다.[18]

이에 대해 츠타야 서점으로 유명한 CCC그룹의 크리에이티브 대표 준지 타니가와는 앞으로 관계가 극단적 개인주의도, 극단적 집단주의도 아닌 회원 중심의 공동체주의로 나아갈 것이라고 했다. 예를 들어 관심사가 통하는 사람들과 새롭게 만나되 개인 정보를 쉽게 공유하지 않는 소셜 살롱이나 크리에이터 클럽이 이에 해당한다. 소셜 살롱과 크리에이터 클럽에서는 서로의 나이가 어떻게 되는지, 하는 일은 무엇인지에 얽매이지 않는다. 그저 있는 그대로의 '나 자신'이 되어 각자의 취향과 생각을 깊이 있게 공유하고 그 순간 관계를 맺는 것이

전부다. 그리고 이와 같은 흐름은 최근 소셜 미디어에도 반영되어 나타나고 있다.

– 소셜 미디어가 점점 덜 소셜해지고 있다

최근 소셜 미디어의 부작용이 거론되면서 등장한 관계주의 트렌드에 따라 급부상한 것이 폐쇄형 소셜 미디어다. 폐쇄형 소셜 미디어의 특징은 프라이빗Private인데, 프라이빗은 2021년 소셜 미디어 판세를 좌우할 핵심 키워드 중 하나로 언급되고 있다.[19] 소셜 미디어 관리 시스템 개발 업체 훗스위트Hootsuite CEO 라이언 홈스Ryan Holmes는 향후 소셜 미디어 시장을 전망하면서 프라이빗 커뮤니케이션을 가장 중요한 화두 중 하나로 꼽았다. 라이언 홈스는 최근 페이스북, 인스타그램 등 개방형 소셜 미디어에 지친 사용자들이 사적인 메시징 앱과 폐쇄된 그룹으로 이동하고 있다면서 최근 소셜 미디어를 둘러싼 논쟁을 고려하면 사용자들이 개방형 소셜 미디어에서 이탈하는 것은 놀라운 일이 아니라는 점을 분명히 했다.[20] 실제로 훗스위트의 소셜 트렌드 보고서에 따르면 소셜 미디어 사용자의 63%가 프라이빗 채널에서 콘텐츠에 대해 말하거나 공유하는 것을 선호한다. 이에 위기를 느낀 페이스북 CEO 마크 저커버그는 최근 개발자 콘퍼런스에서 미래는 프라이빗이고 이에 대응하지 못한다면 소셜 미디어는 더 이상 살아남지 못할 것이라고 말했다.

대표적인 폐쇄형 소셜 미디어는 전 페이스북 직원들이 만들어 2019년 11월 론칭한 코쿤Cocoon으로, '고치'라는 뜻의 이름처럼 소규

그림 6-5 | 대표적인 폐쇄형 소셜 미디어 코쿤. (출처: 코쿤 홈페이지)

모 그룹을 위한 소셜 미디어다. 코쿤은 그룹원들에게만 정보를 공유하기 때문에 현 위치와 현지 시간, 날씨 등 개인적인 정보도 일부 공개하고 있고 멤버들과 채팅도 가능하다. 그래서 코쿤 관계자는 "사용자는 공간을 멤버들하고만 점유하되 강제적인 네트워크는 없다"고 말한다. 그리고 코쿤 공동 창업자 알렉스 코넬Alex Cornell은 "우리는 다른 소셜 미디어처럼 사용 시간에 신경 쓰지 않는다. 핵심은 사용자가 머물고 연결되기를 원해야 한다는 것"이라며 "사용자들이 따뜻한 관계에 따른 안락한 느낌을 갖도록 하고 싶다"라고 강조했다.

《MIT테크놀로지리뷰》는 코쿤을, 소셜 미디어에서 사람들이 상호작용하는 방식을 바꾸려는 새로운 앱의 물결 중 하나라고 소개했다. 코쿤과 같은 폐쇄형 소셜 미디어는 사용자들에게 '좋아요'나 팔로워를 모으도록 하거나 온라인 페르소나를 꾸미도록 강요하지 않고, 사전에 선정된 이들과 작은 규모로 연결되기를 원하는 이들을 위한 서비스다. 그래서 이런 폐쇄형 소셜 미디어는 소셜 네트워크 서비스Social Network Service, SNS가 아닌 소셜 릴레이션 서비스Social Relation Service, SRS라고 불러야 할 것이다.

우리는 코쿤 외에도 특정 관계를 중심으로 한 폐쇄형 소셜 미디어를 많이 접하고 있다. 그중 하나가 블라인드BLIND다. 2013년 12월 '직장인 전용 SNS'라는 콘셉트로 첫선을 보인 블라인드는 개설된 회사의 직원만 인증을 받아 이용할 수 있는 폐쇄형 소셜 미디어다. 블라인드는 서로의 업무 강도, 연봉, 분위기 등 지인이 없으면 알기 어려운 정보들이 오가는 공간으로 현재 한국, 미국, 일본 3개국에서 1200개 기업을 대상으로 운영 중이다. 특히 현재까지 특정 기업의 재직자들만 접속할 수 있었던 블라인드는 최근 같은 전문 직군의 직장인끼리 소통하고 교류할 수 있는 '직군 라운지'를 오픈해 본인 회사가 열려 있지 않아도 기존 사용자의 초대를 통해 입장할 수 있도록 문턱을 낮췄다. 이른바 관계를 좀 더 확장한 것이다.

더불어 블라인드에는 직군 외에도 업계와 그룹사 간 공통 관심사를 나눌 수 있는 공동 공간인 라운지가 60개 더 존재한다. 블라인드는 비슷한 관심과 고민을 가진 직장인들 간 소통이 활성화되면서 빠르게 성장해 한국에서 300만 명, 미국에서 115만 명 등 약 500만 명의 가입자를 확보했다. 그리고 국내 시가 총액 기준 1000대 기업 재직자의 80% 이상을 블라인드 회원으로 확보하여 직장인 중심 폐쇄형 소셜 미디어 중 최대 규모로 성장하였다. 이뿐 아니라 전국 400개 대학을 지원하는 대학교 재학생 커뮤니티 에브리타임은 학교별 익명 커뮤니티 기능을 제공해 가장 큰 규모의 대학생 중심 폐쇄형 소셜 미디어로 자리 잡았다. 블라인드와 에브리타임 모두 직장과 학교 등 관계를 중심으로 형성된 폐쇄형 소셜 미디어라고 할 수 있다.

– 폐쇄형 소셜 미디어 비즈니스의 등장

클럽하우스의 등장은 관계주의와 폐쇄형 소셜 미디어의 성점을 찍는 듯하다. 2020년 4월 출시된 클럽하우스의 사용자는 2020년 말 60만 명 수준이었으나 2021년 1월 200만 명을 넘어섰고, 2021년 2월에는 600만 명을 넘어선 것으로 추정된다.[21] 클럽하우스에 가입하려면 기존 사용자로부터 초대장을 받아야 하는데 한 사람당 2명만 초대할 수 있다. 그리고 클럽하우스는 사용자가 방을 개설하고 대화할 사람을 초대하면 수많은 사람이 그 방에 들어가 발언자의 대화를 들을 수 있다. 이처럼 클럽하우스는 아무나 가입할 수 없는 폐쇄성 때문에 인기를 끌고 있다. 보장된 사람들만 들어갈 수 있고 공통점이 있는 여럿과 소통하게 해 주는 서비스가 강점인 것이다. 일부 언론에서는 그들만의 리그라는 불편함을 감추지 않지만 관계주의 관점에서 보면 클럽하우스는 사용자가 본인의 가치관과 맞는 사람들을 선택해 서로의 관계를 공고히 하고 정보를 교환한다는 점에서 오히려 기존 개방형 소셜 미디어보다 더 긍정적이다.

하지만 최근 클럽하우스의 성장세가 급하게 꺾였다는 평가도 나온다. 스마트폰 애플리케이션 분석 사이트인 센서타워Sensor Tower에

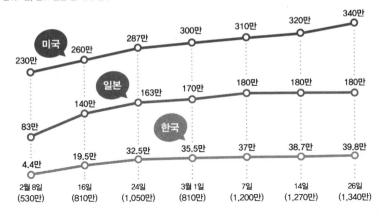

그림 6-6 | 2021년 클럽하우스 다운로드 누적 건수. (자료: 앱애니)

따르면, 클럽하우스 앱의 다운로드 횟수는 2021년 2월에 정점을 찍은 뒤 3월 270만 건, 4월 92만 건에 그쳤기 때문이다. 이를 두고 기다렸다는 듯 여러 원인이 제기되었다. 중장년들이 주도하는 분위기에 젊은 이용자들이 거부감을 갖기 시작했다, 코로나19 백신 접종 덕분에 외출이 늘면서 폐쇄형 소셜 미디어 수요가 줄었다 등 다양한 설명이 이어졌다. iOS 앱에 비해 안드로이드 앱 출시가 늦어진 점도 크게 작용한 것으로 보인다. 그러나 클럽하우스의 부진에도 불구하고 폐쇄형 소셜 미디어 플랫폼은 계속 늘어날 것으로 전망된다. 클럽하우스가 폐쇄형 소셜 미디어의 한계보다는 새로운 비즈니스의 가능성을 확실히 보여 줬기 때문이다. 이를 증명하듯 클럽하우스는 오히려 사업을 확장하고 있다. 클럽하우스는 모더레이터에게 돈을 후원할 수 있는 페이먼트Payment 기능을 출시했고, 40억 달러 규모의 새로운 투자도 유치했다. 게다가 안드로이드 앱 출시를 통해 2차 유행을 기대하고 있다.

트위터는 클럽하우스와 유사한 커뮤니티 '스페이스Spaces'를 출시했다. 600명 이상 팔로워를 보유한 사람만 이용할 수 있는 스페이스는 호스트가 이용자의 발언 권한을 관리할 수 있고 이용자를 차단, 신고, 퇴장시킬 수 있는 폐쇄형 소셜 미디어의 기준을 적용하고 있다. 페이스북도 '라이브 오디오 룸Live Audio Rooms' 서비스를 개발하고 있다. 라이브 오디오 룸은 공통 취미나 관심사를 가진 그룹 참가자들 간 음성 교류를 돕는다는 점에서 클럽하우스와 유사하다. 초대장을 받은 사용자들만 참여할 수 있고, 라이브 오디오 룸을 만든 유명 스포츠 선수나 뮤지션을 팬들이 후원할 수도 있다. 즉 기부, 구입, 정기 구독의 기능이 더해져 그룹 주도자에게 수익 확보의 길을 열어 준 것이다. 세계 최대 음원 스트리밍 서비스 스포티파이 또한 클럽하우스와 유사한 서비스를 준비 중이다. 한국에서는 2021년 3월 흐름드살롱HREUM de salon이 론칭됐다. 흐름드살롱은 호스트가 살롱을 개설하고 지인들을 초대해 음성으로 대화하고, 살롱 내부에서 음악 라디오인 '흐름'을 송출해 참여 인원들과 함께 즐길 수 있게 하였다. 그야말로 실제 오프라인의 살롱이라는 공간 개념을 콘셉트화한 것이다.

사실 이러한 폐쇄형 소셜 미디어의 등장과 인기는 놀랄 만한 현상이 아니다. 기존 개방형 소셜 미디어가 개인주의와 집단주의의 양극단을 지향하면서 초래한 부작용 때문에 많은 사람이 피로감을 느끼고 있었기 때문이다. 그리고 그것은 코로나19로 인한 비대면 상황에서 소셜 미디어 사용 시간이 늘자 더욱 누적됐을 것이다. 이런 상황에서 등장한 클럽하우스 같은 폐쇄형 소셜 미디어는 지극히 관계주의자를 타깃팅Targeting하는 것으로써 우리가 소셜 미디어를 개인주의와 집단주의로만 이해할 때에는 결코 발견할 수 없었던 비즈니스 모델이다. 따라서 코로나19로 인해 소셜 미디어 사용이 증가한 것은 맞지만, 그것이 개인주의만 강화한다고 여기거나 그 관점이 개방형 소셜 미디어에만 머물러 있다면 다른 많은 현상을 설명할 수 없다. 그리고 그에 따른 새로운 비즈니스 기회를 잃어버리게 될 것이다.

4. 폐쇄형 관계주의가 만드는
새로운 비즈니스 세상

최근 클럽하우스의 등장이 이슈지만 사실 클럽하우스의 특징인 프라이빗, 초대, 폐쇄성 등은 이전부터 많은 사람이 지향하던 관계주의의 산물이었다. 이런 관계주의 속성은 유럽에서 시작된 살롱 문화에서부터 현대적 개념인 사교 클럽, 게임 속 길드, 파티와 다양한 업계 멤버십까지 널리 퍼져 있었다. 그래서 2015년 출시된 그룹 화상 채팅 앱 하우스파티House Party나 2019년 포트나이트Fortnite에 추가된 소셜 기능인 파티 허브Party Hub도 '클럽, 파티'라는 용어를 자연스럽게 적용할 수 있었다.

결국 폐쇄형 관계주의는 개인주의에 따른 소외에 대한 두려움 또는 집단주의에 따른 정보 게리맨더링 효과를 최소화할 수 있다. 그리고 이런 경향은 비단 소셜 미디어에만 확산되는 것이 아니라 오프라인에도 영향을 미칠 것으로 보인다. 대표적으로 오프라인 소셜 살롱의 활성화다. 코로나19 이전부터 존재했던 오프라인 소셜 살롱은 코로나19에도 불구하고 오히려 더욱 활성화되고 있다. 애초에 많은 사람이 모여서 활동하는 개념이 아니었기 때문에 사회적 거리 두기의 영향이 거의 없었고, 코로나19로 각종 소셜 미디어에 대한 피로감으로 폐쇄형 관계주의를 지향하는 사람들이 늘었던 덕분이다.

예를 들어 '트레바리'는 직장인들 사이에서 가장 인지도가 높은 사교 모임이다. 트레바리는 4개월 단위의 유료 멤버십을 운영 중인데, 의과 대학교수가 코로나19를 주제로 진행하는 모임, 영어 원서 읽기 모임, 책과 영화를 함께 이야기하는 모임 등 문학, 철학, 경제를 비롯해 광범위한 주제별 모임을 운영한다. 이런 트렌드에 따라 트레바리는 최근 소프트뱅크벤처스와 패스트인베스트먼트로부터 50억 원의 투자를 유치하며 성장 가능성을 증명했다. 또한 '묻고 답하다'라는 뜻을 가진 '문토'는 취향이 통하는 사람들의 모임을 지향하여 코로나19 상황에서 오히려 성장하고 있고, 새로운 사람과 나누는 비일상적 대화를 주제로 한 소셜 살롱 '크리에이터 클럽'은 오프라인 모임만 운영하는 차별성으로 여전히 그 지위를 유지하고 있다.

그리고 코로나19 이후 많은 업계가 개개인에 집중한 신규 고객

그림 6-7 | 특히 MZ세대는 취향을 나누고 공유하는 데서 소속감을 느낀다.

늘리기보다 오히려 기존 멤버십 강화에 주력하는 움직임을 보인다. 롯데, 신세계, 현대 등 백화점 3사는 모두 20~30대를 겨냥한 멤버십을 세분화하고 서비스를 강화했는데, 가장 두드러진 곳은 현대백화점의 '클럽YP'다. 2021년 2월 론칭한 클럽YP는 매출 우수자뿐 아니라 인플루언서, 기부 우수자, 봉사활동 우수자 등 사회에 공헌한 20~30대를 대상으로 내부 심사를 거쳐 회원으로 선정하여 다른 백화점의 멤버십과 차별화하였다. 그리고 그들의 관계성을 더욱 강화시키기 위해 클럽YP 전용 라운지를 열고 이들만을 위한 이벤트를 기획해 운영한다.

　더불어 롯데백화점은 지역 커뮤니티인 '클럽 멤버십'을 확대 운영하기로 했다. 클럽 멤버십은 백화점 지점별로 특정 아파트 입주민, 직장인, 브랜드 고객을 대상으로 한 커뮤니티다. 예를 들어 롯데백화점 잠실점은 인근 유명 아파트 단지 입주민을 대상으로 클럽 커뮤니티를 개설했고, 롯데백화점 울산점은 13세 미만 자녀를 키우는 '키즈맘' 특화 클럽인 '러블리키즈'를 론칭했다. 메르세데스-벤츠코리아는 2021년 4월 고성능 브랜드인 AMG 차량을 구매한 오너만을 대상으로 멤버십 프로그램 'AMG 오너 커뮤니티 코리아'를 출범했고, 한국프로골프협회KPGA는 2021년 5월 KPGA 투어 활성화에 관심이 있는 법인과 개인만을 대상으로 유료 멤버십 커뮤니티 'THE CLUB HONORS K'를 론칭했다.

이렇듯 폐쇄형 관계주의를 활용한 비즈니스 기회는 무궁무진하다. 소셜 미디어의 경우 개방성과 대중성보다 폐쇄성과 관계성이 중요해졌기 때문에 소수의 사용자로 독특한 관계를 형성시켜 줄 수 있는 새로운 소셜 미디어의 등장이 가능해졌다. 또한 오프라인 소셜 살롱 역시 더욱 활성화될 수 있고, 이것이 폐쇄형 소셜 미디어와 융합되면 더 큰 시너지를 창출할 수 있다. 게다가 백화점뿐 아니라 다양한 유통 채널과 브랜드 역시 멤버십 설계를 세분화하거나 그들끼리의 관계성을 도모할 수 있는 콘텐츠를 제공한다면 기존 고객의 충성도 강화와 신규 고객 유치 기회를 만들 수 있다.

함께 읽으면 더 좋은 책

《데이터, 민주주의를 조작하다》 [크리스 섀퍼 지음]

이 책은 소셜 미디어 플랫폼을 통해 수집되는 데이터가 민주주의를 조작하는 과정과 사례를 잘 보여 준다. 특히 기존 소셜 미디어가 국경과 인종, 성별과 연령을 넘어 누구나 자유롭게 의견을 올리고 나눌 수 있는 '열린 공론장'에서 어떻게 '양극화된 극단주의의 장'이 됐는지를 기술적으로 설명한다.

《패거리 심리학》 [세라 로즈 캐버너 지음]

이 책에 따르면 과거 집단주의 속성은 물리적으로 정보를 공유하여 부를 창출했으며, 정신적인 외로움을 극복하도록 도와주었다. 하지만 소셜 미디어로 강화된 집단주의 성향은 잘못된 이기주의와 '패거리' 문화를 만들어 여러 부작용을 낳았다. 이 책은 이런 문제의식에서 SNS, 폭동 현장, 좀비와 컬트 문화 등 다양한 사례를 들어 오늘날 패거리 문화에 대한 영향과 문제를 지적하고 있다.

7장 | 브랜드 커뮤니티 VS. 초개인화

개인 맞춤 취향보다 소속 집단 마케팅으로 충성도를 높여라

1. 개인화는 데이터를 타고 초개인화로 향한다

최근 화두는 개인화Personalization에서 초개인화Hyper-personalization로 넘어가고 있다고 많은 트렌드서와 전문가가 주장하고 있다. 그동안 국민 소득 증가, 인구 구조와 라이프스타일 변화로 1인 가구가 증가 추세였고 이는 개인화, 취향 세분화를 이끌었다. 이때 많이 거론됐던 키워드가 '취향 존중, 취향 저격'이었고 이 트렌드 흐름은 현재도 지속되고 있다. 여기에 코로나19로 인해 비대면 일상이 계속되고 디지털 전환이 앞당겨지면서 인공 지능의 역할이 확대됐다. 즉, 개인 시간이 많

그림 7-1 | 스마트 스피커는 소비자의 취향을 수집하는 창구이기도 하다.

아지고 인공 지능 기술이 더 발전함에 따라 우리의 데이터도 폭발적으로 축적되었다. 기존 개인화를 넘어 초개인화를 가능하게 한 배경이 바로 이것이다.

우리는 일상에서 초개인화의 혜택을 누리고 있다. 스타벅스는 회원들의 주문 정보를 포함해 시간, 장소, 날씨 같은 부가 정보를 모두 데이터화하고 이를 통해 40만 가지가 넘는 개인별 맞춤 서비스를 제공하는 사이렌 오더를 도입했다. 넷플릭스는 고객 선호도를 2000개 유형으로 분류해 맞춤형 추천 콘텐츠를 선보인다. 한편 구글 홈은 "음악을 들려줘"라는 동일한 명령에도 가족 목소리를 각각 따로 인식해 각자 취향에 맞은 음악을 틀어 주고, 스포티파이는 사용자의 음악 선호도를 정확히 분석해 세분화된 선곡을 해 준다. 또한 옷, 신발, 가방 등 패션 아이템 역시 소비자 기호와 취향에 맞는 커스텀 서비스를 속

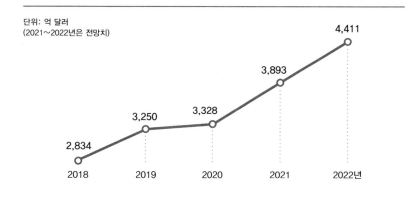

단위: 억 달러
(2021~2022년은 전망치)

4,411

3,893

3,328

3,250

2,834

2018   2019   2020   2021   2022년

그림 7-2 | 글로벌 디지털 타깃 광고 시장 규모. (자료: 이마케터)

속 도입하고 있다.

　이처럼 개인화가 이름, 나이, 성별 등 인구 통계학적 정보와 온라인 행동 데이터를 바탕으로 개인 특성에 집중한 서비스라면, 초개인화는 개인 특성뿐 아니라 소비자의 상황과 맥락까지 데이터화하여 특정 고객이 현재 구체적으로 원하는 것에 초점을 두고 그것을 실시간으로 제공하는 매우 진일보한 서비스다. 그래서 글로벌 톱 레벨의 이커머스 기업들은 본격적인 초개인화 비즈니스를 위해 타사 대비 약 30% 이상의 IT 기술 투자를 하고 있다. 그리고 초개인화 기능을 적용한 이커머스 기업의 매출은 약 20% 이상의 매출 증대 효과와 고객 충성도 지수를 개선했다는 결과도 전해진다.[1] 그야말로 초개인화는 데이터라는 파도를 타고 온 시대의 흐름이다.

2. 소비자와 생산자에게 닥친 초개인화의 역효과

코로나19 상황에서 초개인화가 일상에 빠르게 접목되고 있지만 전혀 마찰이 없는 것은 아니다. 우선 과도한 개인 정보 수집과 활용을 두고 '어디까지가 적정한가' 문제가 불거질 수 있다. 그리고 초개인화 마케팅 경쟁이 치열해지면 기업들이 고객 개개인에게 맞춤형 정보만을 제공해 고객들이 비슷한 관심사와 환경에 갇히게 되는 필터 버블 현상도 우려된다.[2] 정보를 필터링하는 알고리즘에 정치적 혹은 상업적 논리가 개입되면 필터링을 거친 정보만을 받아 보는 정보 사용자들은 자기도 모르는 사이에 정보 편식을 하게 되고 타의에 의해 가치관 왜곡이 일어날 수 있는 것이다. 이와 비슷한 현상으로 에코 챔버Echo Chamber가 있는데, 인터넷 공간에서 자신과 유사한 생각을 가진 사람들과 소통해 점차 편향된 사고를 갖게 되는 현상을 가리킨다.

이처럼 수많은 데이터로 한 사람의 취향을 0.1명 단위까지 나눌 수 있는 초개인화는 오히려 사람을 정보 편식 버블에 갇히게 만드는 아이러니한 상황이 발생할 수 있다. 다만 개인 정보 문제는 디지털 전환 시대에 필수 불가결하게 제기될 수 있는 대전제이고, 필터 버블 문제는 6장에서 소셜 알고리즘이 집단주의를 조장한다는 문제를 통해 다루었기 때문에 이번에는 소비자와 생산자 관점에서 초개인화의 역효과를 논의해 보자.

– 추천을 받을수록 피로감이 몰려오다

한때 포털 사이트의 실시간 검색어 순위에 '인스타 추천 게시물 안 뜨게'라는 키워드가 올라왔다. 자신과 무관한 인스타그램 계정의 게시물과 광고 게시물이 피드에 지속적으로 노출되면서 이에 피로감을 느낀 사용자들이 불만을 드러냈고 이를 해결하고자 추천 게시물을 피할 수 있는 방법을 검색한 것이다.[3] 인터넷과 소셜 미디어 내에서는 모든 것이 데이터로 처리되기 때문에 불필요한 정보가 섞여 추천의 정확도가 떨어지고 그에 따른 피로감도 누적된다. 예를 들어 어떤 제품을 구매했을 때 자신을 위해 산 것인지, 다른 사람의 선물용을 산 것인지, 혹은 실수로 제품 광고를 클릭했는지 구분되지 않는 것이다. 또한 추천은 이메일, 문자 메시지, DM, 팝업, 음성 등 전방위적으로 다가오기 때문에 많은 커뮤니티와 블로그에 '추천을 피하는 방법'이 공유되고 있다.

이처럼 사용자에게 최적화된 '취향 저격' 콘텐츠를 제공하던 초개인화 추천에 사람들이 피로감을 느끼고 있다. 이는 특히 유튜브에서 두드러지게 나타난다. 최근 유튜브 사용자들은 알고리즘을 따라 노출되는 광고나 편향적 콘텐츠에서 벗어날 방법을 공유하며 적극적으로 피해 가려고 노력한다. 가장 기초적인 방법 중 하나가 알고리즘이 파악할 수 있는 시청 기록과 검색 기록을 매번 삭제하는 것이다. 유튜브는 섬네일 형상이 비슷하거나 사용자가 본 영상의 제목과 몇몇 단어가 겹친다는 이유로 관련 없는 영상을 추천하기도 하는데, 이런 추천 영상만을 모은 '#유튜브알고리즘' 게시물이 유머 코드가 될 정도다. 이에 대해 숙명여자대학교 미디어학부 심재웅 교수는 언젠가부터 유튜브 사용자들이 봤던 콘텐츠나 비슷한 내용만 추천하는 알고리즘에서 벗어나고자 아예 로그아웃 상태에서 유튜브를 이용하는 경향이 증가했다고 밝혔다.[4]

넷플릭스의 경우 메인 화면의 추천 인기 콘텐츠에서 벗어나기 위해 원하는 장르를 직접 검색하는 방법이 공유되고 있다. 플랫폼 내에서 특정 장르에 부여된 고유 '시크릿 코드'를 PC 주소창 마지막 부분에 직접 입력하는 것이다. 예를 들어 괴물 영화는 947, 범죄 다큐멘터리는 9875라는 코드를 가지고 있는데 이 시크릿 코드를 입력하면 기존 시청 패턴에서 벗어나 새 장르를 즐기기에 유용하다고 한다.[5] 이와 같이 초개인화 알고리즘의 집요한 추천을 사용자들이 의도적으로 회피하려는 현상이 발생하고 있다. 사실 초개인화 추천은 초기에는 효과적이었다. 자신에게 딱 맞는 콘텐츠가 제공됐기 때문이다. 그러나 지나치게 개인화돼 자신을 쫓아다니는 광고가 우후죽순 늘고 범람하는 지경에 이르자 소비자들은 이를 부정적으로 생각하기 시작했다. 효율만 생각하다 보니 효과가 사라진 것이다.[6]

- 도무지 뭘 선택해야 할지 몰라서 피로하다

초개인화 추천 서비스와 별개로 빅 데이터나 인공 지능을 통한 개인 취향 분석이 가능해짐에 따라 초개인화에 맞춘 커스터마이징Cus-tomizing이 영역을 넓혀 가고 있다. 디지털 전환 같은 기술 발전으로 더 세분화된 제품을 제공할 수 있고 커스터마이징에 따른 생산 단가가 절감되면서 선택의 폭이 훨씬 넓어진 것이다. 그래서 게임 캐릭터는 물론이고 패션 의류, 신발, 가방 디자인, 화장품과 생활용품의 컬러, 성분, 향기까지 커스터마이징할 수 있게 되었고 심지어 카드 서비스까지 맞춰서 제작할 수 있게 됐다. 하지만 유통업계와 카드업계에 따르면 서비스의 혁신성 대비 초개인화에 맞춘 커스터마이징 서비스에 대한 사람들의 호응도는 높지 않은 것으로 나타났다. 많은 트렌드 전문가가 커스터마이징 시장을 높이 평가하지만 실제로 커스터마이징으로 재화를 소비하는 시장 규모는 매우 미비한 것이다.

한 유통업계 관계자는 커스터마이징 서비스를 도입했거나 시도했을 때 매출이 눈에 띄게 증가하는 경우는 거의 없었다고 한다. 커스터마이징은 여전히 이벤트 수준으로 적용될 뿐 커스터마이징 자체가 매출의 큰 유인 동기가 되지 않고 그래서 유통업계 전체에서 차지하는 비중도 매우 작다. 카드업계도 마찬가지다. 카드 혜택 커스터마이징 서비스를 도입했을 때, 카드 사용자들의 선호 혜택이 정해져 있어 커스터마이징 서비스 카드는 크게 3~4가지로 좁혀진다는 것이다. 다양한 서비스를 제공하기 위해 카드업계가 고심한 것에 비해 소비자의 선택은 제한적이었다.

이에 대해 여러 원인이 지적되지만 가장 크게 거론되는 것은 햄릿 증후군Hamlet Syndrome처럼 여러 선택의 갈림길에서 결정을 내리지 못하고 뒤로 미루거나 타인에게 결정을 맡겨 버리는 소비자의 선택 장애다. 실제로 심미적 표현과 구현에 자신 없는 소비자의 경우 너무 많은 커스터마이징 기회나 선택지 앞에서 무엇을 선택해야 할지 주저하는

그림 7-3 | 카드사들은 다양한 혜택을 조합할 수 있는 카드 서비스를 내놓았다.

경우가 흔하다. 이를 두고 최근에는 '넷플릭스 증후군'이라는 신조어까지 생겼다. 넷플릭스 증후군이란 너무 많은 콘텐츠 중 하나를 고르기 어려워 콘텐츠를 감상하는 시간보다 무엇을 볼지 검색하고 구경하는 시간이 더 긴 현상을 뜻한다.

빅 데이터와 디지털 기술의 발달은 초개인화에 따른 다양성을 제공했지만 동시에 소비자로 하여금 정보 과잉으로 인한 마케팅 피로도를 높이기도 했다. 결국 커스터마이징 과정에 담긴 복잡한 디지털 여정Digital Journey 속에서 초개인화에 초점을 맞춘 마케팅이 생각보다 널리 퍼지지 않는 이유가 바로 여기에 있는 것이다. 2000년에 시작되어 20여 년간 유지되어 온 스니커즈 커스터마이징 서비스인 '마이 아디다스MiAdidas'는 2019년 1월 종료를 공식 선언했고, 아디다스는 아직 새로운 서비스를 도입하지 않고 있다.

– 뭘 좋아할지 몰라서 다 준비했더니 피로하다

초개인화는 결국 알고리즘의 고도화와 초세분화된 커스터마이징에 근거하고 있다. 하지만 여기서 간과할 수 없는 것이 생산자의 피로감이다. 구글, 유튜브, 넷플릭스, 스포티파이 등 이미 공고한 알고리즘을 갖춘 초거대 기업들은 보다 정교한 알고리즘을 구축하기 위해 끊임없이 노력하고, 그보다 규모가 작은 기업들 역시 자체적인 알고리즘을 개발하거나 알고리즘 플랫폼을 도입해 시대에 뒤처지지 않으려고 노력한다. 물론 이것은 시대의 흐름이고 반드시 쫓아야 할 메가 트렌드인 것은 분명하다. 하지만 기업 입장에서 알고리즘을 개발하고 현장에 적용하는 데에는 많은 시간과 비용이 들어간다. 그래서 생산자의 피로감 역시 누적되는 것이다.

초세분화된 제품과 커스터마이징 서비스를 제공할 때 수적 경쟁을 위해 단순히 불필요한 선택지만 늘리는 것도 문제다. 생산자 입장에서 수많은 선택 옵션을 마련하면 그만큼 생산 공정은 복잡해지고 재고 부담도 안게 될 수밖에 없다. 그리고 과거보다 늘어난 제품 디자인이나 메뉴 때문에 생산자는 더 많은 지식과 기술을 익혀야 하는 부담도 있다. 이런 문제를 패션업계에서는 패션 테크가 해소하고, 요식업계에서는 로봇이 대체한다지만 여전히 커스터마이징에는 노동력이 필수적이다. 반면 생산자의 노고만큼 소비자 만족도도 늘어났는지에 대해서는 아직 미지수다.

3. 나도 모르는 내 취향과 니즈를
   기업들이 알려 주다

개인화나 초개인화에 대한 메가 트렌드 자체를 부정하는 것은 아니다. 빅 데이터를 통해 한 사람의 취향을 0.1명 단위까지 나누면 더 많은 기회가 창출된다. 또한 우리는 제각각의 취향을 가진 것도 사실이다. 다만 초개인화에 대한 비용과 노력, 그리고 소비자의 편의를 고려했을 때 적정한 시장 세분화 수준과 효율적인 개인화 수준에 대한 논의는 반드시 필요하다.

- MZ세대의 크루 문화와 소속 집단 마케팅

적정한 시장 세분화에 대한 힌트를 얻을 수 있는 몇 가지 사례가 있다. 과학적인 근거는 전혀 없으나 혈액형으로 사람 성향을 나누거나 MBTI로 성격과 행동을 분류하려는 유행이 그 예다. 차이가 있다면 혈액형은 4가지 유형으로 구분하고, MBTI는 16가지라는 것뿐이다. 이런 구분을 통해 나와 상대를 규정하려는 심리는 준거 집단과 소속 집단에 따른 것이다. 여기서 준거 집단은 한 개인이 자신의 신념, 태도, 가치 및 행동 방향을 결정하는 데 기준으로 삼는 집단으로, 개인은 스스로가 동일화하는 특정한 집단 규범에 따라 행동하고 판단한다. 또한 소속 집단이란 개인이 다른 사람들에 의해 소속되었음을 인정받는 집단으로 소속 집단 마케팅과 브랜드 커뮤니티의 근거가 된다. 개인 취향과 초개인화에 초점이 맞춰져 있는 상황에서도 한 사람의 속성은 결국 준거 집단과 소속 집단에 따라 결정된다는 것이다. 그래서 아무리 개인 취향이 다양할 것 같아도 준거 집단과 소속 집단에 따라 분류하면 크게 10개 내외의 집단으로 규정할 수 있다.[7]

대표적인 예가 온라인에서 특정 목적을 가지고 단발성으로 그룹 지어 활동하는 MZ세대의 크루Crew 문화다. 여기서 크루란 짧게 Clipped, 시공간 제약 없이Reinless, 재미에 따라Entertaining, 누구와도 Whoever 어울릴 수 있는 집단의 성향을 뜻한다. 예를 들어 브랜드의 팬클럽인 브랜드 크루는 함께 특정 브랜드를 소비하고, 해당 브랜드에 대한 각자의 생각과 느낌을 적극적으로 공유한다. 그 브랜드로 자신을 표현하는 것은 물론이고 온오프라인에서 기업 관계자나 다른 사용자와 소통하고 공유하면서 자신만의 집단을 형성하는 것이다. 그래서 기업 입장에서는 특정 브랜드를 공유하는 몇 개의 브랜드 크루로 시장을 세분화할 수 있고, 이에 맞게 효율적이면서 효과적인 마케팅 전략을 수립할 수 있다.

- 7가지 고객 세분화와 바이어 페르소나

이처럼 소속 집단 마케팅이 적정한 시장 세분화에 대해 힌트를 줄수는 있다. 하지만 시장을 몇 개의 브랜드 크루로 단순 분류하는 것에는 무리가 있다. 그래서 적정한 세분화 수준이 필요하다. 심리학 연구 결과에 따르면 사람이 기억하고 유의미하게 규정할 수 있는 수준을 7단계로 보기 때문에 바로 이 지점에서 방향성을 수립할 수 있다. 하버드대학교의 심리학자인 조지 밀러 박사의 주장에 따르면 인간의 평

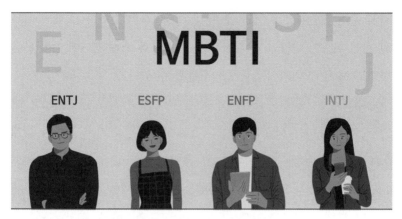

그림 7-4 | MBTI는 자신을 정의하고 싶은 MZ세대의 욕구를 반영한다.

균적인 기억력은 7단위 이상을 동시에 다룰 수 없다. 인지심리학에서도 사람이 순간적으로 기억할 수 있는 개체의 수는 5~9개 사이, 평균적으로 7개라 본다. 즉, 기업 입장에서 시장과 고객 타입을 세분화할 때 유의미하게 분류할 수 있는 기준은 7가지이고, 소비자 입장에서도 하나의 카테고리에서 제품을 선택할 때 유의미하게 비교하거나 고민하는 브랜드는 7개인 것이다. 최근 과학 저널 《네이처 인간 행동Nature Human Behavior》이 흥미로운 연구를 발표했다. 선택지가 12개 이상으로 많아지면 판단과 결정에 관여하는 뇌의 활동 영역이 감소할 수 있다는 내용이다. 이에 따르면 적정한 세분화 수준은 7~12개로 볼 수 있다.

이렇게 세분화된 고객 타입을 보다 구체화하는 작업이 바이어 페르소나Buyer Persona다. 페르소나는 그리스극의 배우들이 쓰던 가면을 가리키는 용어인데 마케팅에서는 이상적이고 핵심적인 고객을 대변하는 가상의 인물을 가리킨다. 즉, 바이어 페르소나는 제품이나 서비스를 사용할 가상 고객에 대한 정의이며 이 바이어 페르소나를 정확하게 설정한다는 것은 핵심 고객을 정확하게 이해한다는 의미다. 따라서 초개인화로 한 사람의 취향을 0.1명 단위까지 나누는 것보다 약 7개의 바이어 페르소나를 설정하고 타깃팅하는 것이 보다 효율적이고 효과적이라는 주장이다.[8]

예를 들어 과거에는 떡볶이의 핵심 고객을 '분식을 자주 먹는 20~30대'로 설정했다면 이제는 '떡볶이 리뷰 영상을 보면서 스트레스를 풀고, 평일에는 귀찮거나 시간이 없다는 이유로 점심이나 저녁 식사를 자주 간편식으로 때우지만 여러 곳의 떡볶이 맛집을 주기적으로 방문하는 직장인'처럼 특정한 개인으로 여겨질 수 있는 바이어 페르소나를 7개 설정하고 이들의 삶을 연구하는 것이 효과적이다. 또한 호텔을 설계할 때 호텔 서비스를 무한대로 세분화하여 초개인화에 맞추는 것이 아니라 그 호텔을 방문할 수 있거나 방문할 것으로 예상되는 고객들을 7개의 바이어 페르소나로 그루핑Grouping하여 그 바이어 페르소나 그룹에 맞는 서비스를 제공하는 것도 유효하다.[9]

메이저리그의 야구팀 토론토 블루제이스는 팬들이 야구장을 찾도록 만들기 위해 바이어 페르소나를 5가지 부류로 구분했다. 홈구장을 찾는 팬들의 축적된 데이터를 분석한 결과 각각의 팬이 야구장을 찾는 의미가 다르다는 점을 발견한 것이다. 첫째, 15%의 야구를 사랑하는 열성 팬은 항상 경기를 챙겨 보고 분석하고 시즌권을 보유할 가능성이 크고 승패에 민감하다. 둘째, 18%를 차지하는 가족 단위 팬은

그림 7-5 | 류현진 선수가 뛰고 있는 토론토 블루제이스의 홈구장.
(출처: 토론토 블루제이스 홈페이지)

승패가 중요하지 않고 가족과 함께하는 시간이 목적이며 자녀에게 다양한 경험을 제공하고 싶어 한다. 셋째, 16%의 젊은 팬은 야구를 즐기고 나서 뒤풀이 장소로 향하고 야구장 방문을 친구들과 함께하는 일종의 파티로 생각한다. 넷째, 기업 고객은 28%를 차지하는데 많은 금액을 들여서 VIP석을 구매하고 스포츠를 비즈니스 관점으로 접근하며 특정 구단을 응원하지 않는다. 다섯째, 23%를 차지하는 여성 팬은 경기를 매 이닝 자세히 보지 않지만 전체적인 스토리를 좋아하고 친구들과 함께하는 시간을 중요하게 여긴다. 이에 대해 토론토 블루제이스는 5가지 바이어 페르소나를 통해 마케팅 효율과 매출을 동시에 극대화했다고 밝혔다. 초개인화가 아니더라도 5~7개의 바이어 페르소나를 통해 높은 효과를 달성한 것이다.

- 브랜드 커뮤니티로 브랜드 충성도를 높여라

많은 이커머스 플랫폼이 빅 데이터와 인공 지능을 기반으로 한 초개인화 서비스를 통해 매출을 극대화하고자 한다. 하지만 앞서 언급한 몇 가지 제한 사항 탓에 초개인화보다는 브랜드 커뮤니티 구축이 대안이 될 수 있다. 브랜드 커뮤니티란 공통 관심사, 취미, 가치관, 신념 등이 더 중요하게 작용하는 온라인 기반 집단으로, 특정 브랜드에 대한 관심과 공통된 이해관계를 가진 사람들이 컴퓨터, 모바일, 인터넷을 매개로 지리적 한계를 초월해 커뮤니케이션한다. 그래서 온라인 브랜드 커뮤니티 구성원들은 감성적 유대감을 공유하고, 장기적 관계를 형성하면서 브랜드와 해당 기업에 대한 충성도를 높인다.[10] 쉽게 얘기해 브랜드 커뮤니티로 그루핑된 사람들은 그들끼리 좋은 상품, 혜택, 관심사 등을 공유하며 사람이 사람을 이끄는 구조를 갖게 되는 것이다. 이것은 일반적으로 혈연, 지연에 의미를 두고 물리적 공간에 기반을 두는 전통 커뮤니티와 차이가 있다. 그리고 초개인화가 형성할 수 없는 브랜드 소속감과 충성도를 구축할 수 있는 장점이 있다.

국내 최대 온라인 편집숍 무신사가 지향하는 커뮤니티 커머스가 좋은 예다. 무신사는 설립 초기부터 커뮤니티 커머스를 표방하며 제품을 팔기보다 우선 고객군들을 묶으려고 노력했다. 커뮤니티 회원 간 친밀한 상호 작용을 만들기 위해 패션과 무관한 클럽 파티와 게임 대회 개최 등 다양한 노력을 기울였고, 커뮤니티 회원들의 즐거움과 회원들 간 관계 촉진을 위해 다양한 네트워킹 행사를 만들었다. 그렇게 진행한 여러 행사는 무신사의 웹진 《무신사 매거진》의 콘텐츠로 제작되어 확대, 재생산됐다. 즉, 브랜드 커뮤니티의 상호 작용성을 통해 고객 간 유대감을 형성하고 무신사에 대한 충성도를 확보한 것이다. 2020년 5월 오픈서베이가 발표한 패션 트렌드 리포트에 따르면 국내 온라인 편집숍 중 무신사의 인지도는 71.6%, 구매 경험률은 37.1%, 재구매 의향은 39%를 기록해 조사 대상 중 가장 높았다.[11]

오프라인 사례로는 블랙야크의 브랜드 커뮤니티 BAC BlackYak Alpine Club를 들 수 있다. BAC는 전용 앱을 통해 가입할 수 있는데 앱은 제품 판매가 아니라 순수한 커뮤니티 채널의 역할만 담당한다. BAC 사업을 담당하는 익스트림 팀은 회원들에게 지속적인 도전 주제를 제공하거나 함께 등반하는 등 그들이 재미를 잃지 않도록 여러 과제를 제시한다. 코로나19 상황에도 불구하고 아웃도어 활동이 많아지자 가입자 수도 매주 2000명씩 늘어 2021년 4월 기준 회원 수는 25만 명을 기록했다. 롯데백화점은 2020년 10월 아웃도어 용품 카테고리에서 초개인화 광고나 고객 세분화 마케팅을 하지 않고 BAC를 대상으로 팝업 스토어를 진행하기도 했다.

이처럼 브랜드 커뮤니티를 달성한 브랜드를 휴머니스틱 브랜드 Humanistic Brand라고 한다. 휴머니스틱 브랜드란 인간적으로 느껴지고 의미 있는 사회적 관계의 대상으로 인식되는 브랜드를 말한다.[12] 그래서 휴머니스틱 브랜드는 고객을 매출 달성의 도구로 보지 않고 지속적인 관계를 중시한다. 또한 지나친 세분화가 바탕이 된 특수성에 집착하기보다 그 브랜드 고유의 특징이 바탕이 된 보편성을 추구한다. 예를 들어 삼성 갤럭시는 여전히 도구적 이미지가 강한 반면 애플 아이

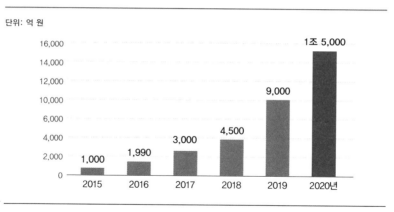

단위: 억 원

그림 7-6 | 무신사 연도별 거래액 현황. (자료: 무신사)

폰은 관계적 이미지가 강하다.

한편 브랜드 커뮤니티를 비즈니스 모델로 삼은 플랫폼 기업도 있다. 브랜드를 기반으로 다양한 B를 좋아하는 사람이 모여 시작한 오프라인 중심 커뮤니티 플랫폼 비마이비Be my B가 그것이다. 비마이비는 브랜드가 영속하기 위해서는 자신만의 독특한 '색깔'을 낼 줄 알아야 하고 그 색깔에 동조하는 브랜드 커뮤니티가 바탕에 있어야 한다고 믿는다. 이는 초개인화와 반대되는 개념이다. 그래서 비마이비는 한 사람의 취향을 미세하게 세분화하는 것보다 그 사람을 대표할 수 있는 몇 개의 브랜드로 정의하는 것이 훨씬 직관적이라고 주장한다. 왜냐하면 브랜드 자체가 독특한 색깔을 지니고 있기 때문이다. 이에 비마이비는 코로나19가 극성이던 2020년 5월 성수동에서 '당신은 어떤 브랜드인가요?'라는 전시를 진행하기도 했다. 이 전시의 취지는 저마다의 이야기를 가진 다양한 브랜드가 모여 그것들을 사용하는 사람이 하나의 브랜드가 될 수 있음을 보여 주고자 했다. 그래서 이 전시는 "어떤 브랜드 좋아하세요?"와 "당신은 어떤 브랜드인가요?"라는 2가지 질문을 던졌고, 방문자들은 자신을 몇 가지 브랜드의 조합으로 표현하였다.

4. 초개인형 맞춤 광고는 구글도 포기했다

《월스트리트저널》에 따르면 구글은 2022년부터 인터넷 이용자의 사이트 방문 기록 추적 기술을 사용하거나 이 기술에 대한 투자를 중단하겠다고 밝혔다. 지금까지 개인의 쿠키를 추적한 결과로 초개인화 광고를 전달했던 구글이 더 이상 개인 맞춤형 광고를 제공하지 않겠다는 것이다. 대신 구글은 대체 기술을 도입해 사용자를 집단으로 묶어 소비 취향이 비슷한 집단별로 맞춤형 광고를 이어 나갈 예정이라고 밝혔다.[13] 이렇게 초개인화의 상징인 구글이 집단 마케팅을 하겠다는 결정은 향후 업계에 미칠 영향과 시사하는 바가 매우 크다. 결국 초개인화보다 준거 집단과 소속 집단을 활용한 소속 집단 마케팅, 브랜드 커뮤니티 등이 주목받을 수밖에 없는 것이다.

함께 읽으면 더 좋은 책

《취향의 심리학》 [제바스티안 프리드리히, 안나 뮐러 지음]

이 책은 취향이란 핸드폰, 넥타이, 신발, 자동차, 시계 등의 개인 소유 물건, 생활 패턴, 거주 공간에 그대로 드러나기 때문에 전혀 복잡한 것이 아니라는 것을 알려 준다. 저자는 취향의 심리학에 따라 개인의 차종, 형태, 색깔만으로도 그 사람의 성격 판단이 가능하다고 주장한다. 이에 대해 거의 90퍼센트에 가까운 적중률을 보임으로써 조금 과장하자면 예외가 거의 없는 완벽한 규칙이라고 해도 될 정도라는 것이다. 그렇다면 우리는 너무 지나친 초개인화에 시간과 돈을 낭비하고 있는 것은 아닐까?

《오늘의 브랜드 내일의 브랜딩》 [우승우, 차상우 지음]

불필요한 것은 제거하고 꼭 필요한 것만으로 작고 빠른 실행을 통해 고객과의 관계를 만들어 가는 '린 브랜딩Lean Branding'에 주목한 책. 이 책은 브랜드를 만들어 가는 과정은 초개인화가 아니라 고객들과 꾸준히 소통하고 빠른 피드백을 주고받으며 발전하는 것이라고 주장한다.

<table>
<tr><td>8장</td><td>

보복 관람
VS. 디지털 문화 콘텐츠

영화, 공연, 스포츠… 집에서만 즐기던 소비자를 밖으로 초대하다

</td></tr>
</table>

1. 디지털이라는 블랙홀, 문화 콘텐츠를 빨아들이다

코로나19는 문화 콘텐츠 소비를 디지털로 일원화했다고 해도 과언이 아니다. 유튜브를 비롯해 글로벌 OTT 플랫폼인 넷플릭스, 아마존, 디즈니뿐 아니라 국내의 왓챠, 웨이브, 쿠팡플레이까지 인터넷만 연결된다면 언제 어디서든 원하는 콘텐츠를 즐길 수 있게 되었다. 그래서 공연, 전시, 스포츠, 여행, 관광까지 모든 문화 콘텐츠는 디지털 플랫폼에 올라타기 바빴다.

이런 흐름 속에서 가장 돋보인 것은 OTT의 성장이었다. IT 매

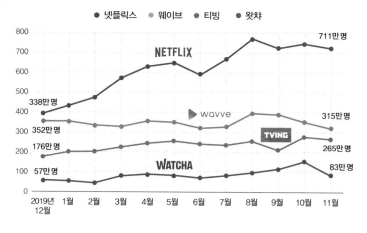

단위: 만 명

● 넷플릭스　● 웨이브　● 티빙　● 왓챠

그림 8-1 | 2020년 국내 OTT 월간 순 이용자 수 추이. (자료: 각사)

체 씨넷CNET에 따르면 코로나19 이후 미국과 EU 등에서 인터넷 트래픽이 최대 40%까지 증가했고, 그에 대한 원인으로 OTT를 지목하기도 했다. 그래서 EU는 유럽 내 스트리밍 전송률과 화질을 낮추는 방침을 정했고 그에 따라 넷플릭스, 유튜브, 아마존, 페이스북, 디즈니등 OTT 사업자들은 그에 상응하는 조치를 취했다.[1] 실제로 코드커팅Cord-Cutting, 즉 기존 유선 케이블·위성 TV 가입자가 가입을 해지하고 OTT 서비스로 옮겨 가는 현상은 심화되고 있고, 그 결과 전 세계 OTT 가입자 수는 2020년 기준 약 10억 명까지 증가했다.[2] 한국 역시 OTT 가입자 수가 크게 늘었는데 넷플릭스만 해도 1000만 명을 돌파한 것으로 나타났다.[3]

그림 8-2 | 각 OTT 플랫폼만의 오리지널 콘텐츠도 OTT 성장을 견인했다.

불과 5년 전까지만 해도 방송은 지상파 3사 중심이었고, 3~4년 전부터 tvN과 JTBC가 약진하며 약간의 변화가 있었을 뿐이다. 그렇기 때문에 OTT는 TV의 보조 매체에 불과했고, 본방송 시청 대신 VOD로 '다시보기'하거나, 이동 중에 모바일 TV로 시청하는 등 그 역할이 제한적이었다.[4] 하지만 이제 OTT는 미디어 콘텐츠 시장에서 주류 매체로 자리 잡고 있는 것으로 보인다. 영 타깃뿐 아니라 TV에 집중됐던 중장년 시청자들까지 OTT가 흡수하고 있기 때문이다.[5]

이에 따라 한국방송광고진흥공사의 〈2020 방송통신광고비 조사 보고서〉에 따르면 2020년 TV를 비롯한 방송 광고비는 약 3.6조 원으로 2019년 대비 5.7% 감소했지만 온라인 광고비는 약 7.3조 원으로 2019년 대비 11.5% 증가했다. 이에 대해 한국방송광고진흥공사는 "코로나19로 인해 전 매체가 하강 곡선을 그리고 있는 반면 유일하게 모바일만 상승 곡선을 이어 가고 있다"고 분석했다.

　　이렇듯 미디어 시장과 광고 시장이 OTT와 디지털 문화 콘텐츠 중심으로 재편되면서 공연, 전시, 스포츠, 여행, 관광 콘텐츠 역시 디지털 콘텐츠로 제작되거나 리마스터링되는 등 디지털 문화 콘텐츠라는 메가 트렌드를 따르고 있다. 예를 들어 관객이 공연장을 찾을 수 없는 상황에서 랜선 콘서트나 라이브 실황 중계가 기획되고, 무관중으로 진행된 스포츠 경기장에는 관중 사신을 입간판으로 제작해 비치하거나 중계 플랫폼을 다양화하는 등의 노력이 시도된 것이다.

2. 부족한 생동감은
디지털 콘텐츠의 치명적인 약점

많은 문화 콘텐츠가 디지털화되었지만 그러다 보니 역효과 역시 만만치 않다. 우선 디지털 문화 콘텐츠는 생동감이 떨어져 집중력 유지가 쉽지 않다는 지적이 가장 많다. 사람들은 디지털 문화 콘텐츠를 즐길 때 생생한 현장감을 느끼기 위해 대형 TV, 빔 프로젝터, 사운드 바 등 각종 기기를 구비했지만 이런 기기가 오프라인 현장만큼의 몰입과 집중력을 끌어내기에는 부족하다는 것을 깨닫는 중이다. 특히 공연과 스포츠의 디지털 제작을 위해 증강 현실AR과 확장 현실XR 등 첨단 기술이 많이 동원되었는데 이를 경험한 사람들은 처음의 신선함이 오래가지 않고 시간이 지날수록 오히려 실제 공연과 다른 이질감으로 불편함을 느끼기까지 했다고 호소했다.

블랙핑크의 콘서트는 디지털 문화 콘텐츠와는 반대로 오프라인 문화 콘텐츠가 가야 할 방향성에 대한 힌트가 되었다. 2020년 11월 진행된 블랙핑크 콘서트는 앞서 열렸던 네이버 '비욘드 라이브'와 방탄소년단BTS 온라인 콘서트가 각종 첨단 기술을 활용한 무대 연출에 집중한 것과 달리 실제 공연 연출과 동일한 포맷으로 콘서트를 시청할 수 있도록 해 집중도를 높였다. 즉, 콘서트 시청 환경은 디지털일 수밖에 없지만 무대 연출은 철저하게 아날로그를 지향하여 지금 이 공연이 아니면 다시는 볼 수 없는 '복제 불가능한' 무대에 초점을 맞춘 것이다. 이 같은 역발상은 매끈한 디지털 영상과는 다른 실제 콘서트 현장의 독특한 질감을 선사해 디지털 시청이었음에도 불구하고 생동감 있었다는 평가를 받았다.[6]

또한 유튜브 중심 디지털 문화 콘텐츠가 동시다발적으로 제작되면서 콘텐츠의 질적 문제가 대두되었다. 가짜 뉴스와 허위 사실이 퍼지거나 도덕과 사회 통념에 반하는 콘텐츠가 범람하는 것이다. 물론 하루 평균 58만 시간 분량의 동영상이 쏟아지는 유튜브 생태계에서 모든 콘텐츠가 정상적일 수는 없다. 하지만 NBA 스타 카이리 어빙이 느닷없이 '지구 평면설'을 주장해 역풍을 맞은 것처럼[7] 음모론이 정치적 이슈를 만드는 일은 흔하다. 더구나 왜곡된 사실이 국가 및 국민 안전을 위협하는 지경까지 이르렀다. 누구나 콘텐츠를 만들 수 있다는 디지털 플랫폼의 장점이, 누구나 왜곡된 정보와 콘텐츠를 만드는 위험을 초래한 것이다. 그래서 유튜브 크리에이터들의 수가 점점 줄고

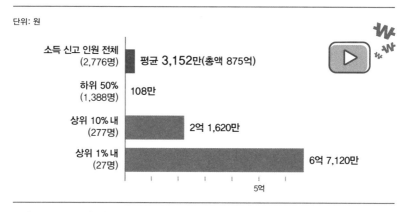

단위: 원

소득 신고 인원 전체
(2,776명) 평균 **3,152만**(총액 875억)

하위 50%
(1,388명) 108만

상위 10% 내
(277명) 2억 1,620만

상위 1% 내
(27명) 6억 7,120만

5억

그림 8-3 | 유튜브 사업자 1인당 평균 수입액. (자료: 국세청, 2019년 귀속 연도 기준)

있다. 어린이들의 대표적인 장래 희망이 유튜브 크리에이터라는 것
은 공공연한 사실이지만 실제 유튜버들은 '소재 고갈'이나 '시청자 감
소' 등의 이유로 5~6년 만에 은퇴하고 있다. 2021년 1월 기준, 유튜브
영상에 광고를 붙일 수 있는 기준인 구독자 1000명, 누적 시청 시간
4000시간을 넘긴 국내 유튜브 채널은 10만 370개다. 이 중 구독자 10
만 명 이상 보유한 실버 버튼 유튜브 채널은 전체의 0.49%에 불과한
4986개로 크리에이터 양극화 현상을 확인할 수 있다.[8]

마지막으로 OTT가 디지털 문화 콘텐츠 유통의 주도적인 역할을
하면서 콘텐츠의 차별적 공급이 이루어지는 문제가 있다. 즉, 다수를
위한 방송국에서 편성한 콘텐츠가 아닌 개인화된 OTT 계정으로 콘텐
츠를 소비함에 따라 콘텐츠의 보편성과 공공성이 사라지고 개인 취향
콘텐츠만 접하는 시대가 온 것이다. 이에 따른 더 큰 문제는 콘텐츠 플

랫폼이 성장한 이면에 자리한 양극화로 인해 특정 플랫폼 영향력이 극단적으로 커졌다는 것이다. 실제로 구글, 애플, 넷플릭스 등 해외 플랫폼이 독점적 영향력을 행사하기 시작했고 이에 따라 국내 콘텐츠 산업과의 양극화 현상은 더 심화될 것으로 보인다. 이러한 현상은 기존 방송사와 광고 시장 간 사업 구조를 깨뜨리기도 한다. 광고를 통한 방송 제작비 확보가 양질의 콘텐츠 생산을 이끌고 또 양질의 콘텐츠가 시청률 상승과 광고 효과에 영향을 미치는 순환 구조가 깨지는 것이다. 결국 디지털 문화 콘텐츠 플랫폼의 성장이 다수를 위한 양질의 콘텐츠 제작을 막아 거꾸로 시청자가 피해를 보는 아이러니가 발생한다.

3. 문화 콘텐츠의 현장감은 현장에 가야 즐길 수 있다

디지털 문화 콘텐츠에 대한 역효과가 존재한다고 해서 메가 트렌드 자체가 부정되는 것은 아니다. 미디어 시장의 OTT 중심 재편은 가속화될 것이 분명하다. 하지만 이런 현상이 모든 문화 콘텐츠 시장을 잠식하는 것은 아니다. OTT 중심 미디어 시장은 기존의 TV, 라디오, 신문, 잡지 등 4대 매체 시장을 재편하는 것에 그칠 것으로 보이기 때문이다. 오히려 모든 문화 콘텐츠가 디지털화되면서 생긴 반작용은 오프라인 문화 콘텐츠에 대한 갈증과 갈망을 더욱 크게 만들었다. 모든 문화 콘텐츠를 디지털화하기에는 오프라인 문화 콘텐츠만의 장점이 분명하기 때문이다. 결국 디지털 문화 콘텐츠라는 메가 트렌드가 강해질수록 오프라인 문화 콘텐츠에 대한 열망 역시 커질 수밖에 없다.

– 보복 관람이 이끄는 오프라인 콘텐츠 소비

디지털 문화 콘텐츠가 모든 문화 콘텐츠를 잠식할 수 없다는 것은 공연계가 먼저 깨달았다. 온라인 공연으로는 느낄 수 없는 현장감이 한계로 지적됐기 때문이다. 실제로 오프라인 공연에 대한 관객의 욕구는 2020년에 오픈한 뮤지컬 〈오페라의 유령〉〈캣츠〉 등을 통해 확인할 수 있었고, 나아가 방역 지침이 완화되어 공연이 재개된 2021년 2월부터는 더 크게 드러났다. 2021년 오픈한 뮤지컬 〈위키드〉〈시카고〉, 연극 〈조씨고아〉의 티켓이 대부분 매진된 것이다. 사회적 거리두기로 인해 객석이 줄어 구조적으로 매진이 쉬워졌다고 해도 감염 위험을 무릅쓰고 공연을 관람하는 심리는 매우 이례적이다. 이에 대해 뮤지컬 평론가인 순천향대학교 원종원 교수는 "그동안 공연을 못 봤으니 이제 보상받자는 심리, 내일 못 볼 수 있으니 오늘 꼭 공연을 봐야겠다는 심리가 작동하고 있다"며 "코로나19의 기세가 꺾이면 일반 관객까지 가세한 '보복 관람'이 대폭발할 것"이라고 전망했다. 즉, 관객의 보복 관람 현상은 연기와 취소, 긴 기다림의 반작용이라고 할 수 있다.

이러한 현상은 일부 지표로도 확인할 수 있다. 팬데믹 선언 이후 코로나19 상황이 1년 이상 계속되자 뮤지컬 시장은 달라졌다. 인터파크에 따르면 2021년 2~3월 뮤지컬 티켓 판매액은 2020년 같은 기

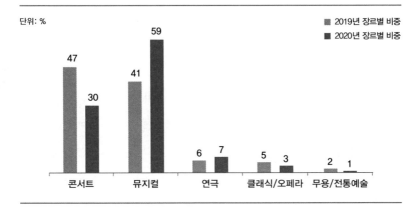

그림 8-4 | 인터파크 예매 공연 장르별 비중. (자료: 인터파크)

간 대비 957% 증가했다. 약 10배 더 팔린 셈이다. 이에 대해 클립서비스 신정아 마케팅본부장은 "관객은 2020년 코로나19 초기와 달리 '공연장은 위험하지 않다'는 학습을 마친 상태"라며 "뮤지컬 〈위키드〉처럼 검증받은 작품이 오랜만에 공연할 경우 희소가치가 커진다"고 말했다.[9] 그래서 뮤지컬 〈위키드〉〈시카고〉〈맨 오브 라만차〉, 연극 〈조씨고아〉처럼 대중성과 작품성이 확인된 공연들은 과거보다 더 흥행하고 있다. 이에 대해 원종원 교수는 "데이트 관객이나 초보 관객은 팬데믹 상황이 부담스러워 극장을 꺼리지만 마니아 관객은 여전히 왕성하게 공연을 소비하고 있다"며 "띄어 앉기로 더 안전하고 쾌적하게 볼 수 있는 대극장 뮤지컬일수록 매력이 커진 것"이라고 분석했다.

결국 디지털 문화 콘텐츠는 오히려 오프라인 문화 콘텐츠에 대한 욕구를 더욱 강하게 불러일으켰는데 이는 사회적 실재감 이론Social

그림 8-5 | 수많은 예비 관람객이 압도적인 몰입감을 만끽하기 위해 기다려 왔다.

Presence Theory에 따라 필연적이기도 하다. 사회적 실재감 이론은 사람들이 커뮤니케이션 상호 작용에 참여한다는 느낌을 얼마만큼 가지는가를 의미한다. 즉, 커뮤니케이션 대상이 나와 같은 곳에 있다고 느끼는 정도, 상대와 직접 만나서 대화하는 것과 흡사한 느낌의 정도에 따라 몰입이 다르다는 이론이다. 예를 들어 응시, 고개 끄덕임, 눈동자 움직임, 청자 반응, 제스처, 공간적 근접성, 표정 등 비언어적 요소들은 사회적 실재감을 높이는 데 기여한다.

심지어 공연업계는 코로나19로 인해 양질의 오프라인 문화 콘텐츠의 옥석이 가려지는 상황이라고 보기도 한다. 기획을 잘하고 운영의 노하우를 갖춘 기획사는 살아남고 차별화 없이 손익분기섬만 넘기고자 하는 콘텐츠는 자연스럽게 정리되는 것이다. 이에 대해 업계 관계자는 "코로나19는 공연업계에 매우 큰 위기로 다가온 것이 사실이지만 시간이 지나면서 오히려 기회로 작용했다"며 "그동안 우후죽순 늘어났던 검증되지 않은 기획사들로 관객들의 피해와 피로도가 누적되던 가운데 수준 높은 콘텐츠가 더욱 빛이 나면서 관객들에게 엄선된 콘텐츠를 제공할 수 있는 건강한 토대가 마련되고 있다"고 평가했다.

– 다양한 취향과 전문성으로 차별화하는 콘텐츠들

OTT라는 새로운 플랫폼의 확산과 유튜브를 통한 콘텐츠의 홍수 속에서도 고유한 오프라인 문화 콘텐츠 속성을 유지하려는 시도가 늘고 있다. 가장 두드러진 곳은 영화업계다. 코로나19로 인해 무수히 많은 영화관이 휴관과 폐관의 시련을 겪었지만 이제 영화업계는 일반적인 멀티플렉스가 아닌 큐레이션이 있는 독립 영화관을 중심으로 재편되고 있다. 연희동 예술 영화관 라이카 시네마, 강릉 독립 영화관 무명극장, 차세대 스트리밍 프라이빗 영화관 'VOD SUITE'가 이러한 트렌드의 시작을 알리는 공간이다.

라이카 시네마는 2021년 1월 13일 서울 연희동에 개관한 단관 극장이다. 영화진흥위원회에 따르면 2020년 55개 영화관이 휴관 및 폐관했는데 이런 상황 속에서 독립 예술 영화를 전문적으로 상영하는 영화관이 개관한 것은 오프라인 문화 콘텐츠라는 역발상을 실현한 것이라고 할 수 있다.[10] VOD SUITE는 영화관이라는 오프라인 하드웨어에 스트리밍 서비스라는 온라인 소프트웨어를 결합한 O2O Online To Offline 비전의 차세대 스트리밍 영화관으로서 2인에서 최대 10인까지 수용 가능한 상영관 6개를 운영한다. 이곳에서는 관객이 원하는 콘텐

그림 8-6 │ 서울 논현동에 위치한 스트리밍 극장 VOD SUITE. (출처: VOD SUITE 홈페이지)

츠를 안전하고 독립된 공간에서 상영관 못지않은 최대 190인치의 대형 스크린으로 즐길 수 있어 코로나19 시대에 오프라인 문화 콘텐츠를 즐길 수 있는 공간으로 주목받고 있다. 이런 흐름은 메가박스에서도 찾아볼 수 있다. 메가박스는 '우만씨(우리만의 씨네마)'라는 캠페인을 진행했는데 가족, 친구 등 지인들과 함께 '더 부띠끄'와 같은 소규모 상영관을 빌려 원하는 시간에 원하는 영화를 안전하고 편안하게 볼 수 있도록 했다.[11] 이러한 소규모의 전문 영화 콘텐츠 소비 공간은 안전한 관람이 가능하기 때문에 영화 관람 전용 공간을 찾는 사람들을 이끌고 있다.

전자책 시장의 성장으로 종이책 시장에도 변화가 생긴 것처럼 잡지 또한 웹진 등의 변화가 필수적이었다. 공공시설 폐쇄로 인해 도서관 이용이 어려워지고 타인과 책을 공유하는 도서 대여마저 기피되면서 전자책 대여 실적이 높아졌고 잡지도 마찬가지다. 이러한 현상은 잡지 광고 시장에서 극명하게 보인다. 2020년 잡지 광고 시장은 2019년 대비 16.8% 감소하였고, 경기가 회복될 것이라고 기대하는 2021년에도 여전히 5% 이상 위축될 것이라고 전망된다.

이런 와중에도 '브랜드 매거진' 분야는 그 영역을 공고히 하고 있다. 브랜드 매거진은 특정 분야의 전문성을 바탕으로 웹툰, 웹소설이 주도하는 디지털 문화 콘텐츠 시장에서 오히려 더욱 확장하고 있는 것이다. 예를 들어 기존 브랜드 매거진을 대표했던 《매거진 B》, 《매거진 B》와 배달의민족이 함께 만들기 시작한 《매거진 F》, 《매거진 B》와 인테리어 플랫폼 오늘의집이 함께 만드는 《O! HOUSE》까지 브랜드 매거진의 종류는 갈수록 늘고 있다.[12]

전자책과 웹진이 주류를 이루는 잡지 시장에서 하드 카피의 브랜드 매거진을 발간하는 이유는 무엇일까? 하드 카피의 브랜드 매거진이 가진 장점은 불특정 다수가 아닌 충성도 높은 코어 소비자에 초점을 맞춰 그들이 온전히 몰입할 수 있는 환경을 만들어 준다는 데 있다. 즉, 디지털 문화 콘텐츠와 브랜드는 많지만 소비자가 궁금해할 트렌디한 주제와 전문적인 내용을 전달할 매체로서 브랜드 매거진은 지속될 것이다.

– 멀티 콘텐츠 플레이스로 변신하는 멀티플렉스 극장

이제 극장은 영화라는 콘텐츠만을 제공하는 공간이 아닌 고객 체험 위주의 다양한 콘텐츠를 제공하는 멀티 콘텐츠 플레이스로 변모하고 있다.[13] 예를 들어 CGV는 극장 전용 예술·문화 콘텐츠 브랜드인 '아이스콘ICECON'을 론칭하여 세계 최초로 'LoL 2020 월드 챔피언십 결승전'을 스크린X로 생중계하여 3면 스크린으로 즐길 수 있도록 했다. 롯데시네마는 KBO 포스트시즌 전 경기를 전국 10개 극장에서 상영하여 경기장을 찾을 수 없는 야구팬들을 극장으로 모이게 만들었다. 비록 마스크를 쓴 채 육성 응원은 할 수 없었지만 같은 팀 팬들과 함께 대형 화면으로 경기를 보는 것만으로도 충분했다. 그리고 CJ CGV는 콘솔 플레이 대관 플랫폼인 '아지트엑스AzitX'를 론칭하여 영화관에서 콘솔 게임을 할 수 있는 서비스를 제공했다.[14] 4인 기준 2시간 30분 이용 시 10~15만 원으로 저렴하지는 않지만 큰 화면으로 게임을 해 보고 싶다는 로망을 실현시켜 주었다.

이렇듯 극장은 자체적으로 보유한 스크린 기술과 안락한 관람 환경에 다양한 콘텐츠를 접목시켜 새로운 공간으로 거듭나고 있다. 그래서 영화관에서 콘서트, 스포츠, 게임 등을 볼 수 있도록 한 멀티 콘텐츠 플레이스의 등장은 OTT 콘텐츠에 실증 난 카우치 포테이토Couch Potato들을 밖으로 나오게 만들고 있다.

4. 각자의 영역에서 더 성장할 디지털과 오프라인 문화 콘텐츠

코로나19는 디지털 문화 콘텐츠 트렌드를 확산시켰지만 기존 오프라인 문화 콘텐츠까지 디지털화한다고 해서 모든 콘텐츠의 흥행이 보장되는 것은 아니다. 디지털 문화 콘텐츠가 확산될수록 반대로 오프라인 문화 콘텐츠의 영역도 더욱 공고해졌고, 사람들은 기회만 된다면 오프라인 문화 콘텐츠를 소비하려는 경향을 더욱 강하게 드러냈다. 즉, 기존 디지털 문화 콘텐츠는 디지털 영역에서 더욱 수요가 급증하고, 동시에 오프라인 문화 콘텐츠에 대한 열망과 니즈 역시 증가하는 것이다. 그래서 기존 디지털 문화 콘텐츠는 재개봉, 리마스터링, 리메이크되거나 OSMUOne Source Multi-Use로 활용되는 경향이 강해질 것이다. 하지만 오프라인 문화 콘텐츠는 그 영역을 더욱 공고히 하여 오히려 프리미엄화될 것이다. 뮤지컬과 콘서트는 희소성으로 인해 티켓 경쟁이 더 심해질 것이다. 문화 기획자들은 "문화 예술은 현장에서 보고 느끼는 것이 중요한데 비대면 방식은 한계가 있을 수밖에 없다"며 "OTT와 유튜브가 디지털 문화 콘텐츠 유통의 주류가 될 수 있지만 그것이 모든 문화 콘텐츠를 대체할 유일한 방법은 아니다"라고 말했다.[15]

최근 찾아가는 문화 콘텐츠, 즉 이동식 콘텐츠 체험 사례가 증가하고 있다. 공연장, 전시장, 박물관처럼 고정된 장소에서만 관람할 수 있는 문화 콘텐츠가 움직이기 시작한 것이다. 서울시립교향악단에서는 각 자치구의 문화 및 복지 시설에서 진행했던 '우리 동네 음악회'를 2021년 4월부터 '이동식 공연'으로 전환하여 운영하기로 했다.[16] 서울시향 단원들이 300인치 전광판을 설치한 이동식 무대에서 연주하면 관객들은 거리 두기를 지키면서 감상할 수 있는 것이다. 그리고 경

그림 8-7 | 이동식 공연은 관객들의 발길을 다시 공연장으로 돌리는 마중물이 된다.

기콘텐츠진흥원은 이동형 문화 기술을 통해 개방된 야외 공간을 걸어 가며 문화 기술 콘텐츠를 감상할 수 있도록 한 이동 전시관 '스테이션 031'을 운영하고 있다.[17]

비대면과 온라인 콘텐츠 유통이 보편화된 지금, 콘텐츠의 질적 향상과 매체 환경에 적합한 방식을 찾는다면 더 이상 미디어 플랫폼 에 의해 지배되지 않는 오프라인 문화 콘텐츠만의 유통 방식을 구축할 수 있을 것이다. 또한 기존 오프라인 관람 형태는 사라지지 않고, 다 만 좀 더 나은 방향으로 진화할 것이다. 이에 대해 한국 뮤지컬 업계 에는 새로운 시장이 열리고 있다.[18] 미국 브로드웨이, 영국 웨스트엔 느와 함께 3대 뮤지컬 시장이라고 알려진 일본에 한국의 창작 뮤지컬 이 속속 수출되면서 새로운 기회가 열린 것이다. 코로나19로 인해 완 성도 높은 뮤지컬 콘텐츠가 더욱 주목받는 상황에서 K-뮤지컬에 대한 일본 내 수요가 증가하고 있다. 특히 일본 현지에서 제작되는 작품이 부족해지는 상황도 한국 뮤지컬 업계에 호재로 작용하고 있다. 이처럼 코로나19는 K-컬처가 중심이 된 공연업계에 새로운 기회를 열어 주었고 콘텐츠 기획, 제작, 연출, 배우, 굿즈 등 관련 업계는 일본, 중국 등 새로 열릴 시장에 대비해 오프라인 문화 콘텐츠 제작에 집중해야 한다.

함께 읽으면 더 좋은 책

《케이팝 시대를 항해하는 콘서트 연출기》 [김상욱 지음]
이 책은 K-pop 아티스트들의 콘서트가 어떻게 연출되고 어떤 성과를 거뒀는지를 실무자 입장에서 잘 설명하고 있다. BTS 열풍에 편승한 면이 없지 않지만 왜 콘서트가 디지털 콘텐츠로 대체될 수 없는지에 대한 관점이 고스란히 녹여져 있다. 특히 콘서트뿐 아니라 다양한 공연 연출 면에서도 많은 도움이 될 것이다.

9장

업사이징 디바이스 VS. 모바일 디바이스

집도, 차도, 화면도 거거익선의 시대가 도래하다

1. 사람과 떨어졌더니 모바일과 가까워졌더라

많은 트렌드 전망서와 전문가가 언급한 모바일 디바이스 트렌드는 다음과 같이 요약된다. 코로나19로 인해 사회적 거리 두기와 비대면 일상이 일반화되어 사람들은 집과 각자의 방에서 스마트폰 사용 시간이 늘어났고 그로 인해 스마트폰 의존도도 높아졌다. 특히 코로나19 이후 틱톡, 인스타그램 릴스Reels 등 동영상 기반의 소셜 미디어 사용 시간이 늘면서 스마트폰 카메라 활용도 역시 높아졌고, 집 안에 있는 시간이 많아지니 스마트폰과 스마트워치 등을 활용한 헬스 진단 기능 사용도 많아졌다. 여기에 스마트폰이 사물 인터넷의 허브 역할을 하면서 비대면과 무인화 사회의 마스터키가 됐다. 실제로 일상화된 재택근무, 온라인 강의, 집에서의 취미 생활은 우리로 하여금 스마트폰, 스마트워치, 무선 이어폰 등 다양한 모바일 디바이스를 갖추도록 만들었다. 특히 놀라운 것은 스마트워치 시장의 성장이다. 코로나19 이전에는 시계 그 이상도 이하도 아닌 역할 때문에 자칫 사라질 수도 있었지만 지금은 개인 건강 데이터를 24시간 모니터링하면서 질병을 예방할 수 있는 헬스케어 디바이스로 재조명된 것이다.

애플은 이런 트렌드를 적극 반영하여 애플워치에 코로나19 예방을 위한 손 씻기 카운트다운 타이머 기능, 심전도ECG 측정 기능, 혈류 산소 포화도 측정계를 추가했다. 또한 상시 마스크를 착용하는 상황에서 아이폰의 페이스 ID 잠금 해제에 불편함이 있었는데 이를 해소하기 위해 애플워치로 잠금을 해제할 수 있는 기능까지 추가했다. 이러한 경향은 갤럭시워치, 핏빗Fitbit 등에서도 발견할 수 있다. 그 결과 애플워치는 2020년 3520만 대나 팔렸는데 이는 전 세계 시계 시장을 대표하는 스위스 시계 판매량을 넘어선 것뿐 아니라 2019년 대비 30%나 증가한 수치다.[1] 더불어 한국과학기술연구원이 발표한 '헬스케어 웨어러블 디바이스' 자료에 따르면 웨어러블 의료 기기 세계 시장 규모는 2016년 3조 6845억 원에서 2021년 17조 3271억 원으로 성장했고, 국내 시장 규모도 2016년 672억 원에서 2021년 4688억 원으로 증가해 연평균 30% 이상 성장한 것으로 나타났다.[2]

한편 코로나19로 인한 스마트폰과 스마트워치 시장의 성장은 무

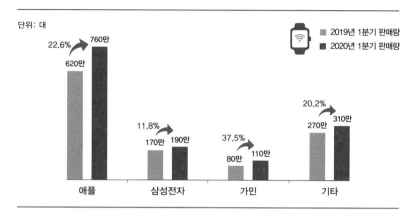

단위: 대

22.6% 760만
620만

■ 2019년 1분기 판매량
■ 2020년 1분기 판매량

11.8% 190만
170만

37.5% 110만
80만

20.2% 310만
270만

애플   삼성전자   가민   기타

그림 9-1 | 각 제조사별 스마트워치 판매량 및 전년 대비 성장률. (자료: 스트래티지애널리틱스)

선 이어폰 시장의 성장도 이끌었다. 재택근무와 온라인 강의뿐 아니라 유튜브, 넷플릭스, 게임, 음악, 오디오 북 등 다양한 디지털 미디어 콘텐츠를 즐기기 위해 무선 이어폰은 선택이 아닌 필수로 자리 잡았기 때문이다. 게다가 무선 이어폰은 단순히 통화나 청취를 편하게 해 주는 역할뿐 아니라 애플의 시리나 삼성전자의 빅스비 등 인공 지능 서비스와 번역, 통역 서비스까지 가능하게 해 준다. 이러한 편의성 덕분에 2016년 100만 대 규모에 불과했던 무선 이어폰 시장은 3년 만에 100배 이상 성장하여 2019년 1억 700만 대, 2021년에는 5억 3000만 대 규모로 전망된다.[3] 이처럼 코로나19에 따른 변화된 일상에서 스마트폰, 스마트워치, 무선 이어폰 등의 역할은 무궁무진하다. 또한 모바일 디바이스의 상용화는 물리적으로 작고 가볍고 몸에 맞는Fit 형태를 추구한다. 이런 맥락에서 우리는 사람과 거리 두기를 하는 대신 모바

그림 9-2 | 어느새 무선 이어폰은 야외 활동의 필수품으로 자리매김했다.

일 디바이스를 가까이 두게 된 것이고, 디스플레이보다는 기능에 중점을 둔 초소형 모바일 디바이스를 원하는 것처럼 보인다.

2. 활동 범위도 좁아졌는데 모바일 기기까지 작으면

우리는 초소형 모바일 디바이스에 수많은 기능을 집약해 넣고, 웨어러블이 가능하며, 코드리스Codeless를 지향하는 것이 코로나19의 메가 트렌드라고 믿었다. 하지만 모바일 디바이스는 현재 편리함과 불편함, 이익과 불이익의 경계에 있다. 코로나19가 스마트폰, 스마트워치, 무선 이어폰 등 모바일 디바이스 트렌드를 더욱 공고하게 만든 것은 사실이지만 그만큼 불편함이 따를 수밖에 없고 그에 대한 반향도 일고 있기 때문이다.

가장 큰 역효과로 지적되는 것은 물리적인 답답함이다. 코로나 19로 인해 활동 반경이 좁아진 상황에서 스마트폰을 통해 모든 활동을 대체하는 일에 큰 답답함을 느끼는 것이다. 이때 언급되는 것이 디스플레이 크기에 대한 한계다. 코로나19 발생 전에는 스마트폰의 휴대성과 이동성이 중요했기 때문에 디스플레이는 다운사이징Downsizing을 추구했다. 하지만 코로나19 발생 후에는 스마트폰으로 해야 할 일이 많아지면서 디스플레이의 업사이징Upsizing이 필요해졌다. 이에 따라 콤팩트 아이폰으로 소개된 아이폰12 미니는 당초 예상과 달리 주요 시장에서 판매에 어려움을 겪어 2021년 2분기부터 생산을 중단할 가능성이 있다.[4] 더불어 디스플레이의 업사이징 트렌드가 부상하면서 기존 스마트폰 이용 행태에 맞추었던 세로형 숏폼 콘텐츠 플랫폼 퀴비는 2020년 10월에 사업 중단을 발표했다.

또한 작지만 만능인 모바일 디바이스는 휴대성과 웨어러블을 선택한 대신 정확성을 포기했다는 지적을 받았다. 애플워치를 비롯한 스마트워치는 건강 데이터를 24시간 모니터링하고, 심전도와 혈류 산소 포화도를 측정하는 기능을 갖추었으나 문제는 정확성이다. 미국 웨스트버지니아대학교 록펠러 신경과학연구소의 실험에 따르면 스마트워치의 다양한 헬스케어 기능은 태생적으로 의료 기기보다 정확하지 않기 때문에 스마트워치가 측정한 지표는 참고용으로만 사용하라고 권고했다.[5] 특히 실제 건강과 관련된 심전도와 혈류 산소 포화도

그림 9-3 | 전문가들은 스마트워치의 기능은 참고용일 뿐이라고 강조한다.

측정 기능의 경우 심장마비, 혈전, 뇌졸중, 기타 심장 관련 질환을 감지할 수 없다고 한다. 즉, 스마트워치는 헬스케어 디바이스로서 검사 기능은 있지만 진단은 할 수 없는 한계를 안고 있는 것이다.

3. 작은 화면은 이제 그만, 업사이징이 온다

– 상향 추구의 법칙과 업그레이드 마케팅

코로나19 발생 전에는 집 크기를 줄이고 집 안의 짐도 줄이는 미니멀리즘Minimalism이 주목받았다. 차 역시 중대형보다 준준형 이하의 차를 선호하는 경향으로 나아가고 있었다. 하지만 코로나19 이후 집 안에서의 활동이 많아지고 대중교통보다 자차 활용이 많아지면서 모든 것이 바뀌었다. 오히려 예전보다 큰 집을 선호하거나 보다 큰 차를 구매하려는 움직임이 일고 있다. 그런 움직임은 디스플레이 선호 경향에도 영향을 미쳤다. 코로나19로 인해 모바일 디바이스의 사용과 활용도가 높아졌다기보다 오히려 디스플레이의 업사이징, 즉 디스플레이의 대형화를 추구하는 심리가 각종 지표로 나타난 것이다.

이런 트렌드의 배경에는 상향 추구의 법칙이 있다. 상향 추구의 법칙은 이미 경험한 것보다 더 크고 좋고 수준 높은 제품과 서비스를 추구하려는 경향, 즉 현재 수준 이하로 내려가는 것을 거부하고 그 이상으로 올라가려는 경향이다. 이는 높은 수준의 제품과 서비스를 경험하고 나면 낮은 수준으로 돌아가지 않으려는 하방 경직성이 강하다는 소비자 특성에 근거한다. 하방 경직성이란 판단의 기준이 되는 준거점 아래로 내려가지 않으려는 성향으로, 이를 활용한 마케팅으로는 업그레이드 마케팅과 레벨 업 마케팅이 있다.

– 노트북 시장 성장세가 증명한 대형 디바이스의 인기

이런 트렌드의 중심에서 가장 눈여겨볼 만한 부분은 노트북 판매량의 증가다. 많은 트렌드 전망서가 모바일 디바이스 트렌드에 주목하고 있을 때 노트북 시장은 사상 최고치로 성장하고 있었다. 재택근무와 온라인 강의, 심지어 게임까지 모바일 디바이스보다 노트북을 활용하는 게 상대적으로 편리하기 때문이다. 구체적으로 스트래티지 애널리틱스Strategy Analytics는 최근 보고서에서 2020년 3분기 글로벌

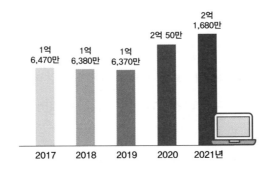

단위: 대
(2021년은 전망치)

그림 9-4 | 글로벌 노트북 출하량 추이. (자료: 트렌드포스)

노트북 출하량이 2019년 대비 34% 늘었다고 밝혔다. 또한 카운터포 인트 리서치Counterpoint Research도 "코로나19의 불확실성으로 인해 재 택근무 및 온라인 강의가 2022년까지 지속될 것이고, 그에 따라 노트 북 시장의 성장 역시 계속될 것"이라고 밝혔다.[6]

실제로 시장 조사 업체 트렌드포스TrandForce에 따르면 2020년 글 로벌 노트북 시장 성장률은 2011년 이후 사상 최고치를 기록했으며, 2020년 한 해 동안 판매된 노트북은 총 2억 50만 대 수준으로 역대 최 고치를 나타냈다. 그리고 2021년에는 2억 1680만 대가 출하될 것으로 보고 있다. 시장 조사 업체 IDC에 따르면 2019년 국내 노트북 판매량 은 235만 대였으나 2020년에는 295만 대로 25.4% 성장했다. 이런 시 장 전망에 따라 삼성전자는 사상 처음으로 노트북 신제품 '글로벌 언 팩Global Unpack'을 열기로 결정했다. 이에 대해 삼성전자 관계자는 모

그림 9-5 | 휴대성과 대화면을 모두 충족하는 노트북은 앞으로 더욱 각광받을 전망이다.

바일 디바이스 시장은 성장이 정체되고 있는 반면 노트북은 코로나19로 인해 활용도가 높아져 '노트북 르네상스' 시대를 구가하고 있기 때문이라고 밝혔다.[7]

그리고 코로나19 이후 게임을 즐기는 시간이 증가하면서 모바일 디바이스보다 노트북이나 PC를 활용해 게임을 즐기는 사람이 많아졌다. 모바일 게임을 노트북과 PC로 구동하거나 PC 기반 게임을 즐기는 사람이 늘어났다는 것이다. 클라우드 프로그램 기업 블루스택스 BlueStacks의 존 가지울로John Gargiulo 상무는 그 의미를 다음과 같이 설명했다. "PC는 여전히 중요하고 가장 큰 플랫폼이다. 신기술로 각광받는 가상 현실 게임이나 거대한 파급력을 가진 스트리밍 서비스는 모두 PC를 기반으로 성장하고 있다"고 말하며, 최근 주목받는 트위치 Twitch 역시 자기 경험을 다른 이에게 실시간으로 공유하는 PC 기반 서비스라고 강조했다. 이런 현상은 모바일 디바이스와 이동 통신망이 잘 보급되지 않은 나라에서 두드러진다. 동북 아시아나 북미권을 제외하면 모바일 디바이스와 이동 통신망 인프라는 제대로 구축되지 않았는데 그런 나라일수록 모바일 게임보다 PC 게임이 더 각광을 받는다. 이런 시장 특수성으로 인해 중국의 게임사들은 PC로 구동할 수 있는 모바일 게임 카테고리를 별도로 마련하여 관련 시장을 공략하고 있다. 이런 인식의 변화는 PC 시장을 공략할 수 있는 일종의 기회로 작용한다.

– 화면이 클수록 활용도와 만족도가 커진다

다음으로 주목할 부분은 TV 시장의 성장이다. 글로벌 시장 조사 업체 옴디아Omdia에 따르면 2020년 3분기 기준 전 세계 TV는 6287만 대가 출하됐고 281억 5300만 달러의 매출을 달성해 2019년 동기 대비 수량 기준 14.7%, 매출 기준 11.8% 성장했다.[8] 코로나19로 집에만 있는 집콕 수요가 증가했고 2020년 상반기에 구매를 미뤘던 펜트 업Pent-Up 수요가 몰리면서 TV 시장이 성장한 것이다. 특히 더욱 주지해야 할 부분은 대형 TV 시장의 급성장이다. 가전업계에 따르면 과거에는 거주 면적에 따라 TV 디스플레이 사이즈가 규정되곤 했지만 이제 거주 면적과 상관없이 시청각 거리만 확보된다면 65인치 이상 대형 TV를 가장 선호한다는 것이다.[9] 가전업계는 이에 대해 코로나19로 인해 소비자들이 집에서 드라마, 영화, 스포츠 등 TV 시청을 많이 하고 넷플릭스나 유튜브 등 TV를 통해 시청할 수 있는 콘텐츠의 선택 폭이

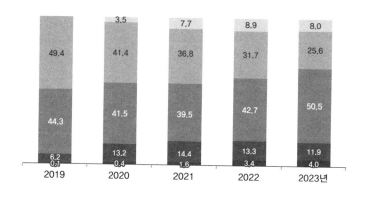

그림 9-6 | OLED 텔레비전 크기별 매출액 비중. (자료: 옴디아)

더 넓어지면서 대형 TV를 선호하게 됐다고 분석했다.

　이에, 2020년 3분기 기준 글로벌 OLED TV 시장에서 65인치 TV 매출이 55인치 TV 매출을 처음으로 뛰어넘은 것으로 나타났다. 옴디아에 따르면 2020년 3분기 글로벌 OLED TV 시장에서 65인치 TV의 매출 기준 점유율은 41.2%로 나타난 반면 같은 기간 55인치 TV 점유율은 38.7%를 기록한 것이다.[10] 65인치 TV가 매출에서 55인치 TV를 뛰어넘은 것은 이번이 처음이다. 대형 TV를 선호하는 최근 경향에 따라 OLED TV의 주력이 기존 55인치에서 65인치로 바뀌고 있는 것이다. 게다가 80인치 이상 초대형 TV 시장 역시 2020년 3분기에 2019년 동기 대비 수량 기준 146.5%, 매출 기준 80% 성장한 것으로 나타

그림 9-7 | 화면 크기와 해상도는 디스플레이 시장에 대한 기대처럼 점점 커지고 높아지고 있다.

났다.

삼성전자는 2021년 영상디스플레이 사업 비전을 'Screen for All' 이라 명명하고 NEO QLED 85인치 TV를 출시했다. 삼성전자는 가정용으로는 75인치도 크다는 인식이 무색하게 85인치를 전면에 내세운 것이다. 삼성전자 영상디스플레이 관계자는 엔터테인먼트를 비롯해 다양한 일상이 집 안으로 들어온 만큼 그에 따른 가전 구매 수요도 점차 변화할 것이라고 주장하면서 휴대성을 강조하던 모바일 디바이스에서 초대형 디스플레이가 이제 집의 주인으로 자리 잡을 것이라고 전망했다.

모바일 디바이스에서 업사이징된 PC와 TV가 시청 환경을 주도하면서 미디어 소비에도 영향을 미친다. 한국방송광고진흥공사KOBACO 에 따르면 집에 머무는 시간이 많아지면서 모든 미디어 소비가 증가했는데 그중에서 특히 한동안 줄던 TV 콘텐츠 소비가 다시보기를 중심으로 증가한 것이 큰 특징이다. 실제로 팬데믹 이후 다시보기를 통한 TV 콘텐츠 시청률은 본방송의 최소 50%, 최대 100%에 달하는 것으로 나타났다.[11] 이에 따라 TV 콘텐츠 내 PPL과 다시보기에 붙는 광고의 노출 효과도 증가했다. 더불어 최근 넷플릭스나 왓챠의 신규 콘텐츠 중 리마스터링 시리즈도 인기를 끌고 있다. PC와 대형 TV 등 업사이징 디스플레이 환경에 맞춰 4K로 재탄생한 명작들이 제공되는 것이다.

4. 큰 것을 선호하는 인간의 본능이 시장을 이끈다

소비자는 휴대성과 웨어러블을 추구하는 초소형 모바일 디바이스 트렌드와는 반대로 초대형 디스플레이를 선호한다. 재택근무와 온라인 교육의 일상화로 PC 판매량이 증가하고, 각종 디지털 미디어 콘텐츠의 선택 폭이 넓어지면서 TV 판매량도 증가한 것이 디스플레이의 업사이징을 부추겼다. 즉, 집에 머무는 시간이 늘었지만 각자의 방에서 스마트폰에 매몰되기보다 답답함과 우울함을 해소하기 위해 대형 디스플레이를 선호하게 된 것이다. 그리고 이는 한시적인 흐름이 아닐 것이다.

왜냐하면 사람들은 이미 경험한 것보다 더 크고 좋고 수준 높은 제품과 서비스를 추구하려는 경향이 강하기 때문이다. 또한 한번 높은 수준의 제품과 서비스를 경험하면 낮은 수준으로 돌아가지 않으려는 상향 추구 욕구도 강하다. 여기에 큰 사이즈와 미적 아름다움 등 외형을 중시하고 이것으로 자신을 어필하려는 소비자 심리까지 더해지면서 다운사이징은 가고 업사이징이 도래할 시점이 된 것이다.

함께 읽으면 더 좋은 책

《마케팅 불변의 법칙》 [알 리스, 잭 트라우트 지음]
마케팅 법칙의 고전에 가깝지만 이 책에서 소개하는 내용은 여전히 유효하다. 특히 이 책의 여러 마케팅 법칙은 여준상의 《한국형 마케팅 불변의 법칙 33》외 여러 책에 영향을 미쳤다. 모든 트렌드가 한곳만 바라보는 상황에서 과거에 제시됐던 법칙들을 다시 되새겨 볼 만하다.

《랭킹》 [피터 에르디 지음]
이 책은 자신과 상대를 비교하여 서열을 정하는 인간 본성에 대한 통찰을 준다. 이 책에서 소개한 서열 사회의 숨은 규칙들을 살펴보고 나면 우리가 왜 수많은 랭킹 사다리에서 자신과 조직의 위치를 업사이징하려고 하는지 깨달을 수 있다.

역발상 3

REVERSE TRENDS
IN THE COVID-19 ERA

헬스케어와
개인 건강

<table>
<tr><td>10장</td><td>로세토 효과
VS. 개인 건강</td></tr>
<tr><td></td><td>팬데믹에 맞설 최강의 무기, 안티 바이러스와 공동체 문화</td></tr>
</table>

1. 인류와 바이러스의 공존 시대가 열렸다

SF 영화에나 나올 법한 일들이 이제는 현실이 되었다. 눈에 보이지 않는 바이러스와의 전쟁과 공존, 그리고 변이 바이러스의 등장. 이제 새로운 바이러스를 맞이하는 것이 자연스러운 시대의 흐름이 되었다. 시대적 흐름을 반영하듯 WHO는 코로나19 팬데믹 선언 이전부터 신종 감염병 위기 상황에 대해 손 씻기 등 예방 수칙을 실천 항목으로 지정해 강조해 왔다.[1]

우리나라도 마찬가지다. 제5차 국민건강증진종합계획을 보면 손 씻기 등 개인위생 실천을 통한 감염병 예방과 관리가 중점 과제로 포함되어 있다.[2] 하지만 정부와 공공의 노력에도 불구하고 코로나19 이전에는 손 씻기 등 개인위생 실천이 터무니없이 부족했다. 2019년에 진행된 한 연구 결과에 따르면 공중화장실 이용자 1039명을 직접 관찰했더니 67%가 손을 씻었는데 43%는 물로만 씻었으며 22%는 비누를 사용했지만 손을 씻는 시간은 30초 미만으로 간단했다. 그리고 비누를 사용해 30초 이상 정석대로 손을 씻은 사람의 비율은 2%에 불과했다.[3] 이처럼 팬데믹 선언 이전에는 감염병 예방을 위한 개인위생 관념 수준이 낮은 편이었다. 정부에서 손 씻기 캠페인 등 막대한 예산을 들여 홍보한다 한들 무의미했던 것이 사실이다. 부모가 자식에게 "밥 먹기 전에 손 씻어야지?"라고 이야기하는 것처럼, 그리고 이유도 모르고 그저 손을 씻었던 것처럼 말이다.

하지만 팬데믹 선언 이후 '위생의 시대'가 열렸다. 모두가 위생을 생각하고 위생에 대해 이야기하는 시대가 도래한 것이다. 감염병 예방을 위한 개인 예방 수칙 이행률에 대해 메르스 상황과 코로나19 상황을 비교한 연구에서, 야외 활동 자제 비율은 메르스 당시 55.4%였지만 코로나19 상황에서는 96.7%로 증가했다. 대중교통 이용 자제 역시 41.9%에서 87.4%로, 의료 시설 이용 자제율은 58.2%에서 92.3%로 증가했다. 다중 이용 공간 이용 자제율은 47.6%에서 83.4%, 마스크 착용 비율은 15.5%에서 78.8%, 손 씻기 등 위생 실천 비율은 60.3%에서 80.2%로 상승했다.[4] 물론 지금은 마스크 착용 비율이 100%에 가까울 것이다. 마스크를 쓰지 않고 돌아다닌다면 끔찍한 상

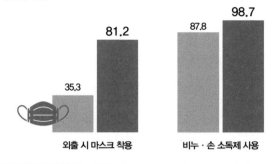

단위: %
(전국 성인 1,000명 대상)

■ 2016년(메르스)　■ 2020년(코로나19)

그림 10-1 | 감염병 예방 수칙 준수 비율. (자료: 서울대학교 보건대학원 유명순 교수 연구 팀)

황이 펼쳐질지도 모르겠다.

　코로나19 지속 상황에서 개인은 건강을 위해 꾸준하게 노력하고 있다. 특히 이런 분위기는 '안티 바이러스Anti Virus' 산업을 성장시키고 있다. G마켓에 따르면 2020년 3~7월까지 4개월간 살균 제품 판매량은 급증했다. 또한 전년 동기 대비 식기 살균기는 53%, 칫솔 살균기 28%, 살균 램프 82%, 초음파 세척기 614%가 더 판매되었다.[5] 자외선 소독 장비 시장도 마찬가지다. 시장 조사 기업 'Arizton Advisory & Intelligence'의 자료에 의하면 글로벌 자외선 소독 장비 매출은 2025년까지 연평균 약 25%의 성장을 보일 것으로 전망된다.[6] 더불어 미국 소비자들 사이에서 인지도가 높은 요리 커뮤니티 '푸드52닷컴Food52'에서도 위생의 시대에 어울리는 제품들이 인기를 끌고 있다. 스마트폰, 이어폰, 반지, 리모컨 등 소지품의 세균과 박테리아를 5분 안에

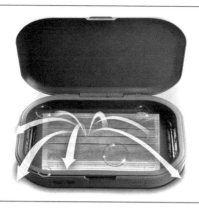

그림 10-2 | 최근에는 자외선으로 마스크의 세균도 소독해 주는 제품이 등장했다. (출처: 아마존닷컴)

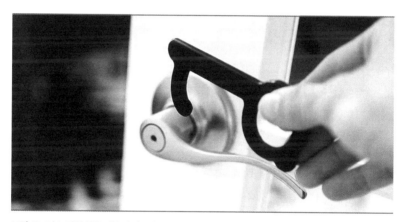

그림 10-3 | 노터치 툴을 이용하면 손을 대지 않고도 엘리베이터 버튼을 누르거나 문을 열 수 있다.
(출처: 아마존닷컴)

99.99% 살균해 주는 UV 소독 트레이가 큰 관심을 받고 있다. 더불어 ATM, 손잡이 등 어떤 표면도 터치하고 싶지 않은 소비자들을 위한 노

터치 툴No Touch tool도 인기다.[7]

코로나19 이후 우리의 삶은 바이러스와 공존하는 방식을 이해하고 되도록 바이러스를 멀리하는 방법들을 찾을 것이다. 영국연구혁신기구UKRI 최고 책임자를 지낸 마크 월포트는 "코로나19는 영원히 인류와 함께할 것"이며 "백신으로 종식될 수 있는 질병이 아니다"라고 이야기했다. 또 우리나라 방역 당국의 주 책임자인 정은경 질병관리청장도 코로나19는 예방 접종으로 근절할 수 없고 매년 발생할 수 있다고 밝혔다.[8] 다소 부정적인 이야기지만 달리 생각하면 개인위생 등 개인 건강 관리가 무척 중요한 사안으로 자리 잡게 될 것이라는 의미이기도 하다.

2. 위생의 시대에 부각된
안티 바이러스 산업과 방역 커뮤니케이션

– 안티 바이러스 상술이 우리를 어렵게 한다

개인 건강이 화두로 떠오르고 바이러스와 사투를 벌이는 시대에 우리는 안티 바이러스 제품들을 적극 구매하며 대응하고 있다. 이제 우리 삶 속에 안티 바이러스 행위들이 자리를 잡았다고 해도 무방할 정도다. 음식점에 방문했을 때 손 세정제가 없으면 이상하거나 불편하게 느껴진다. 공중화장실에서는 비누보다 핸드 워시를 찾게 된다. 그런데 아무것도 없다면? 끔찍하다. 이는 개인의 삶 속에 안티 바이러

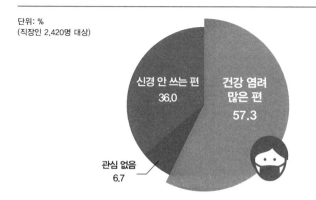

단위: %
(직장인 2,420명 대상)

신경 안 쓰는 편
36.0

건강 염려
많은 편
57.3

관심 없음
6.7

그림 10-4 | 코로나19 팬데믹 이후 건강에 대한 직장인의 관심 변화. (자료: 잡코리아, 알바몬)

스 제품들이 빠르게 자리 잡고 있다는 증거다. 잡코리아와 알바몬은 '코로나19 이후 건강 관리'라는 주제에 대해 20~40대 직장인 2420명을 대상으로 설문 조사를 실시했는데 직장인의 92.7%가 코로나19 이후 건강에 대한 태도가 변했다고 응답했다. 특히 88.5%가 손 씻기 등 개인위생 및 일상 위생에 신경을 많이 쓴다고 응답했다.[9] 이제 사람들은 더는 손 씻기 캠페인이 필요 없을 정도로 개인위생을 위해, 바이러스로부터 벗어나기 위해 노력하고 있다.

이처럼 우리 삶의 변화와 전염병의 공포는 안티 바이러스 산업을 성장시켰다. 빅 데이터 분석 플랫폼 썸트렌드Sometrend를 통해 바이러스 제거 비즈니스인 안티 바이러스 트렌드를 확인할 수 있는데 최근 연관어를 검색해 보면 시스템, 공기, 아파트, 청정, 먼지, 미세먼지, 살균, 항균 등의 키워드가 도출된다. 이런 키워드를 검색하면 안티 바이러스 산업과 직결되는 제품들이 등장한다. 항균만 검색해 보아도 항균 필름, 항균 스티커, 항균 마스크, 항균 물티슈 등 수많은 연관 제품이 등장한다. 코로나19 연관어와 안티 바이러스 제품들이 직결되는 것이다.

개인 니즈를 반영한 안티 바이러스 산업이 급성장하면서 이 트렌드를 노리는 상술도 상당히 늘어났다. 위생을 위한 개인 노력에 반하는 과대광고와 허위 광고가 늘어난 것이다. 괜찮은 것인지 판단하기 어려운 제품이 쏟아지고 있고 오해하기 쉬운 광고 메시지로 소비자들을 유혹하고 있다. 현재 제품의 성분보다는 카테고리를 중심으로 소비 행태가 이뤄지기 때문에 소비자는 쉽게 현혹될 수 있다.

이는 중소기업 제품만 그런 것이 아니다. 2021년 3월 말, 삼성전자는 공기 청정기 광고에 대한 과징금 취소 소송에서 패소했다. 과장 광고를 이유로 4억 8800만 원의 과징금이 부과되었는데 이에 대한 취소 소송에서 패한 것이다. 삼성전자는 '독감 HINI 바이러스 제거율 99.68%, 조류 독감 바이러스 제거율 99.99%, 코로나19 바이러스 제거율 99.6%, 인플루엔자 바이러스 A형 독감 99.7% 제거'라는 광고 메시지를 내걸었다.[10] 여타 바이러스 제거율을 차치하더라도 코로나19 바이러스 제거율이 99.6%에 이른다면 이 제품을 무조건 집에 들여놓아야 한다고 여기게 만든다. 삼성전자뿐 아니라 G마켓에서 판매하는 암웨이 공기 청정기의 경우 소비자의 클릭을 유도하기 위해 "코로나 잡는 공기 청정기"라는 문구를 삽입했다. 공정거래위원회는 코로나19 바이러스를 걸러 주는 공기 청정기 인증 사례는 없다고 밝혔다. 안티

그림 10-5 | 마스크 품귀 현상이 벌어졌을 때 가짜 마스크가 더 비싸게 팔려 사회 문제가 되기도 했다.

바이러스 산업에 편승해 과장광고를 했다는 이야기다.[11] 현재 아무도 잡지 못하는 코로나 바이러스를 공기 청정기가 잡을 수 있다고 하면 소비자들은 어떤 생각이 들까? 기업들의 상술이 소비자의 고민과 선택을 어렵게 만든다.

이는 코로나19로 인해 개인위생에 최선을 다하는 소비자들의 노력에 찬물을 끼얹는 상술이다. 더불어 이런 사례 하나하나가 모이면 상품과 브랜드에 대한 불신으로 이어질 것임이 분명하다. 더 안타까운 것은 가짜 상품도 판을 친다는 점이다. 마스크 품귀 현상에 편승해 가짜 보건용 마스크를 만들어 판매하다가 적발되는 사례가 많았다. 정부는 가짜 마스크 구별법을 널리 홍보하는 등 안티 바이러스 산업에 편승해 이득을 취하려는 업체들에 적극 대응하고 있다.[12] 소비자의 어려움을 이용해 가짜 상품을 만들어 이득을 취하는 것은 아주 악질적인 행위이고, 일반 소비자는 그저 업체를 믿고 구매할 뿐이다. 소비자로 하여금 진품과 가품을 구별하라는 것은 개인을 더욱 힘들게 만든다. 분명한 사실은 안티 바이러스 산업이 메가 트렌드라는 것이다. 과장광고와 허위 광고가 범람하고 가짜 상품이 속속 발견되는 것만으로도 안티 바이러스 산업이 메가 산업임을 증명해 준다.

– 톱다운 커뮤니케이션이 우리를 어렵게 한다

코로나19 상황에서 정부는 사회적 거리 두기 지침을 세우는 등 전염 확산 차단을 위해 많은 노력을 기울이고 있다. 그리고 개인도 정부의 방역 지침을 따르기 위해 끊임없이 노력하고 있다. 정부는 지금까지 톱다운Top-Down 방식의 방역 관련 커뮤니케이션을 유지하면서 핀셋 방역으로 촘촘하게 방역 활동을 이어 가고 있다. 전 세계적 유행 상황을 고려했을 때 코로나19 방역은 K-방역이라고 불릴 만큼 잘 해내고 있다. 그러나 1년이라는 시간이 훌쩍 지났다. 2021년 6월 기준, 일일 확진자는 600명이 넘는 상황이 지속되고 보건 당국은 다시 대유행할 것을 우려하고 있다. 백신 접종이 시작되었지만 확진자 수는 좀처럼 줄어들 기미가 보이지 않는다. 이런 상황에서 정부는 개인의 방역 지침 준수를 지속적으로 요구하고 있다. 하지만 코로나19 확진자가 줄어들지 않는 이유가 국민들이 방역 수칙을 준수하지 않기 때문이라고 단정할 수 없다. 개인만의 문제가 아니라는 이야기다. 현재 이뤄지는 톱다운 방식의 방역 관련 커뮤니케이션이 원인 중 하나일 수 있다.

방역 지침은 장소, 인원, 타깃에 따라 각기 다르게 홍보되고 있

그림 10-6 | 톱다운 방식 커뮤니케이션으로 인해 개인 방역 수칙만큼은 정확히 각인되었다.

다. 그런데 실제로 사람들이 기억하는 것은 5인 이상 모임 금지, 출입자 명부 작성, 마스크 착용, 손 씻기 생활화 정도다. 아주 명확하고 쉬운 메시지만 기억하는 것이다. 하지만 이런 노력에도 불구하고 확산세가 지속된다면 개인은 더욱 불안할 것이고 안티 바이러스 제품에 몰두할 수밖에 없다. 그리고 일부 기업은 이를 상술로 풀어낸다. 그리고 이런 복잡한 상황과 불안감은 경제적 충격까지 동반해 우리 사회를 병들고 어렵게 만든다.[13]

3. 공동체 문화와 로세토 효과로 팬데믹과 맞서다

– 꼬리에 꼬리를 물듯 선행이 선행으로 이어지다

코로나19 상황에서 건강 트렌드의 초점은 개인과 개인의 관계에 맞춰져 있다. 사회적 거리 두기와 개인위생 실천 방식 등은 개별적 속성Attribute에서 출발하기 때문이다. 하지만 개인의 관계적 속성Relational Property에 주목할 필요가 있다. 이는 사회 연결망 이론에 착안한 것으로, 개인의 속성에 코로나19 종식이라는 목표 지향적인 방식을 연결하면 팬데믹을 종식시킬 수 있다는 관점이다.

대표적인 사례를 살펴보자. 2020년 2월, 코로나19가 대구와 경북 지역에 급속도로 확산되던 시점에 페이스북 페이지 '대구맛집일보'는 "지금 동성로 상황은 말할 수 없을 정도로 힘들다. 도움이 필요한 업주님들께서 메시지를 주시면 최선을 다해 알리고 돕겠다. 모두 힘내시고 즐거운 대구가 빨리 오길 기다린다"는 글을 게시했다. 이후 대구맛집일보는 어려움에 처한 식당들의 사정과 이들의 재고 소진을 독려하는 글을 게시했고, 덕분에 이 식당들에서는 매진 행렬이 이어졌다. 이런 시민들의 선행은 또 다른 선행으로 이어졌다. 대구의 한 쌀국수 가게는 마스크 공급 부족으로 지역 사회가 힘들어지자 마스크 3개를 가져오면 1개 메뉴를 공짜로 제공하는 이벤트를 벌였고 이렇게 모은 마스크를 저소득층을 위해 기부했다. 한 세차 업체는 운전으로 생업을 이어 가는 운전자들을 위해 차량 연막 살균 탈취 시공을 무료로 해

그림 10-7 | 2020년 7월까지 대구를 찾은 전국의 의료 봉사진은 무려 2500여 명이었다.

주기도 했다.[14]

　어려운 상황을 함께 이겨 낸 사례는 또 있다. 2020년 2월, 수많은 의료진이 대구시 의사회의 SOS에 답하며 "가자, 대구로!"를 외쳤고, 실제로 전국의 의사들이 자신의 안위와는 상관없이 대구로 향했다. 대구에서 벌어진 선행은 또 다른 선행으로 이어졌다. 어떤 사람이 고생하는 의료진을 위해 자신의 암 보험을 깨 기부하자, 또 다른 사람들이 이 사람에게 직접 만든 밑반찬을 보내거나 기부금을 전달한 것이다.[15]

－ 공동체 문화로 바이러스도 잡고, 경제도 살리고

　공동체 문화로 어려움을 이겨 낸 사례는 공동체가 나를 지켜 줄 것이라는 확고한 믿음을 주고 이는 공동체에 소속된 개인들을 건강하게 만든다. 이것을 로세토 효과Roseto Effect라고 한다. 1660년대에 한 무리의 이탈리아 이민자들이 미국 펜실베이니아 로세토 마을에 정착 했다. 당시 로세토 마을은 먹는 것도 형편없었고 식생활 패턴도 좋지 않았다. 하지만 심장병 발병률은 미국 평균의 절반 이하였고 이 수치 는 지속적으로 낮아졌다. 오클라호마대학교에서 강의하던 내과 의사 스튜어트 울프Stewart Wolf와 사회학자 존 브룬John Bruhn은 로세토 마을 에서 이웃 간 높은 유대감과 강한 응집력을 발견했다. 가족과의 이별, 경제적 파산 등 개인의 위기 상황에서 이웃끼리 서로서로 돕는 문화가 심장병 발병률을 낮춘 요인임을 밝혀낸 것이다. 대구에서 식재료 소 진 운동이 일어나고 또 다른 선행들이 뒤를 이었으며 의사들이 대구로 향하고 이를 전 국민이 응원한 것 모두 같은 효과가 있다. 감염병과 같 은 재난은 어려운 사람들을 더욱 어렵게 만들고, 취약 계층은 생계에 큰 타격을 입는다. 대기업보다 중소기업이 먼저 쓰러지고, 중소기업 보다 소상공인이 먼저 쓰러진다.[16]

중앙 정부, 즉 방역 당국의 톱다운 방식 방역 커뮤니케이션이 중 요하지 않다는 것은 아니다. 방역 메시지가 일원화되면 국민들은 예 방에 있어 혼란을 일으키지 않으며 보다 조직적으로 개인위생에 노력 할 수 있다. 그리고 사람들이 안티 바이러스 제품을 구입해 바이러스 와 싸워 나가는 것도 방역 당국 입장에서는 긍정적인 사인이라고 할 수 있겠다. 하지만 거리를 걷다 보면 '임대 문의' 문구를 아주 쉽게 발 견할 수 있는 것처럼 많은 소상공인이 무너졌다. 어쩌면 로세토 효과 가 전국에 필요한 상황인지도 모른다. 이에 따라 개인 건강에 대한 역발상 트렌드로서 로세토 효과를 적극 활용한 정책과 산업이 더욱 주목받을 것이다.

톱다운이 아닌 보텀업Bottom-Up 방식의 공동체 문화가 지역 사회 감염을 줄여 나가고 경제도 살리며 나아가 팬데믹 종식을 이끌어 내는 지름길이 될 것이다. 사회적 거리 두기처럼 국가의 방역 시스템 초점이 개인위생 강화에 맞춰져 있지만 그 반대 개념인 로세토 효과를 통해 경제와 바이러스, 둘 다 잡아 낼 것으로 기대한다.

함께 읽으면 더 좋은 책

《아픔이 길이 되려면》 [김승섭 지음]
이 책은 질병의 본질이 수많은 관계 속에서 일어나는 것으로 보고 이를 해결하기 위한 관계성에 주목한다. 로세토 마을의 사례와 사회적 연결망이 기대 수명에 어떤 영향을 미치는지 소개하고 공동체의 책임이 어디까지인지 제시하고 있다.

《건강하게 나이 든다는 것》 [마르타 자라스카 지음]
이 책은 식단 관리나 운동이 아닌 관계의 측면에서 건강하게 살기 위한 방법을 고민한다. 그래서 가족 또는 친구와 더 많은 시간을 보내고 이웃에게 더 친절하며 측정되지 않는 것들의 효과에 주목하라고 이야기한다. 이를 통해 관계라는 것이 더 건강해질 수 있다는 점을 보여 주고 있다.

<table>
<tr><td>11장</td><td># 신체 건강
VS. 정신 건강</td></tr>
<tr><td></td><td>코로나 블루를 극복하려면 멘탈 케어보다 몸을 먼저 움직여라</td></tr>
</table>

1. 코로나 블루가
전 세계인의 멘탈을 뒤흔든다

언제쯤 이 지긋지긋한 코로나19로부터 벗어날 수 있을까? 우리 이웃부터 전 세계 시민들까지 대부분 똑같은 생각을 할 것이다. 팬데믹 상황은 많은 이를 신체적으로, 또는 정신적으로 힘들게 만든다. 코로나19가 우리 사회를 병들게 한다는 것은 누구도 부정할 수 없는 현실이 되었다. 코로나19가 야기한 변화는 우리가 인지하지 못할 정도로 우리 삶에 자연스럽게 스며들었는데 이로 인한 정신 건강 문제는 특히 큰 이슈가 되고 있다. 코로나 시대에 우울증과 불안이 크게 증가했는

단위: 명

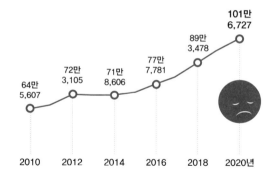

그림 11-1 | 연도별 우울증 환자 추이. (자료: 국민건강보험공단)

데, 실제로 우울증 때문에 정신건강의학과를 찾는 사람도 늘고 있는 상황이다. 국민건강보험공단에 따르면 여성의 경우 21.6% 늘었고 남성은 11.2% 늘었다. 국민의 거의 절반 가까운 사람이 우울함을 호소하고 있으며 이는 국내에 국한된 것이 아니라 전 세계적인 현상이다.[1]

한국트라우마스트레스학회에서는 2020년 3월과 5월, 2차례에 걸쳐 코로나19 관련 설문 조사를 실시했는데 3월에 비해 5월에 불안 위험군은 15%로 감소한 반면, 우울 위험군은 18.6%로 증가했다. 코로나19라는 신종 감염병에 대한 불안이 이미 우리 일상에 젖어 들어 불안감이 감소한 반면 우울감은 증가한 것이다.[2] 이처럼 코로나 시대에 정신 건강상 문제를 초래하는 우울증을 '코로나 블루'라고 부른다. 코로나 블루는 코로나19와 우울감Blue이 합쳐진 신조어로, 코로나19 상황이 1년 이상 지속되는 상황에서 생겨난 우울감과 무기력증을 뜻한

다.[3]

　코로나 블루를 맞이한 사람들은 우울감, 불안감, 무기력증 등 정신적 변화를 호소한다. 물론 코로나 블루가 생겨난 이유는 명확하다. 코로나 시대가 1년 가까이 계속되고, n차 유행을 거듭하고 있으며, 사회적 거리 두기라는 피로감 높은 지침도 이어지고 있기 때문이다. 이는 앞서 소개한 연구 결과 외에도 확인할 수 있다. 여론을 대변하는 언론에서도 그 연관성에 대해서 지적하고 있기 때문이다. 한국언론진흥재단이 운영 중인 뉴스 빅 데이터 분석 시스템 '빅카인즈Big Kinds'를 통해 최근 1년간 키워드를 분석해 보면 코로나 블루는 결국 코로나19와 사회적 거리 두기의 장기화로 인한 우울감과 불안감 때문에 발생하고 있다고 본다. 그리고 코로나 블루와 관계된 대부분의 키워드가 코로나 블루 상황을 치유하기 위한 여행 프로그램, 정신 건강 치유 정책, 심리 상담 등이었다. 코로나 블루 상황을 진단한 언론 역시 코로나 블루의 백신 역할을 위해 노력하고 있으며, 언론이 코로나19로 인한 우울증을 심각하게 받아들인다는 것은 큰 시사점을 준다.

　코로나19로 인한 우울감 극복에 언론뿐 아니라 다양한 플랫폼을 통한 해법들이 제시되고 있는데, 일상 속에서 자신의 심리 상태를 스스로 확인하고 객관적 데이터로 활용할 수 있는 애플리케이션이 개발되기도 했다.[4] 뇌 과학자이자 우울증 전문가인 알렉스 코브의 저서 《우울할 땐 뇌 과학》에서는 '최선'이 아닌 '그럭저럭 괜찮은 결정'을 내리고 행동할 것, 질 좋은 수면을 위해 노력할 것, 사소한 일에도 감사하는 습관을 기를 것, 꾸준히 운동할 것 등 코로나 블루를 극복하기 위

그림 11-2 | 팬데믹에 대한 두려움과 스트레스가 코로나 블루의 최대 원인이다.

한 방법을 추천하기도 했다.[5] 이처럼 코로나 블루를 극복하기 위해 많은 언론과 전문가가 해법을 제시하고 있다.

　이와 함께 산업적인 측면에서도 심각성을 받아들이고 코로나 블루 극복을 트렌드로 전망하는 자료가 있다. 2021년 1월 19일, 유로모니터 인터내셔널Euromonitor International이 2021년 글로벌 소비자 트렌드 10가지를 발표했는데,[6] 이중 한국 시장에서 주로 나타날 트렌드 중 '흔들리는 멘탈 관리'가 있다. 코로나 블루 상황에서 육체적 안녕 이상의 정신적 충만, 안정적인 자가 치유의 삶 등이 각광을 받을 것이라고 전망하는 것이다. 심리적으로 흔들리는 소비자들이 늘어날 것이고 이런 소비사들을 돌볼 수 있는 제품과 소비재가 등장할 것이다. 예를 들면 숙면을 돕는 드링크제, 장난감, 게임, 스트레스 해소에 도움이 되는 교육과 취미 활동 등이 그것이다. 또한 2021년부터 일반 식품에 대

한 기능성 표시제가 가능해지면서 식품 기업들은 관련 시장을 넘보고 있다.[7]

전문가들의 조언부터 시장 전망까지 다양한 코로나 블루 극복 방안이 쏟아지고 있다. 특히 밀레니얼 세대가 가장 민감하게 받아들이고 있다. 1980년대 초에서 2000년대 초 사이에 출생한 밀레니얼 세대는 현재 20대 초반부터 40대 초반으로 우리나라 경제의 역동성에 활력을 불어넣고 있다. 그런데 왕성하게 활동해야 할 밀레니얼 세대가 코로나19로 인해 멘탈 케어 서비스를 많이 찾고 있다. 어쩌면 이는 코로나19 상황에서 이 세대가 상당히 불안하다는 의미이기도 하다. 이들의 심리 상담이 늘었고, 코로나 블루 극복에 도움을 주는 앱을 사용하거나 유튜브 채널을 구독하는 등 노력해 나가고 있다. 심리 상담 업계에서는 코로나19 상황 때문에 심리 상담 주제가 계속 진화하고 있다고 말한다. 과거에는 우울과 불안, 자존감이 주요 상담 키워드였지만 지금은 분노, 트라우마, 상실이라는 키워드까지 확장된 상태다. 이처럼 멘탈 케어 산업은 더욱 세분화, 다양화되고 있다.[8]

2. 멘탈 케어만 한다고 해서 마음의 감기는 낫지 않는다

신경정신과에서는 우울증을 '마음의 감기'라고 표현한다. 감기처럼 잘 관리하면 극복할 수 있다는 의미다. 하지만 코로나 블루의 상황이 우

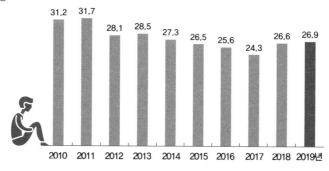

단위: 명

그림 11-3 | 국내 인구 10만 명당 자살 사망자 수. (자료: 통계청)

울감이라는 정신적 불편함을 초래한다고 해서 문제 해결의 포커스를 정신적 충만, 안정적인 자가 치유에만 맞춘다면 너무 쉽게 접근하는 것일지도 모르겠다. 좀 더 무거운 이야기를 하자면 우리나라는 OECD 부동의 자살률 1위 국가다. 2020년 9월, 통계청이 발표한 '2019년 사망 원인 통계'에 따르면 인구 10만 명당 자살률은 26.9명으로 OECD 평균 11.3명보다 2배 이상 높다. 하루 평균 37.8명이 자살하는 셈이며 엄청난 인재가 발생하고 있는 상황이다.[9] 하지만 그 어떤 정치인, 행정가, 언론인도 우리나라의 자살 문제에 대해 심각하게 이야기하지 않는다. 관여도가 높은 정신건강의학과 교수나 정신 건강 관련 심리학사, 보건학자, 의학자 정도만 이야기하는 것도 사실이다. 어쩌면 아무런 관심도 주지 않는 상황이 감기로 끝날 수 있는 문제를 독감보다 더 치명적인 질병으로 키우는 것인지도 모른다. 우울감의 지속과 악화는 결국 자살로 이어질 수 있는 문제다. 물론 자살 원인은 다양하지만 적어도 10대~30대의 사망 원인 1위가 자살이라는 문제는 주목할 필요가 있다.[10]

물론 너무 깊게 들어간 측면도 없지 않다. 우울증은 곧 자살로 이어진다는 공식은 아니기 때문이다. 하지만 우리나라의 현실을 직시했을 때 멘탈 케어 산업 정도의 트렌드만으로 치부하기에는 어폐가 있는 것이 분명하다. 사람들이 정신적 스트레스를 얼마나 받고 있는지는 빅 데이터를 통해서도 답을 찾을 수 있다. 미국의 경우 밤 11시부터 새벽 3시 사이에 '휴식' 관련 검색이 최고점을 찍었는데, 이는 우리나라도 비슷할 것이다. 활동량이 줄어든 밤 시간대에 스트레스와 우울감이 연쇄적으로 찾아오면서 숙면을 취하지 못하는 사람이 늘고 있다는 의미다.[11]

업계에서도 비슷한 이야기를 하고 있다. 힐링 앱을 개발한 스캐터랩은 2020년 5월 출시 이후 5개월 만에 누적 이용자 수 20만 명을 넘어섰다고 밝혔다. 8월에 유료 서비스로 전환했음에도 불구하고 이용자 수는 계속 증가하고 있으며, 특히 밤 10시부터 새벽 3시 사이에 평균 1만 명이 넘는 사람이 이용한다.[12]

하지만 이런 멘탈 케어가 코로나 블루의 본질적인 해법이 될 수 있을까? 어쩌면 잠시 배고픔을 달래기 위해 인스턴트식품을 먹는 것과 다르지 않을 것이다. 본질적인 문제는 개인이 아무리 노력한다고 해도 코로나 블루의 심각한 상황에 직면하게 되면 큰 도움이 되지 않는다는 것이다. 잠시 극복했을 뿐이지만 결국 다시 이용해야 하는 무

그림 11-4 | '꿀잠'에 대한 소구가 많아지면서 숙면을 도와주는 앱이나 콘텐츠가 많아졌다.

한 루프를 경험하게 될지도 모르겠다. 코로나 상황은 사람들을 상당히 예민하게 만들었고, 이런 예민함은 알게 모르게 우리 사회 전체로 퍼져 나가고 있다. 코로나 블루는 개인위생처럼 개인의 멘탈 케어로 해결될 수 있는 문제가 아니다. 코로나19로 인한 피로감과 불안감이 상당한 수준에 이른 만큼 사회 전반적으로 불안도가 매우 높고 정신 건강에 적신호가 켜진 상황이다. 멘탈 케어 산업을 단순히 메가 트렌드로 보기에는 문제가 있는 것이다.

3. 코로나 블루 맞춤 처방, 육체 활동 장려 정책과 서비스

– 마음에 활력을 불어넣는 스포츠와 치유 농업

우울감을 마음의 감기로 바라본다면, 그리고 자살 문제로 심각하게 발전하지 않는다면 대부분 육체 활동을 통해 충분히 극복될 수 있다. 멘탈 케어 산업은 메가 트렌드임이 분명하지만 이는 잠깐의 회복을 위한 조치일 뿐이다. 결국 육체의 측면에서 풀어 나가야 한다. 서울대병원 간담췌외과 이광웅 교수의 사례를 살펴보자.

이광웅 교수는 국제사업본부장으로서 해외 병원 위탁 운영 책임자로 일하다가 코로나19 이후 해외 프로젝트와 원정 수술이 모두 취소되었다. 이 때문에 해외에 병원 건물이 완공되었지만 개원이 미뤄지는 등 무기력한 상황이 계속됐다. 그는 밀려오는 우울감을 극복하기 위해 테니스 동호회에 가입하고 활동을 시작했다. 그렇게 6개월 후 이광웅 교수는 자신의 행복에 만족스러워졌다. 운동을 시작하기 전에는 하루 종일 피곤했지만 이제는 피로가 개선되고 머리도 맑아져 수술에 임할 때 큰 도움이 되었다. 특히 테니스는 네트를 사이에 두고 떨어져 공을 치는 스포츠이기 때문에 코로나19 감염 위험도 적다.[13] 이광웅 교수의 사례는 마음의 감기를 육체 활동으로 회복한 케이스라고 할 수 있겠다.

코로나19 확산 이후 영국에서는 치유 농업이 인기를 끌고 있다. 치유 농업은 농장처럼 넓고 개방된 환경에서 축사를 관리하는 등 육체

그림 11-5 | 치유 농업은 정서 안정 효과뿐 아니라 장애인 복지, 농가 발전에도 도움이 된다.

활동을 통해 우울감을 잊는 방법이다. 영국 학생 리암 홀트는 사회적 거리 두기 등으로 인해 분노감을 느끼거나 우울증이 심해졌는데 치유 농업을 경험하고 나서 많이 나아졌다고 이야기한다.[14] 우리나라의 경우 농촌진흥청이 국민 건강 증진과 농업에 활력을 불어넣기 위해 4대 중점 방향으로 치유 농업을 추진한다고 밝혔다. 치유 농업을 통해 정서 안정을 노리고, 스트레스에 대처할 수 있게 하며, 우울감을 해소시키겠다는 것이다.[15] 정부 역시 육체 활동을 통해 정신 건강 문제를 일부 해결할 수 있다고 바라보고 있는 것이다.

– 리테일 테라피, 쇼핑을 하면 몸도 마음도 건강해진다!

리테일 테라피는 쇼핑을 통해 상품과 서비스를 얻는 것 이상으로 자기 자신의 부정적 기분을 전환하거나 해소하는 것이다. 즉, 육체적 활동을 통해 우울감에서 벗어나는 또 다른 방법인 것이다. 소비자들은 기분이 부정적일 때 옷이나 액세서리 등을 구입하면 자아 이미지가 향상되고 주의도 분산된다.[16] 또한 이런 행위는 긍정적 감정을 유지시키고 부정적 감정을 치유하는 보상적 소비 행위이기도 하다.[17] 그런 맥락에서 일반인들이 즐길 수 있는 아주 간단한 육체 활동은 어쩌면 쇼핑일지도 모르겠다. 안타깝게도 코로나19 상황에서 2020년 오프라인 유통업계의 매출은 3.6%나 감소했다. 하지만 반대로 팬데믹은 온라인 유통업계 성장을 촉발하기도 했는데 대략 18.4%의 매출 증가를 기록했다. 이는 일반 소비자들이 오프라인 쇼핑을 하지 않았다는 것, 결국 그만큼 육체 활동이 저조했다는 의미이기도 하다.

유통업계는 오프라인 매장에 대한 고민으로 리테일 테라피 전략을 앞세우기 시작했다. 쇼핑을 통한 힐링을 선사하겠다는 의도다. 즉, 쇼핑 공간에 힐링과 치유의 공간을 더해 소비자들에게 육체적 활동을 동반시키겠다는 전략이다.[18] 예를 들어 복합 문화 공간인 '식물관 PH'는 자연 친화적인 실내 인테리어로 고객에게 힐링을 제공했고 코로나19 때문에 지친 사람들을 매장으로 불러들였다. 롯데백화점 대전점은 도심 속 힐링 공간 콘셉트의 '소담원'을 오픈했다. 이처럼 오프라인 매장들은 리테일 테라피를 통해 고객들의 육체적 활동을 독려하고 있다.

인생이 고단할 때 그 고단함이 쇼핑을 하게 만든다는 이야기가 있는 것처럼,[19] 리테일 테라피는 우울감을 극복시키는 역할을 할 수 있다. 《소비자심리학저널Journal of Consumer Psychology》에서 심리학자 니키타 가그Nitika Garg와 제니퍼 러너Jennifer Lerner는 사람들이 슬픔을 느낄

그림 11-6 | 쇼핑 공간에 플랜테리어를 접목해 고객에게 도심 속 힐링 공간을 선사하고 있다.

때 무의식적으로 새로운 상품을 원하기도 하며, 소비자 심리 측면에서 보더라도 기분 나쁠 때 소비 욕구가 높아지거나 소비를 함으로써 기분이 좋아지는 것은 자연스러운 심리라고 주장했다. 이런 주장과 사례들을 통해 육체적 활동을 독려하는 리테일 테라피는 분명 마음의 감기를 극복할 수 있는 강력한 치유 장치일 것이다.

― 마음이 아플수록 육체부터 다스리는 지혜가 필요할 때

정신이 육체를 지배하는 것이 아니라 육체가 정신을 지배한다는 말이 있다. 앞서 소개한 육체 활동은 마음의 감기를 극복하는 데 효과적인 방법들이었다. 육체가 정신을 지배한다는 이야기가 틀린 말은 아니라는 뜻이다. 드라마 〈미생〉에서 주인공 장그레의 바둑 스승은 이렇게 이야기한다. "네가 이루고 싶은 게 있다면 체력을 길러라." 몸이 아프면 아무것도 하기 싫다. 감기에 걸려서 목과 머리가 아프면 밖에 나가는 것도 싫고 공부며 업무며 모든 것이 싫어진다. 멘탈 케어 제품과 콘텐츠가 코로나 블루 극복에 대한 정답은 아니라고 앞서 수차례 강조했다. 이는 인스턴트식품을 섭취하는 것과 같은 임시방편일 뿐 마음의 감기는 육체 활동을 통해 극복해야 한다.

육체 활동이 줄어들면 문제가 생긴다는 연구 결과도 있다. 2020년 9월, 서울시는 '코로나19 이후 달라진 시민 일상'에 대한 실태 조사 결과를 발표했는데 코로나19 발생 후 정신 건강이 나빠졌다는 응답자가 40%(1489명)에 이르렀다. 나빠진 이유를 살펴보면 거리 두기로 인한 여가 생활 부족, 야외 활동 감소, 대인 관계 부족 등이었다. 결국 육체 활동이 부족해진 상황이 정신 건강 문제를 야기하고 있는 것이다.[20]

이와 비슷한 해외 연구 결과도 있다. 포르투갈 연구 팀이 우울증 약으로도 치료가 안 되는 환자 150명을 두 그룹으로 나누고 12주 동안 한쪽은 약을 먹고 유산소 운동도 하게 했고, 다른 한쪽은 약만 먹도록 했는데 운동과 약물 치료를 병행한 사람들의 증상이 26%나 개선되었다. 브라질에서는 성인 400명을 대상으로 연구했더니 운동을 많이 한 사람은 그렇지 않은 사람에 비해 우울증에 걸릴 위험이 68%나 낮게 나타났다. 미국 로체스터대학교의 연구 팀이 1000명 이상을 대상으로 진행한 연구에서는 활발한 사람일수록 우울증 증세가 더 낮다는 것이 확인됐다.[21]

'육체가 정신을 지배하는가, 정신이 육체를 지배하는가'의 문제는

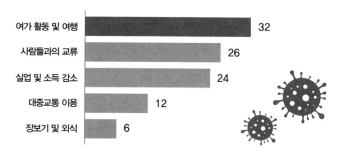

여가 활동 및 여행	32
사람들과의 교류	26
실업 및 소득 감소	24
대중교통 이용	12
장보기 및 외식	6

그림 11-7 | 코로나19 이후 서울 시민은 무엇이 가장 힘들어졌을까? (자료: 통계청)

'닭이 먼저냐 달걀이 먼저냐'처럼 논리 싸움이 아니다. 코로나19는 마음의 감기인 코로나 블루를 악화시켰고, 작금의 상황은 육체적 활동을 통해 정신 건강 문제를 극복하는 데 방점이 있다. 멘탈 케어를 위한 정책과 서비스 도입만이 중요한 게 아니다. 정신 건강 분야의 역발상 트렌드로서 리테일 테라피와 같은 육체 활동을 장려하는 정책과 서비스가 정신 건강 문제의 해법이 될 것이고, 관련 분야는 더욱 크게 주목받을 것이다.

함께 읽으면 더 좋은 책

《나는 달리기로 마음의 병을 고쳤다》 (스콧 더글러스 지음)
이 책은 막연한 불안과 우울, 그리고 마음의 감기를 러닝이라는 육체적 활동을 통해 떨쳐낸 러너의 이야기를 생생하게 그리고 있다.

《건강의 배신》 (바버라 에런라이크 지음)
이 책은 우리가 상식이라고 생각했던 건강 관리 비법의 이면을 폭로한다. 건강 문제가 닥쳤을 때 우리가 해결할 수 있다고 여겼던 방법들이 틀릴 수도 있음을 밝힘으로써 건강에 관한 역발상을 보여 준다.

1. 원격 의료·비대면 진료의 시대가 막을 올리다

이런 장면을 상상해 보자. 사물 인터넷을 활용해 개인의 건강을 체크하고 문제가 생겼을 경우 의사에게 원격으로 상담과 진료를 받으며 의약품을 배송받는 것. 이런 상상이 코로나19로 인해 현실로 이루어질 것이라는 기대로 바뀌고 있다. 우리나라는 비대면 진료에 대해서 무척 보수직이있지만 코로나19는 이런 우리나라를 변화시켰다. 늘어나는 확진자로 인해 병원이 폐쇄되는 것을 방지하고, 위급하지 않은 환자들의 의료 기관 방문을 줄이고자 전화 상담 및 처방을 한시적으로

그림 12-1 | 적극적인 비대면 진료 덕분에 무분별한 지역 감염과 2차 감염을 막을 수 있었다.

허용하기도 했다. 물론 의료계의 반발이 있기는 했지만 정부는 고혈압, 당뇨 등 만성 질환자만을 대상으로 한 원격 진료를 허용하는 방식으로 정책을 수정하면서 국내 최초로 비대면 진료를 시행하였다.[1] 2020년 2월부터 5월까지 약 3개월 동안 국내 3853개 의료 기관에서 약 26만 건의 전화 상담 및 처방이 이루어졌다.[2] 비대면 진료로 인한 의료 사고는 없었고 실제로 국민들은 상당히 만족해했다.

WHO는 원격 의료를 "정보 및 통신 기술을 사용해 모든 분야의 보건 의료 종사자가 원거리의 환자에 대해 질병 및 부상의 진단, 치료, 예방, 연구, 평가 등 지속적으로 정보를 교환하고 모든 의료 종사자에 대한 지속적인 교육, 개인과 지역 사회의 건강을 증진시키는 건강 관리 서비스"라고 정의한다. 더불어 사회와 과학 기술이 발달함에 따라 개념이 확장되고 있다고 이야기한다.[3] 세계의사회World Medical As-

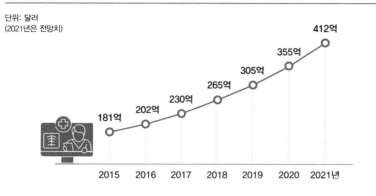

단위: 달러
(2021년은 전망치)

412억

355억

305억

265억

230억

202억

181억

2015 2016 2017 2018 2019 2020 2021년

그림 12-2 | 세계 원격 의료 시장 규모. (자료: 스테이티스타)

sociation, WMA는 원격 의료를 "원거리에서 원격 통신 체계를 통해 임상 자료, 기록, 기타 정보를 전달받아 질병에 대한 개입, 진단, 치료 등을 결정하고 권고하는 의료 행위"라고 정의한다.[4] 이처럼 원격 의료에 대해서 확고한 정의들이 존재하며 그만큼 허상의 개념이 아니다. 분명한 사실은 원격 의료가 임상적으로 효과적인 분야가 존재한다는 것이다. 정신 및 불안 장애 등 심리 치료, 심장 질환과 호흡기 질환에 대한 모니터링, 고혈압과 당뇨 등 만성 질환 관리, 금연 프로그램 운영 등의 분야에서 실제적인 효과가 있다는 것이 다양한 연구를 통해 밝혀졌다.[5]

원격 의료에 대한 긍징직 상황은 결국 코로나19로 인해 촉발되었다. 코로나 시대에 환자들은 병원 방문을 두려워하게 되었고 덕분에 원격 의료에 대한 니즈가 강해진 것이다. 코로나19 확진자로 오해

받을 수 있다는 우려와 이로 인한 사회적 낙인의 두려움은 병원 방문을 주저하게 만든 요소가 되었다. 이는 우리나라에서 비대면 진료가 시범 운영되어 약 26만 건의 전화 상담 및 처방이 이루어졌다는 것만 봐도 충분히 알 수 있다. 그렇다면 해외는 어떨까? 미국의 경우 원격 의료에 대한 규제 완화 지침을 내놓았고, 미국 FDA는 코로나19 팬데믹 기간 동안 원격 의료에 필요한 의료 장비 사용 규제를 완화했다. 맥박·산소 측정기, 비침습성 혈압 측정기, 호흡수·호흡 빈도 측정기, 임상 전자 온도계, 전자 청진기, 비침습적 심전도 검사, ECG 소프트웨어 프로그램 및 심장 모니터링 원격 장치 등을 블루투스, 와이파이, 셀룰러와 연결해 무선 네트워크 환경에서 활용하도록 한 것, 그리고 이를 통해 환자의 측정값을 의료 서비스 제공자에게 직접 전송하고 의사가 비대면 상태에서 환자의 특정 상태나 질병 여부를 진단할 수 있게 한 것이다.[6] 이는 비대면 진료가 얼마든지 가능하다는 의미다. 일본의 경우는 의사 대 의사의 원격 의료와 의사 대 환자의 원격 의료를 명확히 구분하고 있다. 후생노동성은 난치병 환자, 당뇨병 환자, 천식 환자, 고혈압 환자, 아토피성 피부염 환자 등을 원격 진료 대상으로 제시하고 있다.[7]

원격 의료의 필요성이 커짐에 따라 스마트 헬스케어 산업 역시 더욱 성장하고 있다. 스마트 헬스케어 산업은 의료와 ICT 기술이 융합된 것으로 의료 데이터를 기반으로 이용자의 건강 상태를 실시간 분석하여 제공하는 산업이다. 과거에는 치료 중심의 의료 서비스였지만 디지털 기술의 접목으로 환자의 진단, 질병 예방 및 관리 영역으로 진화

그림 12-3 | 환자의 상태를 파악할 수 있는 개인용 헬스케어 제품도 다양하게 출시되었다.

하게 되었다.[8]

　더불어 질병 및 장애를 치료하기 위해 앱, 게임, VR 등을 활용하는 디지털 치료제Digital Therapeutics 시장도 급성장하고 있다. 글로벌 시장 조사 기관 리서치앤드마켓은 디지털 치료제 시장 규모가 2021년 26억 달러에서 2025년 69억 달러까지 성장할 것으로 전망한다. 디지털 치료제는 합성 화학물, 바이오 의약품에 이어 3세대 치료제로 불리우는 만큼 시장의 성장에 대한 기대가 크다.[9] 물론 우리나라에서는 의사와 의사 간 원격 의료 형태로 집도하는 방식은 의료법 제34조에 의해 특정한 상황하에서는 허용되고 있다. 하지만 의사와 환자 간 원격의료에 대해서는 허용하지 않고 있다. 그럼에도 불구하고 코로나19 상황에서 한시적으로 허용했다는 점, 의료 기관들이 ICT나 AI 등을 접목한 스마트 병원 구축에 열을 올리는 것, 대면 진료와 비대면 진료

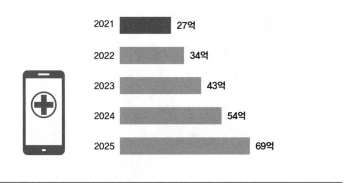

단위: 달러

2021	27억
2022	34억
2023	43억
2024	54억
2025	69억

그림 12-4 | 세계 디지털 치료제 시장 규모 전망. (자료: 리서치앤드마켓)

에 대한 다각적인 논의 등의 노력이 진행되고 있는 만큼 이제 원격 의료는 선택이 아닌 필수라고 할 수 있다.[10]

2. 원격 의료의 핵심, 헬스 커뮤니케이션과 라포르 형성

원격 의료의 필요성은 코로나19 상황에서 더욱 부각되는 것이 사실이다. 하지만 우리나라 의료 서비스 현장에서는 분명 문제가 있어 보인다. 적어도 '의료 서비스'라는 측면에서 더욱 그렇다. 개인적인 경험을 예로 들어 보겠다. 집안 어른을 모시고 대학병원을 방문한 적이 있었다. 담당 의사는 해당 분야의 최고 권위자였고 언론에도 자주 소개되었던 사람이었다. 하지만 환자에게 주어진 진료 시간은 단 5분뿐이었다. 게다가 환자의 병에 대해 설명할 때마다 의사는 관련 증상에 대해 잘 알고 있다며 말을 끊기 일쑤였다. 결국 환자의 상태나 생각을 제대로 전달하지 못한 채 병원 문을 나서고 말았다. 돌이켜보면 과연 원격 의료가 활성화된다고 해도 이런 형태의 '의료 서비스'가 개선될 수 있을지 의문이다.

3차 병원인 대학병원은 거점 도시에 존재하므로 대학병원에 방문하기 위해서는 거점 도시로 진입하는 동안의 여러 물리적 피곤함을 해결해야 한다. 또한 병원에 도착해서도 접수증 발급과 대기 등 다양한 미션을 해결해야 한다. 하지만 그렇게 맞이한 의사는 단 5분간의 칼질로 환자의 마음을 도려낸다. 오히려 약국에서 약에 대한 설명을 들은 시간이 더 길게 느껴질 정도다. 물론 더 많은 환자를 수용해야 하는 병원의 입장과 더 많은 환자를 진료해야 하는 의사의 노동 강도는 충분히 이해할 수 있다. 그럼에도 불구하고 고객인 환자가 상실감과 박탈감을 경험한 것에는 변함이 없다. 환자는 의사의 이야기를 전혀 이해하지 못한 채 그저 약에 의존하고, 의사는 혼자만 이해하면 된다는 식이므로 쌍방향 커뮤니케이션이 전혀 이뤄지지 않는 상황이다. 이는 커뮤니케이션 영역 중 헬스 커뮤니케이션Health Communication이 발달하게 된 이유이기도 하다. 헬스 커뮤니케이션은 헬스라는 전문 영역을 대중에게 쉽게 전달하기 위한 전략으로, 국내에서는 메르스와 코로나 19 등 신종 감염병 상황에서 주목받기 시작한 학문이다.

앞서 이야기한 것처럼 원격 의료는 현재와 같은 감염병 위기 상황

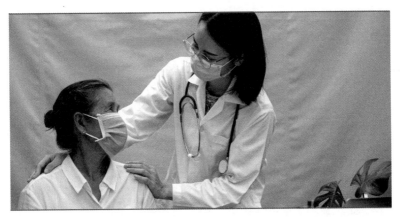

그림 12-5 | 대면 상황에서도 신뢰 형성이 쉽지 않은데 비대면이라면 더 어렵지 않을까?

에서 긍정적인 영향을 미친 것이 사실이다. 하지만 코로나19 상황이 닥치지 않았다면 과연 원격 의료를 긍정적으로 볼 수 있을까? 의료 현장에서 의료 사고와 의료 분쟁이 일어났을 때 중요하게 여기는 부분이 바로 의사와 환자 간의 라포르Rapport 형성이다. 라포르는 두 사람의 상호 신뢰 관계를 나타내는 용어로서 서로 마음이 통하는 것, 무슨 일이든 털어놓을 수 있는 것, 더불어 상호 이해하는 신뢰 기반의 개념이다. 의사와 환자 간 라포르가 형성되어 있으면 의료 사고 발생 시 사전에 의료 분쟁을 막을 수 있다고도 이야기한다.[11] 하지만 우리의 경험처럼 의사와 환자 간에 낮은 수준의 라포르가 형성되면 의료 사고나 의료 분쟁이 발생했을 때 긍정적인 기대를 하기 어려운 것도 사실이다.

물론 현재의 진료 환경은 라포르 형성에 어려움이 있을 수밖에 없는 부분도 있다. 대학병원도 결국 대기업이고 거점 2차 병원도 기업이

니까. 환자는 '돈'이고, 병원은 돈을 벌어야 하며, 돈을 벌기 위해 의사는 끊임없이 환자를 받아야 한다. 환자와의 커뮤니케이션 시간이 길어질수록 돈을 적게 벌 수밖에 없는 구조다. 더불어 돈을 더 많이 벌기 위해 의사는 미디어에 노출되어야 하고 병원으로부터 인정도 받아야 한다. 이렇게 의사는 바쁘다. 환자와의 라포르 따위 사치인 셈이다. 이런 상황이 원격 의료가 도입된다고 해서 해결될 수 있을까? 오히려 문제는 더욱 심각해 보인다. 환자들이 디지털 환경에 쉽게 적응할 수 있을지에 대한 의문도 있다. 지금 현재도 많은 환자가 병원을 방문하면 직접 접수증을 뽑고, 처방전을 인쇄하기 위해 병원 도우미의 도움을 받는다. 그런데 누구의 도움도 받지 않고 원격 의료 환경에 접속할 수 있을까? 여기에는 큰 문제가 있다. 디지털 기기에 익숙하지 않은 사람들은 라포르 형성은커녕 정보 소외와 함께 질병 예방으로부터 더욱 고립될지 모른다. 원격 의료가 도입되어 물리적 문제가 해결된다 하더라도 진료 방식은 나아지지 않을 것이고, 더불어 접근성이 더욱 악화되어 또 다른 물리적 문제가 발생할 것이다.

3. 디지털 의료,
몸은 멀어져도 마음은 더 가까워진다

– 의사와 환자 간 거리를 좁혀 줄 헬스 리터러시
미디어 환경은 급변하고 누구나 보건 전문가를 자처할 수 있을 정도로 온라인 정보는 홍수처럼 쏟아지고 있다. 하지만 잘못된 건강 정보를 습득하고 이해하면 건강에 심각한 문제를 초래할 수 있다.[12] 더불어 잘못된 정보로 인해 의사와 환자 간 소통 간극이 더욱 벌어질 수 있다. 의사가 정확한 정보를 설명해 주어도 유튜버 말을 신용하는 환자라면 소통이 되지 않을 것이기 때문이다. 특히 이런 상황은 소득 수준과 지역에 따라 더욱 심해지고 있어 건강 불평등을 야기하고 사회적 문제로 불거질 수 있다. 잘못된 건강 정보 습득은 사회 문제로도 확장될 수 있음을 숙지해야 한다.

헬스 리터러시Health Literacy는 이런 문제를 해결하고 의사와 환자 사이의 간극을 줄여 줄 수 있는 개념이다. 헬스 리터러시는 일상에서 스스로 건강 관련 정보를 얻고 이해하며 이를 적절히 활용할 수 있는 능력을 의미한다. 특히 보건 의료 분야는 환자의 정보 접근성이 상당히 제한적이고 이로 인해 정보의 비대칭 현상이 심하게 나타나는 편이다. 아무리 환자가 의료 정보에 접근해도 전문적인 내용을 이해하기는 어렵기 때문이다. 그만큼 헬스 리터러시는 환자와 의사 간 관계 형성을 넘어 의료 지식 수준의 향상도 기대할 수 있는 매우 중요한 영역 중 하나이다. 실제로 낮은 수준의 헬스 리터러시가 형성된 사람은 의약품 복용량을 충분히 이해하지 못해 제대로 복용하지 못할 가능성이 높다.[13]

해외에서는 헬스 리터러시를 매우 중요하게 여기고 있다. 미국의 경우 2010년 'National Action Plan to Improvbe Health Literacy' 보고서를 통해 헬스 리터러시 향상을 위한 7대 목표와 전략을 수립했다. 주요 내용을 살펴보면 보다 정확하고 쉽게 접근할 수 있으며 실천하기 쉬운 건강과 안전 정보 개발과 보급, 보건 의료 체계 변화를 통한 건강 정보, 커뮤니케이션, 의사 결정, 의료 서비스 접근성 개선, 전 교육 과정에 정확하고 표준적이며 적절한 건강과 과학 정보 반영, 지역에 맞는 성인 교육과 건강 정보 제공 지원, 협력 체계 구축, 지침 개발, 정책 변화, 건강 문해력을 높이기 위한 기초 연구와 개발, 실행과 평가에 기반한 건강 문해력 증진 프로그램 확산과 적용 등으로 수립된 목표와 전략이 무척 구체적임을 알 수 있다.[14]

더불어 유럽 국가들도 유럽 연합의 권고 사항에 기반한 건강 문해력 제고를 위해 학교 차원의 교육 프로그램을 강화하고 있다. 문해력은 결국 커뮤니케이션을 의미하고, 현재 헬스 커뮤니케이션이 주목받는 이유이기도 하다. 코로나19로 인해 보건 의료 소통은 더 크게 주목받고 있다. 손 씻기, 기침 예절 등 사람들의 헬스 리터러시 수준이 올라감에 따라 감염병 대응도 상당히 순조롭게 이뤄지고 있는 것이 그 증거다. 그러므로 헬스 리터러시는 의사와의 라포르 형성을 촉발할 수 있는 쌍방향 커뮤니케이션의 윤활유 역할을 한다. 그리고 다양한 미디어 환경에서 건강한 헬스 정보의 습득은 헬스 리터러시의 향상을 이끌어 낼 것이다.

– 헬스 리터러시 구축의 관건은 라포르 형성

포털 사이트의 검색창에 '동네 병원이 좋다'라는 키워드를 넣으면 수많은 블로그 콘텐츠가 검색되는 것을 알 수 있다. 이러한 결과는

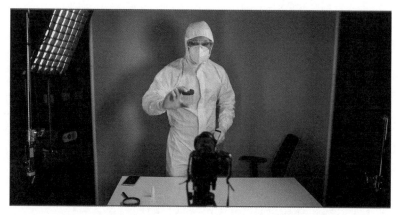

그림 12-6 | 유튜브와 SNS에는 자칭 전문가들의 가짜 뉴스와 유사 과학 정보가 넘쳐난다.

2차 또는 3차 병원에서 환자들이 경험했던 불편과 불쾌감을 배설하는 것이고, 이는 환자와 의사 간 라포르 형성이 낮은 수준에 머무르고 있음을 보여 주는 것이다. 미디어가 다양화되고 의사 출신 유튜버들이 범람하며, 많은 사람이 레거시 미디어Legacy Media에 등장하는 의사들의 정보를 그대로 받아들이는 상황에서 낮은 수준의 헬스 리터러시는 자칫 소통의 벽으로 작용할 수 있다. 자신의 병을 제대로 파악할 수 있는 것은 미디어가 아니다. 바로 자신이 방문한 병원의 의사다. 결국 헬스 리터러시 향상을 위해 가장 중요한 것이 의사와의 라포르 형성임을 알 수 있다. 라포르는 의사와 환자 사이의 조화롭고 즐거운 관계를 말하며 개인적인 유대감, 치료적 동맹과 관계를 뜻한다.

더불어 라포르는 환자와 의사 모두에게 긍정적인 영향을 미친다. 의사의 입장에서는 환자와의 신뢰가 형성되고 전문성과 자신감이 상승한다. 환자 입장에서는 제공된 서비스에 대한 만족감과 의사에 대한 충성도가 증가한다.[15] 디지털 의료 체계를 구축하고 원격 의료를 활성화하는 것이 메가 트렌드이긴 하지만 현재 상황과 여러 사례를 통해 알 수 있듯이 결코 긍정적인 상황은 아니다. 원격 의료가 활성화되어도 낮은 수준의 라포르와 디지털 접근성의 어려움은 결국 원격 의료의 문제점으로 지적될 수밖에 없다. 이처럼 헬스 리터러시가 주목받는 상황에서 의사와의 라포르 형성은 진정한 역발상 트렌드인 셈이다.

– 진정한 의료 서비스는 소외 계층을 향해야 한다

라포르 형성의 방점은 결국 물리적 거리를 해소하는 데 있지만 노인들에게는 어려운 것이 사실이다. 이는 원격 의료 환경에서도 마찬가지다. 왜냐하면 디지털 기술이 또 다른 물리적 거리를 만들어 낼 것이기 때문이다. 2025년에 노인 인구가 1000만 명이 될 것이라고 전망되는 가운데, 병원 내원 시 가족을 대신해 전문성을 갖춘 동행 매니저가 병원 일정을 돕는 병원 동행 서비스가 주목받고 있다. 간호사, 간호 조무사, 요양 보호사 등 자격을 갖춘 이들이 소외 계층의 병원 동행을 서비스하는데, 이는 라포르 형성을 촉진할 수 있는 영역이다.[16] 동행 서비스업체 고위드유GowithU는 의사의 진료 내용을 메모하여 환자에게 전달해 주거나 환자가 원할 경우 의사와의 직접 소통을 대신하는 등 고객에게 최적화된 서비스를 제공한다. 이는 앞서 이야기한 헬스 커뮤니케이션을 활용한 사업 영역이다.[17]

이제 의료는 서비스인 만큼 병원들은 디지털 의료 시장에 대응할

그림 12-7 | 동행 매니저는 다양한 전문성을 바탕으로 환자와 의사 간 윤활유 역할을 한다.

것이 아니라 환자와의 라포르 형성을 위한 전략과 전술을 고민해야 한다. 사회학자 조지 호먼스George C. Homans가 창시한 교환 이론은 개인이나 사회적 관계에서 일어나는 행동과 그에 따른 보상을 의미하는 개념이다. 이 이론에 따르면 관계는 비용과 보상의 교환이라는 관점에서 형성하는 것이며, 그것이 물질적이든 비물질적이든 주고받음이 지속되어야 상호 관계가 성립된다. 결국 환자와 의사 간 질병 정보를 주고받는 것도 지속되어야 상호 관계가 성립된다는 것이다. 이를 위해서는 우리나라에서 친숙하지 않은 라포르 형성을 극대화할 수 있도록 주치의 제도를 도입하는 등 진화된 의료 서비스 형태가 필요하다. 디지털 의료와 원격 의료 시대에 환자와의 라포르 형성은 역발상 트렌드로서 주목받게 될 것이며, 헬스 커뮤니케이션 산업 분야에서도 핵심 사업 아이템이 될 것이다.

함께 읽으면 더 좋은 책

《라포》 [마이크 아길레라 지음]

이 책은 상호 교감을 일컫는 라포르의 개념과 다양한 상황 속 용어들을 소개한다. 이를 통해 우리는 의사와 환자 사이에 라포르를 형성할 때 무엇이 가장 중요한지 탐구할 수 있다.

《환자의 마음》 [파브리치오 베네데티 지음]

뇌 과학으로 의사와 환자의 관계를 살펴본 책. 의료 종사자들이 제공하는 치료에 따라 환자들의 뇌가 어떤 반응을 보이고 어떻게 변화하는지 알려 준다. 이를 통해 치료라는 목석을 통해 환자의 마음을 들여다보고 있다.

13장

웰빙 경제
VS. 사회 안전

내 일자리와 행복을 지켜 줄 새로운 경제 시스템의 출현

1. 안전 불감증에서
안전 민감증 민족이 되다

"우리가 어떤 민족입니까?"라는 광고 문구를 본 적 있을 것이다. 그동안 우리는 '안전 불감증'이라는 단어를 달고 살았다. 하지만 코로나19 시대가 도래한 후 사건 사고의 핵심 키워드였던 안전 불감증은 듣기 어렵게 되었다. 적어도 신종 감염병에 대해서는 말이다. 오히려 안전 불감증의 정반대 개념인 '안전 민감증, 안전 과민증' 시대가 도래했다고 할 수 있겠다. 1년 이상 코로나19 상황이 지속되는 가운데 나도 감염될 수 있다는 불안과 우리 사회를 병들게 할 수 있다는 걱정이 현

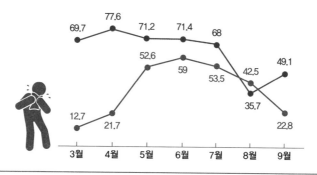

단위: % (양성률:확진자 비율)　　　　　　　　　　　　　■ 2019년　■ 2020년

그림 13-1 | 국내 호흡기 바이러스 질환 현황. (자료: 질병관리청)

재를 안전 민감증 시대로 변하게 한 것이다. 실제로도 코로나19로 인해 개인위생 관념과 실천 수준이 높아지면서 감기와 식중독 환자 수가 절반 이상 줄었다. 국민건강보험공단에 따르면 매년 3월부터 7월까지 진료 환자 수를 살펴보았더니 호흡기 감염병 질환 진료 환자 수가 급감했음을 알 수 있고 2019년도 대비 2020년도에는 50% 이상 감소했다.[1]

　이런 상황에서 보건용 마스크, 손 소독제, 체온계 등 위생용품은 엄청나게 팔렸다. 안전에 민감한 상황은 일회용품 사용을 다시 늘어나게 만들었으며, 투명 아크릴판 가림막도 필수품이 되었다. 더불어 사람과 사람 간 대면 최소화로 인한 변화는 산업 구조를 뒤흔들어 놓았다. 특히 서비스업의 경우 엄청난 변화를 겪었다. 영화를 보러 간다고 상상해 보자. 영화관 입구의 에스컬레이터에 핸드레일 살균기가

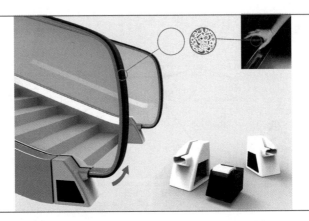

그림 13-2 | 여러 공공장소에서 핸드레일 살균 시스템이 청소원을 대신하고 있다.
(출처: ifworlddesignguide.com)

설치되어 있어 손잡이가 오염되진 않았을까 하는 불안을 해소시켜 주고 있다. 예전처럼 손수 손걸레로 에스컬레이터 손잡이를 닦는 청소원을 찾아볼 수 없다.[2]

로비는 어떤가? 이제는 무인 시스템의 로봇 카페가 주문과 제조를 담당하는 등 팝콘과 같은 식음료 판매 전반에 대해 사람이 아닌 안전 민감증 시대의 상징물들이 우리를 맞이하고 있다.[3] 더불어 그 비중은 점차 늘고 있다. 안전 민감증 시대는 대면이 필요한 모든 것을 바꿔 놓고 있다. 대면의 최소화 또는 비대면의 촉진으로 코로나19로부터 우리 사회를 안전하게 지켜 낼 산업이 크게 성장하고 있는 것이다.

2. 일자리가 줄어들수록
행복도 소멸되어 간다

앞서 이야기한 것처럼 안전 민감증 시대는 코로나19 상황에서 대면의 최소화 또는 비대면 사업들을 발전시켰다. 이런 사업의 성장은 앞으로 겪게 될 변이 바이러스 및 신종 감염병 상황에서도 큰 혼란 없이 사회를 안정적으로 유지하고 국가 및 개인의 대응 기반이 될 것이다. 그러나 이런 긍정적인 사인에도 불구하고 행복하지 않은 지점들이 발견된다.

한 번쯤 이런 생각을 해 본 적 있는가? 에스컬레이터 손잡이를 관리해 주던 청소원은 지금 어떻게 되었을까? 영화관에서 티켓을 끊어 주던 점원은 어떻게 되었을까? 어쩌면 지금 내가 종사하고 있는 일자리도 없어지지 않을까? 문득 불안해지기도 했을 것이다. 대면의 최소화 또는 비대면 사업들의 발전은 대량 해고 사태를 낳는 등 인간이 영위할 수 있는 직업 분야는 인간이 아닌 시스템이 잠식하고 있다. 이런 상황은 기업과 정부 등 전방위적으로 나타나고 있다.

구미시는 동네 슈퍼 10곳을 무인 운영이 가능한 '스마트 슈퍼'로 육성하고자 1000만 원의 비용을 지원하기로 했다. 물론 명분은 소상공인의 근로 시간 단축과 야간 매출 증대라지만 작금의 상황에서 동네 슈퍼마저 비대면 사업으로 선환되면 결국 일자리 감소로 직결될 것이다.[4] 코로나19 확산 전후 남녀 고용률 변화를 보면 그 심각성이 드러난다. 여성 고용률은 2.7% 감소했고 남성 고용률은 1.8% 감소했다.

그림 13-3 | 이제 무인 계산대는 어디서나 쉽게 찾아볼 수 있는 풍경이자 시스템이다.

업종별로 보면 주로 음식점이나 서비스업의 일자리가 없어지고 있다. 시스템들이 사람들의 일자리를 잠식했기 때문이다.[5]

이런 상황은 사람들의 상실감을 증폭시킨다. 코로나 블루로 대표되는 시대적 상황은 우리를 더욱 불안하고 우울하게 만든다. 특히 일자리를 상실한 사람들은 사측과 노사 문제로 갈등을 지속하고 있다. 어쩔 수 없다는 고용주의 입장과 부당 해고라며 맞서는 고용인의 모습은 이제 낯선 모습이 아니다. 더불어 특정 외국인이나 특정 종교인을 혐오하는 등 차별과 혐오의 문제까지 대두되고 있다. 사회를 안전하게 만들 수 있는 안전 민감증 시대의 도래는 오히려 사회를 불안하게 만들고 있는 것이다. 물론 어쩔 수 없는 측면도 있다. 코로나 시대의 경제 상황은 1930년대 세계 대공황 이후 최악이다. 코로나19 확산에 따른 불안 심리, 국경 봉쇄, 사회적 거리 두기, 수요 부진, 공급 악

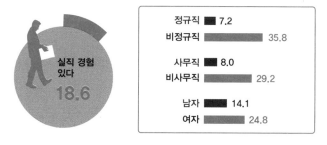

그림 13-4 | 2020년 1월 이후 실직 경험 유무. (자료: 직장갑질119, 공공상생연대기금)

화 등 전 세계적으로 생산과 소비가 급감하고 실업률은 폭등했다. 이런 상황에서 대면이 주 업무였던 일자리의 상실 비율도 상당히 높아지고 있음은 자명하다. 이들 분야에 비정규직 또는 임시직이 많은 것도 문제다.[6]

　비정규직이라 하면 계약직이나 단순 아르바이트생일 수도 있다. 하지만 이들 일자리가 없어진다는 것은 사회적으로 엄청난 불안감을 조성하고 청년들의 밥벌이와 같은 다양한 문제를 양산할 수 있다. 사단 법인 '직장갑질119'와 재단 법인 '공공상생연대기금'이 실시한 여론조사에서 2020년 1월 이후 실직을 경험했는가 하는 물음에 정규직의 7.2%만이 실직 경험이 있다고 답했다. 반면에 비정규직은 5배나 높은 35.8%가 실직 경험이 있는 것으로 나타났다. 사무직의 경우에는 8%였으나 비사무직 근로자는 29.2%가 실직 경험이 있었다.

또한 정규직의 19.2%가 소득이 감소한 반면 비정규직은 58.3%가 소득이 감소한 것으로 나타났는데, 이 중 소득이 감소한 사무직은 20%, 비사무직은 49.6%였다. 전체적으로 볼 때 비정규직과 비사무직 근로자의 소득이 감소했다는 것을 알 수 있다. 또 우울감을 느끼는 정규직은 10.8%였지만 비정규직은 22.5%, 사무직은 9.8%지만 비사무직은 21.2%였다. 특히 월급 150만 원 미만 근로자인 경우 25.2%가 우울감을 느끼는 것으로 나타났다.[7] 대면 업무는 비사무직 분야에 많고 비정규직 또는 아르바이트 종사자 비중도 높기 때문에 이러한 결과는 심각한 문제를 드러낸다. 우리 사회를 지탱하는 일자리가 모두 사라지고 있는 것이다.

일자리 문제뿐이 아니다. 안전 민감증 시대 도래로 인한 행복의 소멸 현상은 일상 곳곳에서 발견할 수 있다. 대면 접촉이 줄면서 무인 자동화 기기인 키오스크Kiosk 사용이 급증했는데 시스템 조작에 능숙하지 못한 노인들에게는 오히려 불편함을 주고 있다. 키오스크 앞에서 헤매는 노인들을 한 번쯤 본 적 없는가? 실제로 서투른 조작 때문에 잘못된 주문 사례가 다수 발생하고 있다. 한국소비자원이 65세 이상 300명을 대상으로 실시한 설문 조사에서 지난 1년간 전자 상거래나 키오스크를 통한 비대면 거래 경험을 물었는데 키오스크 경험자 중 51.4%가 상품 선택부터 결제까지 단계가 너무 복잡하다고 응답했다. 또한 51.0%는 다음 단계로 넘어가는 버튼을 찾기 어렵다고 했고, 49%는 주문이 늦어질 경우 뒷사람의 눈치가 보인다고 답했다. 화면의 그림과 글씨가 잘 보이지 않는다고 대답한 이는 44.1%였다. 65세

	구분	응답(단위: %, 명)
1	상품 선택부터 결제까지 복잡한 단계	51.4(126명)
2	다음 단계로 넘어가는 버튼 못 찾음	51.0(125명)
3	주문이 늦어지면 뒷사람 눈치 보임	49.0(120명)
4	화면의 글씨와 그림이 잘 보이지 않음	44.1(108명)
5	결제 수단이 제한됨(카드)	33.5(82명)
6	조작 시간이 짧아 첫 화면으로 돌아감	31.8(78명)
7	상품에 대한 궁금증을 물어보지 못함	24.9(61명)

그림 13-5 | 키오스크 사용 중 어려웠던 부분은? (65세 이상 300명 대상, 복수 응답, 자료: 한국소비자원)

이상 키오스크 미경험자 10명을 대상으로 키오스크 이용 모습을 관찰한 결과 익숙하지 않은 용어나 영어 표현, 조작 방식을 이해하는 데 어려움을 겪었고 시간 지연과 주문 실패 등이 나타났다.[8] 행복의 소멸은 비정규직, 노인 등 약자로부터 시작되고 있다. 어쩌면 가장 행복해야 할 사람들인데 말이다. 청년의 희망이 꺾이고, 노인의 삶이 피폐해지고 있다.

코로나19 상황에서 대면 일자리는 지속적으로 없어지게 되었고 특히 고용이 불안했던 사람들은 거리로 내몰리게 되었다. 이는 계속될 것으로 전망된다. 돈을 벌지 못하는 구조는 결국 소비 악화로 이어지고 경제 성장률을 지속적으로 하락하게 만든다. 더불어 비대면 시스템은 우리 삶 속으로 깊게 자리매김했고, 시스템에 익숙하지 않은 약자들은 어려움에 처했다. 행복의 소멸은 우리 사회를 병들게 하고 있다.

3. 포스트 코로나 시대는 웰빙 경제로 재편되어야 한다

– 기존 경제 시스템의 대안으로 떠오른 웰빙 경제

비대면 또는 대면의 최소화로 인한 안전 민감증 시대의 도래, 그리고 이어지는 일자리 박탈과 행복의 소멸은 단순하게 해석하면 코로나19로 인한 불행이라고 이야기할 수도 있다. 하지만 과연 코로나19 때문만이라고 할 수 있을까? 신종 감염병, 변이 바이러스만이 우리 사회를 병들고 힘들게 만든다고 할 수 있을까? 오히려 우리 사회의 시스템 문제와 경제 구조 문제가 있는 것이 아닌지 반문할 필요가 있다.

사회학자 로저 바커Roger Barker는 생태 이론Ecological Theory을 통해서 인간 행동이 생활 환경에 의해 결정된다고 주장했다. 즉, 우리의 생활 환경에 따라 우리 행동이 결정되는 것이며, 신종 감염병이라는 상황은 우리 행동의 변화를 이끌어 냈다. 특히 생태 이론에 의하면 현재의 비정상적인 사회 구조에는 새로운 경제 시스템 도입이 필요하다고 볼 수 있다. 이때 필요한 새로운 경제 시스템은 웰빙 경제Wellbeing Economy로의 변화로 살펴볼 수 있다. 웰빙 경제는 새로운 산업 구조, 일자리 창출로 연결되어 우리 삶을 새롭게 변화시킬 수 있기 때문이다.

2020년 유럽건강포럼European Health Forum Gastein, EHFG 연례 포럼에서 막스 플랑크 연구소의 콜린 크라우치Colin Crouch는 감염병이 우리의 생명과 일자리를 동시에 앗아 갔으며, 이런 상황으로 인해 지금까지와는 다른 종류의 경제 사회로 나아가야 한다고 주장했다. 경제 문

그림 13-6 | 최근 웰스 경제에서 웰빙 경제로 나아가야 한다는 가치관이 힘을 얻고 있다.
(출처: wellbeingeconomy.org)

제와 행복의 상실 문제를 겪고 있는 작금의 시대에 웰빙으로 전혀 다른 구조를 만들어야 한다는 것이다. 정치학자 캐서린 트레벡Katherine Trebeck은 성장에 의존하는 경제 시스템은 결국 우리 사회를 한계치로 밀어붙이기 때문에 웰빙이 핵심인 웰빙 경제를 추구해야 한다고 주장했다.[9] 웰빙 경제는 코로나 시대에 사람들의 삶과 생계에 최적화된 인프라가 제공되어야 함을 이야기하는 것으로 앞서 이야기한 비정규직의 일자리 상실과 노인들의 어려움에 대한 해법일 수 있다. 또한 경제 지표 반영에 있어 건강, 환경, 교육 등 웰빙 지표가 저평가된 상황이기 때문에 웰빙이 가치 기반 지표로 측정되어야 한다.

포스트 코로나 시대에 웰빙 경제는 사람들의 상실감을 회복시키고 신종 감염병 및 변이 바이러스로부터 안전한 사회를 구축하는 데 큰 역할을 할 수 있고, 또 해야 한다. 물론 당장은 조금 생소한 개념이고, 웰빙을 경제 지표로 반영한다는 것도 생소하다. 하지만 각국은 이미 이 해법을 찾아 움직이고 있다. 웰빙 경제 정부Wellbeing Economy Governmant, WEGo 네트워크는 2018년 한국에서 열린 OECD 세계 포럼에서 스코틀랜드, 아이슬란드, 뉴질랜드가 설립했다. 바로 우리 안방에서 논의가 되었고 네트워크 설립까지 나아간 것이다. 이후 웨일스 자치 정부, 2021년에는 핀란드가 웰빙 경제 정부 네트워크에 합류했다.

웰빙 경제 정부 네트워크는 GDP를 국가의 성공 기준으로 보지 않는다. 이것 자체가 문제라고 여기기 때문이다. GDP 중심의 국가 성장이 현재와 같은 행복의 상실 시대를 초래했기 때문에, GDP를 넘어 국민의 건강과 행복, 고용의 질, 안전 등에 초점을 맞춘다.[10] 코로나19로 인해 전 세계가 앓고 있는 경제적, 사회적, 환경적 문제를 해결하고자 한다. 여기에 동참하는 각국 정상들도 웰빙 경제에 대해 논평했다. 스코틀랜드 자치 정부의 제1장관 니컬라 스터전Nicola Sturgeon은 코로나19 팬데믹에서 유례없는 국가의 도전에 직면한 만큼 모든 국민의 웰빙이 경제 전략의 핵심이 되어야 하고, 지역 사회의 회복과 웰빙을 위해 국가를 넘어 협력이 중요하다고 밝혔다. 이러한 새로운 접근이 현재 우리 사회 문제를 해결하는 데 도움이 된다는 것이다.

웰빙경제연합의 활동가 캐서린 트레벡은 코로나19로 인해 저임금 노동자에 의존하는 경제 시스템이 문제였음이 확인되었다고 강조했다. 비정규직 노동자들이 일자리를 잃어버린 상황을 생각하면 충분히 동의할 수 있다. 기존 경제 시스템의 문제들이 신종 감염병 위기 상황에서 극명하게 드러났기 때문이다. 앞으로 바이러스는 계속 창궐할

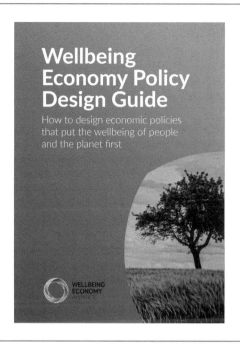

그림 13-7 | 웰빙경제연합에서 배포한 정책 설계 가이드의 표지. (출처: wellbeingeconomy.org)

수 있고 이런 상황에서 GDP 중심의 국가 성장은 고민되어야 할 것이다. 국가 성장에 있어 이전으로 돌아간다는 것을 생각할 필요는 없다. 웰빙 경제를 도입하고 구현하여 더 나은 세계로 나아가야 한다.[11] 웰빙 경제는 포스트 코로나 시대의 중요한 방점이 될 것이고 우리 사회를 지켜 내는 키Key가 될 것이다.

– 포스트 코로나 시대의 필수 사회 안전장치

코로나19가 종식되면 과거처럼 돌아갈 수 있다고 기대하는 사람도 있다. 하지만 코로나19 바이러스 백신이 개발된다고 해도 우리 사회는 이전으로 돌아갈 수 없을 것이다. 현재의 경제 구조에서 신종 감염병은 계속 창궐할 것이고 이로 인한 다양한 문제도 지속적으로 발생할 수밖에 없다. 이제는 새로운 사고방식으로 새로운 사회를 맞이할 수 있는 장치를 마련해야 한다. 그렇지 않으면 지금과 비슷한 문제는 계속 발생할 것이고 이를 단기적으로 해결하는 데에만 급급할 것이다. 심지어 먹고사는 문제까지 크게 대두될 것이다.

웰빙 경제는 우리 사회의 행복의 상실을 막아 주는 사회 안전장치라고 할 수 있다. 이런 사회 안전장치는 새로운 산업의 육성, 고용 등을 동반하고 새로운 경제 시스템의 도입을 의미한다. 웰빙 경제 도입은 일자리, 에너지, 음식, 주거 문제 등을 모두 하나의 관점으로 해결해 나가는 새로운 경제 시스템이다. 안타깝게도 GDP 중심 경제 성장은 기후 위기까지 초래했다. 우리 사회를 한계치로 밀어붙이는 것도 이런 상황이며 국가를 넘어 협력이 필요하다고 보는 이유이기도 하다.

새로운 경제 시스템은 기후 위기의 해결 과정이 될 수도 있다. 기후 위기를 해결하기 위해 육성되는 산업들과 고용 구조는 전통적인 경제 구조 속에서 신종 감염병 확산으로 인한 문제를 해결하는 데 도움이 된다. 코스타리카의 사례를 살펴보자. '탄소 중립 2050'을 목표로 글로벌 기후 행동과 국가 탈탄소화 계획을 세우고 운송, 에너지, 산업, 폐기물, 농업을 포함한 모든 경제 부문에서 최선을 다하고 있다.

그림 13-8 | 코스타리카는 탄소 중립 실천에 앞장서는 대표적인 나라다. (출처: 2050pathways.org)

2018년에는 4년 연속 재생 가능 에너지원으로부터 전기의 98%를 생산했고 2030년까지 100% 달성을 목표로 한다.[12] 코스타리카는 2008년부터 버스 및 택시와 같은 대중교통을 전기, 가스, 하이브리드 등 친환경 매체로 교체하기 위해 배출 규제 강화 정책과 마켓 인센티브를 추진했으며, 전기 기차 등 새로운 대중교통 수단도 도입하고 있다. 더불어 커피, 파인애플, 바나나 등 대규모 농산 수출업체를 대상으로 생산 과정에서 탄소 배출을 감소시킬 것을 장려하고 있다.[13]

코스타리카의 사례처럼 웰빙 경제 실현을 위한 구조적인 노력은 기후 위기에 대한 사회 전체적인 대응법 중 하나고, 이로 인한 산업의 육성과 일자리 새창출은 신종 감염병과 변이 바이러스 상황을 미리 대비하는 경제 시스템이다. 기후 위기 극복을 위한 전 국가적 노력은 곧 웰빙 경제를 위한 노력이라고 할 수 있겠다.

우리 사회를 지켜 낼 웰빙 경제를 실현하기 위해서는 결국 모든 산업 구조와 정책, 그리고 고용에 이르기까지 전통적인 방식이 아닌 새로운 사업 구조를 재편하고 노력해야 한다. 그리고 이를 경제 지표로 반영해야 한다. 단순히 복지의 영역으로 지표를 설정해야 한다는 것이 아니다. 산업 구조를 인간의 웰빙을 달성하기 위한 영역으로 설정해야 하고, 코로나19 팬데믹을 통해 경험했듯 신종 감염병을 선제적으로 예방할 수 있는 웰빙 산업을 육성해야 한다. 모두가 웰빙을 위해 일할 때 기존 경제 시스템의 본질적인 문제를 해결할 수 있다.

웰빙 경제는 GDP 이외의 번영 지표를 도입하여 국가 정책으로 반영한다. 그러므로 기업 및 사회의 목표와 기대를 재정의하고 국가는 경제 성장을 위해 전통적인 경제 관점을 넘어 웰빙 경제 사고와 광범위한 시스템을 도입해 혁신해야 한다. 이렇듯 신종 감염병 상황은 경제 혁신의 출발점이다. 전 세계가 웰빙 경제로 나아갈 때 신종 감염병 상황에서 겪었던 사회와 경제 문제를 답습하지 않을 것이다. 결국 웰빙 경제는 사회 안전의 역발상 트렌드로서 주목받을 것이다.

함께 읽으면 더 좋은 책

《모든 것이 바뀐다》 [크리스티안 펠버 지음]
자본주의 시장 경제의 근본적인 문제를 이야기하는 책. 이윤은 단지 목적을 달성하기 위한 수단이어야 하는 공동선 경제를 제시한다. 비즈니스의 가치와 웰빙과의 간극과 근본적인 모순을 제거하고 기업, 소비자, 지역 경제 모두가 상생할 수 있는 새로운 가능성을 제시한다.

《빌 게이츠, 기후재앙을 피하는 법》 [빌 게이츠 지음]
이 책은 2050 탄소 중립 사회로 가기 위한 기술-정책-시장 구조를 만드는 법에 대해 이야기한다. 경제 성장과 지구가 양립 가능한 계획을 위해 정부와 기업이 각자 할 수 있는 일을 제시하는 것이다. 그런 의미에서 웰빙 경제 시대의 좋은 로드맵이다.

초혁신 기술과
메타버스

| 14장 | 스몰 데이터와 감성 지능 |
| | VS. ICT 생태계와 초혁신 기술 |

빅 데이터보다 작지만 더 큰 가치를 창출하는 고객 행동 분석

1. 기술 생태계 최상위 포식자
빅 데이터와 인공 지능

ICT 생태계는 빅 데이터를 기반으로 한 인공 지능, 머신러닝, 클라우드, 블록체인과 5G·6G 인프라를 바탕으로 한 사물 인터넷, 그리고 스마트 시티, 스마트 정부 등으로 구체화된다. 또한 초혁신 기술은 유전체학, 나노 기술, 재료 과학, 양자 컴퓨팅 등으로 세분화된다. ICT 생태계와 초혁신 기술은 별개의 메가 트렌드로 다뤄지지만 넓게 보면 하나의 흐름으로 연결되어 있다. ICT 생태계와 초혁신 기술 모두 빅 데이터를 바탕으로 한 4차 산업 혁명의 산물이고 인공 지능의 머신러

구분	1초당 생성 데이터 수 (건)	데이터 규모 전망 (제타바이트)
이메일 전송	2,922,248	
구글 검색	83,696	
유튜브 동영상 재생	84,584	
트위터 전송	9,021	
인터넷 트래픽 (기가바이트)	94,889	

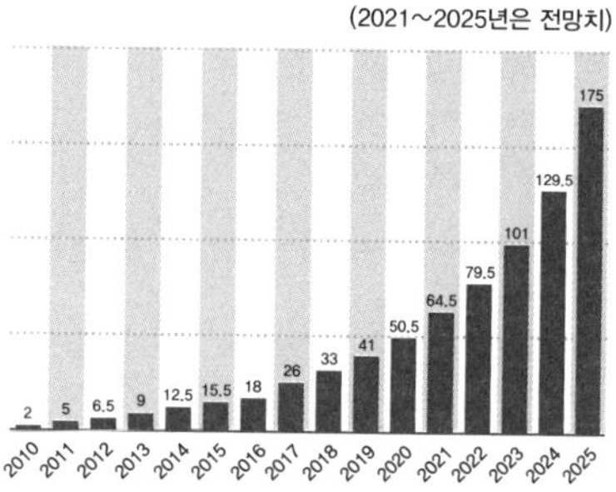

그림 14-1 | 글로벌 데이터 생성 규모 및 전망. (자료: 인터넷라이브스태츠, 스테이티스타)

닝을 통해 상용화 가능성이 열렸기 때문이다. 실제로 ICT 생태계를 구축함에 있어 빅 데이터와 인공 지능은 핵심 자원이다. 또한 이 2가지 요소가 기반이 됨으로써 초혁신 기술 역시 상용화 단계로 넘어갈 수 있었다. 그리고 지금까지 빅 데이터와 인공 지능이 보여 준 다방면의 성과를 통해 ICT 생태계와 초혁신 기술은 인류의 더 효율적이고 풍요로운 삶을 위한 단초가 될 것이 분명해 보인다.

그중 빅 데이터는 연일 새로운 기록을 경신하고 있다. 코로나 19로 사회적 교류, 특히 대면 업무가 대부분 중단된 반면 빅 데이터의 수집 양은 폭발적으로 증가했기 때문이다. 인터넷라이브스태츠Internet Live Stats에 따르면, 전 세계 이메일 전송 건수는 1초당 290만 건 이상, 구글 검색 및 유튜브 동영상 보기는 각각 8만 건 이상, 트위터 전송은 9000건 이상, 인터넷 트래픽은 94기가바이트 이상의 데이터를 생성하는 것으로 추산된다. 여기에 글로벌 시장 조사 기관 스테이티스타는 이러한 추세라면 전 세계 데이터·정보 규모가 2010년 2제타바이트 (1제타바이트는 1조 1000억 기가바이트)에서 2025년 175제타바이트로 급증할 것이라고 전망했다.[1]

이처럼 코로나19로 비대면이 일상화되면서 데이터 밸류 체인은 쉬지 않고 움직여 왔다. 여기에 인공 지능의 가세는 초혁신 기술의 상용화를 먼 미래에서 상대적으로 가까운 시점까지 앞당겨 놓았다. 일부 전문가는 "원유의 시대가 가고 데이터의 시대가 왔다"라고 주장한다. 그리고 혹자는 알고리즘을 바탕으로 한 인공 지능에 대해 알고리즘에 의한 지배, 즉 알고크라시Algocracy가 시작됐다고 말하기도 한다. 개념은 다양하지만 전문가들의 이러한 주장은 모두 빅 데이터와 인공 지능의 영향력을 인정함과 동시에 빅 데이터와 인공 지능이 이미 현대의 초혁신 기술을 작동시키는 메커니즘이 됐다는 결론으로 향하고 있다.

2. 다다익선과 과유불급 사이에 선 빅 데이터와 인공 지능

빅 데이터와 인공 지능은 4차 산업 혁명의 핵심이자 디지털 전환의 주요 키워드로서 다른 메가 트렌드에 영향을 미칠 만큼 상위에 있는 요소다. 동시에 이 둘은 인프라 차원에서 구축하기도 쉽지 않고, 그만큼 활용하는 것 또한 수월하지 않다. 빅 데이터의 경우 용어 자체가 나타내듯이 데이터의 양이 지나치게 방대해 데이터 구축에 너무 많은 비용이 투입된다는 문제점이 있다. 더욱이 빅 데이터 자체에 매몰되면 잘 갖춰진 빅 데이터 플랫폼 대비 빅 데이터 활용 능력을 키우는 데에는 소홀해져서 빅 데이터 활용 효과가 현저히 떨어지는 아이러니한 상황에 봉착하기도 한다. 서울대학교 산업공학과 조성준 교수는 빅 데이터의 잘못된 활용의 예로 '데이터 고문'이라는 개념을 소개했다. 데이터 고문은 빅 데이터 활용 과정에서 결론을 정해 놓고 이에 맞는 데이터를 찾거나 원하는 답이 나올 때까지 데이터를 계속 고문하는 상황을 뜻한다.

빅 데이터의 치명적인 한계 중 하나는 바로 프라이버시 문제다. 프라이버시 정도는 데이터 주체의 개인적인 특성이나 행동 양식에 따라 달라진다. 예를 들어 쇼핑몰에서 고객들의 쇼핑 행태를 파악하는 데 제공되는 개인 데이터는 비교적 낮은 정도의 프라이버시로 간주된다. 반면 소셜 미디어나 통신 기록은 프라이버시의 정도가 높다.[2] 문제는 빅 데이터와 인공 지능의 활용도가 높아질수록 프라이버시 수위도 함께 높아진다는 점이다. 이러한 문제의 중대성을 바탕으로 OECD가 48개국 21개 업종 259개 기업을 대상으로 실시한 조사에 따르면 99%의 기업이 소비자 신뢰를 획득하기 위한 주요 요소 중 하나로 개인 정보 보호를 꼽았다. 또한 78%의 기업은 새롭게 등장하는 데이터 규정에 대해 우려하고 있는 것으로 나타났다.[3] 즉, 아직은 빅 데이터와 인공 지능의 효용성과 프라이버시의 이해관계가 강하게 충돌하고 있고, 어느 한쪽으로 결론을 내기에 어렵다는 것이다. 이런 흐름 속

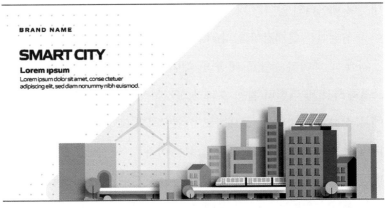

그림 14-2 | 토론토의 스마트 시티에는 약 60개의 첨단 기술이 적용될 예정이었으나 사생활 침해 우려가 부각되어 계획은 물거품이 되었다.

에서 구글은 시민의 편익 증대와 사생활 침해 사이에서 갈등하다가 2021년 2월, 캐나다 토론토에 건설을 추진하던 스마트 시티 프로젝트를 결국 포기했다.[4]

특히 빅 데이터는 정보를 대량으로 수집하여 다양한 결과물을 도출할 수 있다는 장점과 대량으로 수집된 데이터에 노이즈가 발생할 수 있다는 한계를 동시에 갖는다. 데이터를 수집하는 과정에서 매크로를 씀으로써 데이터에 인위적인 영향을 가하거나 데이터를 조작할 가능성이 있기 때문이다. 실제로 SNS 활용 마케팅 분야에서 일부 대행사가 데이터 수집 과정에 개입해 마케팅 효과를 부풀린 문제가 지적되기도 했다.[5] 이런 상황에서 여론 조작 및 광고 논란 등으로 신뢰성 논란이 중심에 있었던 네이버의 실시간 검색어 서비스는 2021년 2월, 16년 만에 폐지되었다. 왜냐하면 실시간 검색에 특정 검색어를 노출시키는 대행사가 등장했고 이런 대행사를 통해 광고성 문구가 실시간 검색 상위 순위를 장악하는 부작용이 꾸준히 발견되었기 때문이다. 컴퓨터에 악성 코드를 심어 검색어 순위를 조작한 일당이 기소되기도 했다.[6]

이처럼 빅 데이터와 인공 지능은 해결되지 않은 문제를 다수 안고 있다. 그리고 빅 데이터와 인공 지능에 기대는 초혁신 기술의 상용화 역시 아직은 일상 저변에 와닿지 않는 먼 미래의 혜택처럼 보이기도 한다. 초혁신 기술은 수명 연장, 미래 도시, 우주 탐사처럼 매우 장기적이고 원대한 목표를 지향하고 있다. 그래서 현시점에서는 인류의 삶을 풍요롭게 만들어 줄 '가능성'으로 보는 편이 더 적합해 보인다. 즉, 코로나19로 인해 디지털 전환이 앞당겨졌고, 초혁신 기술이 현재와 앞으로의 많은 문제를 해결할 원동력으로 거론되고 있지만, 초혁신 기술 자체를 메가 트렌드라고 보기에는 다소 현실성이 떨어지는 부분이 적지 않다.

3. 초혁신 시대를 선도할 스몰 데이터와 감성 지능

– 고객 행동을 분석해서 니즈를 파악하는 스몰 데이터

빅 데이터와 인공 지능이 혜택과 편의를 가져올 것이라는 데에 이견을 제기하는 사람은 거의 없다. 하지만 빅 데이터 구축과 유지에 들어가는 비용과 효율성에 관해서는 여전히 논란의 여지가 남아 있다. 또한 편리한 일상과 진일보한 풍요를 누리기 위해 인류가 반드시 초혁신 기술을 최선의 선택지로 여겨야 하는지에 대해서도 이견이 많다. 그래서 다음과 같은 역발상 개념들이 제시되고 있는데, 우선 스몰 데이터Small Data는 빅 데이터의 대안으로 가장 빈번하게 언급되는 개념이다. 이는 적은 데이터를 가지고 인간의 높은 지능을 활용해 빅 데이터와 인공 지능 못지않은 솔루션을 도출하려는 시도다.

그리고 인공 지능에 대한 상대적 개념으로 떠오르는 것이 바로 감성 지능Emotional Intelligence, EI이다. 감성 지능은 다른 사람의 감정을 이해하고 공감하여 조화를 이룰 수 있는 사회적 능력으로써 인공 지능이 대두되면서 오히려 더 주목을 받고 있다. 즉, 빅 데이터와 초혁신 기술을 사용할 때 인공 지능보다 감성 지능을 활용해야 한다는 뜻이다. 마지막으로 캐즘Chasm이라는 개념도 눈여겨볼 만하다. 캐즘은 '침체기'를 가리키는 말로, 아무리 훌륭한 기술과 제품도 대중적으로 사용하기까지 넘어야 할 침체기가 있다는 뜻이다. 결국 캐즘은 사람들에게 더 중요한 것은 초혁신 기술 자체가 아니라 사람들이 호응할 수 있을 만큼 현재 일상과 밀접한 실용적인 기술을 추구하는 것임을 일깨워준다.

마이크로소프트 아시아 R&D 그룹 총괄 샤오우엔 혼Hsiao-Wuen Hon 박사는 지능은 '연산·기억-지각-인지-창의성-지혜'의 5단계로 구성되고 이 중에서 창의성과 지혜는 인간 고유의 영역이라고 정의했다. 그리고 그는 '연산·기억-지각-인지'까지의 3단계는 빅 데이터와

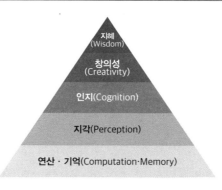

그림 14-3 | 지능의 5단계.

인공 지능이 인간을 초월했으나 '창의성―지혜' 단계는 여전히 인간의 지능이 유효하다고 주장했다. 즉, 인공 지능은 많은 데이터Big Data와 적은 지능Small Intelligence을 가지는 반면 인간은 적은 데이터Small Data와 높은 지능Big Intelligence을 갖고 있어 창의성과 지혜는 인간만이 발휘할 수 있는 영역이라는 것이다.[7] 이러한 견해는 빅 데이터와 인공 지능이 메가 트렌드로 거론되고 있지만 인간의 지적 영역을 완전히 대체하거나 초월할 수 없다는 확신이기도 하다.

이를 뒷받침하기라도 하듯 카카오 정재관 부장은 자사의 빅 데이터를 기반으로 코로나19에 대한 사회 변화를 가늠한 '카카오 코로나 백서'를 총관한 후 "빅 데이터를 모으고 현상을 있는 그대로 보여 주는 것은 어렵지 않으나 그 데이터 안에 담긴 함의를 찾아내는 과정은 매우 중요하고도 어려웠다"고 소감을 밝혔다. 즉, 많은 사람이 빅 데이터에만 초점을 맞추고 있지만 현실에서는 오히려 스몰 데이터와 높은 지능을 바탕으로 데이터를 분석하고 소비자 행동을 예측하며 인사이트를 도출하는 게 필수적이라는 것이다. 이러한 필요에 따라 '스몰 데이터 전략'까지 등장했다. 스몰 데이터 전략은 데이터 분석을 위해 대규모 데이터가 필요하다는 고정 관념에서 벗어나 상대적으로 적은 규모의 데이터에서 인사이트를 얻는 데이터 분석 방법론이다. 빅 데이터 분석의 중요성은 누구나 알고 있지만 실제로 대량의 데이터와 이를 처리하는 능력을 갖춘 기업은 극소수이기 때문이다. 그래서 실제 사용에 문제가 없는 수준의 데이터를 확보하는 스몰 데이터 전략이 대안으로 부상한 것이다.[8]

특히 최근에는 온라인에서 무작위로 수집되는 빅 데이터가 아닌 오프라인에서 실제 사람들의 행동을 추적해 수집하는 스몰 데이터, 즉 행동 데이터가 주목받고 있다. 행동 데이터는 소비자의 의사 결정이 실제로 일어난 순간의 데이터이기 때문에 소비자의 의사를 파악하는 데 더 실제적인 결과 도출로 이어지는 경우가 많다. 일례로 매장에 방문한 고객의 동선과 시선, 체류 시간, 물건을 들었다 놓았다 하는 구체적 행동 패턴 등을 데이터화하면 고객 반응을 통해 니즈나 구매 의사를 확인할 수 있다. 그리고 행동 데이터를 통해 매장 내에서의 고객의 행동에 대한 새로운 인사이트까지 얻을 수 있다. 그래서 많은 데이터 기업이 온라인보다 오프라인에서의 행동 패턴을 수집하고 분석하는 툴을 개발하는 데 주력하고 있다.

예를 들어 미국 베타b8ta 매장의 경우 유동 인구가 많은 곳에 위치

그림 14-4 | 초창기 베타 매장은 신제품을 직접 만져 보고 작동해 보고 싶은 얼리어답터에게 어필했다.
(출처: 베타 홈페이지)

해 있어 한 달 평균 최고 2만 5000명 이상의 고객이 유입된다. 베타는 입점 제조사들로부터 매달 동일한 비용을 받고 제조사들의 제품을 소비자에게 노출하는 한편 매장 방문 고객들에 대한 실시간 데이터를 제공한다. 즉, 제품을 만져 보고 실험해 보고 실제로 구입하는 고객들의 행동 관련 데이터를 제조사들에게 전달하는 것이다. 또 제품 옆에는 상품 설명 동영상이 재생되고 있는 태블릿을 비치해 판매 사원을 대신하도록 했다. 각 매장은 이러한 시스템을 통해 고객의 피드백을 수집해 제조사에 제공한다. 이 행동 데이터들은 제조사가 타깃 고객들에게 보다 적합한 마케팅 메시지를 전송하고 프로모션을 기획하는 데 활용된다. 베타는 이런 행농 데이터 활용력을 바탕으로 2020년 8월 일본 신주쿠 2곳에 오픈했다. 베타 신주쿠점은 판매를 위한 매장이 아닌 체험과 새로운 발견을 할 수 있는 매장으로 최신 가전제품, 잡화, 식품, 의류 등 라이프스타일 용품 전반을 소개하는 곳으로 구성됐다.

또한 모던 리테일 컬렉티브Modern Retail Collective는 맥킨지가 오픈한 오프라인 매장이다. 이 매장의 특징은 넓은 공간에 주얼리 브랜드 켄드라 스콧Kendra Scott, 속옷 브랜드 서드 러브Third Love, 화장품 브랜드 엘레베 코스메틱Eleve Cosmetic, 천연 데오드란트 브랜드 타입A 등 다양한 스타트업과 소형 브랜드를 전시했다는 점이다. 또한 이 매장은 리테일 넥스트, 마이크로소프트, 지브라 테크놀로지를 포함한 16개 테크 회사와의 파트너십에 기반해 운영되고,[9] 입점 브랜드와 인테리어는 3~4개월에 한 번씩 리뉴얼 되는 등 모든 것이 행동 데이터에 기반한다.

맥킨지가 모던 리테일 컬렉티브 매장을 연 이유는 각종 기술과 브랜드 상품을 테스트하는 실험실로 사용하기 위해서다. 맥킨지 리테일 리서치 팀은 10여 명의 맥킨지 전문 요원을 매장에 상주시켰다. 소비자들의 쇼핑 행태와 하이테크 기술 활용 등에 대한 자료 수집과 데이터 분석이 뒤따르게 된다. 여기서 얻은 솔루션을 리테일러들에게 알려 주고 그 내용을 종합한 출판 계획도 가지고 있다. 즉, 매장 내에서 소비자들이 어떤 기술을 활용해 정보를 탐색하고 어떤 행동을 통해 어떤 제품을 구매하는지 확인하기 위한 것이다.

츠타야 가전 플러스는 매장 내에 AI 카메라를 설치해 고객의 영상을 촬영하고 이를 실시간으로 분석한다. 고객을 연령, 성별 등으로 세그먼트한 후 해당 상품 앞에서 얼마나 서 있었는지, 제품을 어떻게 조작했는지 등 고객 행동 관련 데이터를 수집하고 이를 제조사에 제공한

그림 14-5 | 부스터 스튜디오 또한 베타나 츠타야 가전 플러스처럼 오프라인에서의 고객 경험을 수집
하고 있다. (출처: 시부야 파르코 홈페이지)

다. 이때 제공되는 정보는 단순히 카메라를 통한 행동 분석만이 아니
다. 츠타야 가전의 점원이 고객들로부터 듣는 목소리도 제조업체에게
는 귀중한 자료가 된다. 예를 들어 고객이 "조작 버튼의 위치가 어디
인지 알기 어렵다"라는 의견을 말하면 점원은 즉시 이를 제조업체에
전달한다. 고객 관련 데이터를 제공하는 대가가 츠타야 가전 플러스
의 주된 수익원이다. 더불어 시부야 파르코의 부스터 스튜디오Booster
Studio 또한 데이터 수집에 특화된 매장이다. 이 매장은 시장에 출시되
지 않은 시작품을 주로 전시하고 있어 새로운 것을 좋아하는 얼리어답
터에게 인기를 끌고 있다.[10] 이와 유사한 개념으로 한국에는 롯데하이
마트의 메이커스랩이 있다.

　이 모든 것은 빅 데이터로 향하는 와중에 스몰 데이터와 한 걸음
더 나아간 행동 데이터가 새로운 가치를 발굴해 고객 니즈에 더 효과

적으로 대응하는 창의적 사례라고 할 수 있다. 그리고 이러한 흐름은 빅 데이터가 아닌 스몰 데이터, 온라인이 아닌 오프라인의 행동 데이터가 효율성과 효과 면에서 앞설 수 있음을 시사한다.

– 감성 지능이 높을수록 기술과 서비스는 사람을 향한다

경영학에서는 성공적인 개인 혹은 조직 리더가 갖춰야 할 능력으로 기술적 능력Technical Skills, 인지 능력Cognitive Skills과 함께 감성 지능을 꼽는다. 현대 경영학은 이 3가지 능력 중에서 인공 지능의 영향력이 커지면 커질수록 감성 지능을 더욱 주목한다.[11] 감성 지능은 소위 공감 능력을 뜻한다. 이런 감성 지능이 주목받는 이유는 빅 데이터와 인공 지능, 초혁신 기술의 활용에 있어 현시대 사람들에게 꼭 필요한 데이터와 기술이 무엇인지 전달하기 위해서다. 즉, 기술 개발자의 감성 지능이 높을수록 공감 능력을 발휘해 인간에게 실질적인 도움을 줄 수 있는 기술로 연결될 확률도 커지고, 이를 통해 현재의 삶에 편의를 제공할 것이기 때문이다. 이런 감성 지능이 반영된 몇 가지 사례를 살펴보자.

나이키 고 플라이이즈Nike Go FlyEase는 제자리에서 신발을 두고 발을 끼워 넣기만 하면 허리를 숙이거나 신발 끈을 묶지 않아도 신발이 신겨지는 기술을 도입했다. 이런 신발이라면 장애인이나 임산부처럼 신발을 신기 어려워하는 사람도 얼마든지 간편하게 신을 수 있다. 보이 튜너블 글라스VOY Tunable Glasses는 매번 시력이 달라져서 안경을 맞추기 힘들거나 자주 맞춰야 하는 사람들을 위해, 사용자의 시력에 맞

그림 14-6 | 나이키 고 플라이이즈는 누구나 쉽게 신고 벗을 수 있는 핸즈프리 신발을 표방했다.
(출처: 나이키 홈페이지)

취 도수를 조절할 수 있는 스마트 기술이 적용된 안경을 내놓았다. 소개한 2가지 사례 모두 감성 지능에 따라 사용자의 편의를 극대화하기 위해 적절한 기술을 사용한 것이다.

물론 감성 지능이 대안으로 주목받는다고 해서 인공 지능을 간과해서는 안 된다. 이미 인류의 기술력은 인공 지능을 기술사에서 몰아낼 수 없는 지점에 와 있기 때문이다. 이뿐 아니라 감성 지능은 인공 지능과 상호 보완적인 관계를 유지할 때 그 효용성이 극대화되는 경향을 보인다. 즉, 인공 지능의 영역과 영향력이 커질수록 역으로 감성 지능의 영역과 영향력 또한 커지는 것이다. 그래서 인간, 로봇, 인공 지능 간 상호 연계가 심화될수록 인간은 단순히 기술이 주는 편의만을 추구하지 않는다는 분석이 속속 등장하고 있다. 결국 인간은 감성의 중요성을 인지하고 있기 때문에 인공 지능이 감성적 교감의 확대를 동반하며 인공 감성 지능Artificial Emotional Intelligence, AEI으로 발전된다는 것이다.[12]

이와 관련한 스타벅스의 사례는 눈여겨볼 만하다. 2021년, 스타벅스는 50주년을 맞아 인공 지능 플랫폼인 딥브루Deep Brew를 도입하기로 했다. 딥브루는 매장 내 커피 원두 같은 식자재의 재고 수요를 예측하고 매장을 효과적으로 운영하는 데 몇 명의 바리스타가 필요한지를 30분마다 분석한다. 혹자는 이러한 딥브루의 도입 목적이 직원 수 축소라고 오해할 수 있지만 현실은 전혀 다르다. 스타벅스가 이런 수요 예측 분석 작업을 인공 지능에게 전담시킨 이유는 직원들이 기계적인 업무에 시간을 낭비하는 대신 매장 내 고객들과 상호 작용하는 데에 더 많은 시간을 할애하도록 하기 위해서다. 이에 대해 스타벅스 CEO 케빈 존슨은 "딥브루는 바리스타 대체 로봇에 관한 기술이 아니다. 바리스타가 좀 더 자유롭게 고객과 연결되기 위한 기술이다. 인공 지능을 통해 절약된 시간은 100% 고객 연결Customer Connect로 되돌아간다"고 말했다. 실제로 딥브루를 도입한 2021년, 스타벅스의 고객 연결 점수는 사상 최고를 기록했으며 매출 또한 증가하고 있다.

더 나아가 케빈 존슨은 NRFNational Retail Federation의 'Big Show 2020'에서 "빅 데이터, 인공 지능을 비롯한 디지털 기술을 통해 혁신을 추구하되 무엇보다 인간과의 상호 작용에 중점을 두고 추진해야 한다"라고 강조하면서 "초혁신 기술이 새로운 시나리오를 만들어 냈다는 점은 인정하지만 사람과의 연결을 희생시켜서는 안 된다"라고 밝힌 바 있다.

– 대중화의 침체기를 공감 능력으로 돌파하라

많은 트렌드 전망서와 전문가들이 초혁신 기술을 메가 트렌드로 언급했지만 아직 대중이 초혁신 기술을 피부로 체감하지 못하는 이유는 캐즘 때문이다. 캐즘은 첨단 기술이나 상품이 개발되어 출시된 다음, 초기 시장과 주류 시장 사이에서 일시적으로 수요가 정체되거나 후퇴되어 단절이 일어나는 현상을 말한다. 이에 따르면 유전체학, 나노 기술, 재료 과학, 양자 컴퓨팅 등 초혁신 기술은 매우 유용하지만 실질적으로 삶 가까이에 다가오기까지는 얼마의 시간이 필요한 게 현실이다. 이에 대한 단면을 보여 주는 사례가 있다. 맥킨지 조사에 따르면 글로벌 기업의 80%는 직간접적으로 디지털 전환과 초혁신 기술에 대한 투자를 진행했다. 하지만 이 중 성공을 거둔 기업은 16%에 불과한 것으로 나타났다.[13] 게다가 초혁신 기술을 상징하는 mRNA의 경우 용어 자체가 생소해 mRNA가 활용된 코로나19 백신은 사람들로 하여금 두려움을 불러일으키고 있다.

소비자들은 심플하다. 더 이상 최신, 최첨단, 초혁신이라는 수식어에 맹목적으로 열광하지 않는다. 어렵고 복잡한 기술의 상품화보다 자신의 불편함을 해결해 줄 현실적인 기술에 관심을 가질 뿐이다. 따라서 기업은 기술 자체가 아니라 다양한 소비자의 불편을 해소해 주는 융복합 서비스의 상품화에 집중할 필요가 있다. 그 중심에 '넛지Nudge' 가 있다. 넛지란 강압적이지 않은 부드러운 개입으로 사람들이 더 좋은 선택을 할 수 있도록 유도하는 방식을 뜻한다. 초혁신 기술의 활용에 있어 넛지란 좀 더 현재에 집중하고 일상에 가까이 다가가 도움을 주는 기술을 활용한다는 의미다. 결론적으로 초혁신 기술은 소비자의 불편을 해결하기 위한 아이디어를 만드는 도구에 지나지 않는다. 그리고 감성 지능에서 나오는 공감 능력이야말로 초혁신 기술이라는 도구를 철저히 고객 중심으로 컨트롤하는 절대적인 힘이라고 할 수 있다.

4. 작지만 강한 스몰 데이터, 인공 지능을 감싸는 감성 지능

17년간 스티브 잡스와 함께 광고와 마케팅을 이끌었던 켄 시걸은 저서 《미친듯이 심플》에서 "모든 비즈니스의 표적은 사람이다. 훌륭한 기술들을 구구절절 설명하기보다 인간적인 용어로 짤막하게 표현할 때 고객과 더욱 가깝게 소통할 수 있다"며 '인간을 생각하라Think Human'를 주장했다. 그의 주장은 다음과 같은 사례들로 구체화된다.

싱가포르의 디자인 회사 스틱Stuck이 공개한 키네틱 터치리스 Kinetic Touchless는 직접 접촉하지 않고 엘리베이터 버튼을 누를 수 있는 기술로, 손가락의 동작을 추적해 버튼을 물리적으로 작동시키는 방식이다. 손가락이 버튼 가까이 접근하면 버튼이 안쪽으로 들어가고, 멀리하면 버튼이 다시 나오는 방식이다. 입생로랑 뷰티가 공개한 스마트 립스틱 '루주 쉬르 므쥐르Rouge Sur Mesure'는 사용자가 원하는 색상을 직접 만들 수 있는 스마트 화장품이다. 사용자가 전용 모바일 앱으로 원하는 색을 고르면 립스틱 안에 있는 액상 잉크 카트리지 3종류가

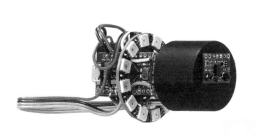

섞여서 나오는 방식이다. 이는 작지만 강한 스몰 데이터와 인공 지능을 감싸는 감성 지능이 소비자들에게 넛지로 다가간 사례다. 그리고 이런 사례들은 캐즘을 극복하고 넛지로 사람들의 편의를 극대화한 것으로 볼 수 있다.

따라서 앞으로의 비즈니스 기회는 빅 데이터보다 스몰 데이터, 그리고 오프라인에서 수집하는 행동 데이터에서 나올 수 있다. 특히 오프라인에서의 기회는 더 커질 것이다. 왜냐하면 베타, 모던 리테일 컬렉티브, 츠타야 가전 플러스, 부스터 스튜디오, 메이커스랩처럼 오프라인 점포를 '물건을 파는 장소'가 아닌 '데이터를 수집하는 장소'로 활용한 사례는 오프라인이 나아가야 할 방향에 관한 힌트를 던져 주기 때문이다. 중소기업연구원이 2021년 4월에 발표한 '오프라인 유통의 혁신: 서비스로서 유통RaaS: Retail as a Service' 보고서에서는 앞선 사례들이 스몰 데이터를 바탕으로 한 오프라인 유통의 미래상을 보여 주었다고 밝혔다.[14] 서비스로서의 유통은 특히 가전뿐 아니라 패션과 화장품 등 오프라인 체험을 매우 중요하게 여기는 카테고리에서 활용도가 높을 것이다. 그리고 행동 데이터를 바탕으로 기획된 제품은 감성 지능에 따라 디자인될 필요가 있다.

함께 읽으면 더 좋은 책

《스몰 데이터》 [마틴 린드스트롬 지음]

모든 비즈니스가 빅 데이터만으로는 성과를 낼 수 없다는 것을 보여 주는 책. 저자는 고객 속으로 들어가 사소해 보이지만 결정적인 통찰을 줄 수 있는 스몰 데이터에 집중하라고 조언한다. 스몰 데이터가 어떻게 해석되어 비즈니스에 결정적 영향을 주었는지 수많은 사례를 소개한다. 이 책 한 권이면 빅 데이터에 대한 맹신을 조금은 버릴 수 있을 것이다.

《호모 엠파티쿠스가 온다》 [최배근 지음]

호모 엠파티쿠스Homo Empathicus란 '공감하는 인간'으로 다양한 자원을 연결하고 가치를 창출해야 하는 디지털 생태계에서 반드시 필요한 인간형이라고 이 책은 말한다. 그래서 데이터를 모으는 것보다 데이터를 연결하고, 데이터 속에 담긴 함의를 찾아내는 감성 지능이 중요하다는 것을 느끼게 해 준다.

15장

폴리매스형 전문가 VS. 긱 워커와 로봇

유일무이하거나 다재다능한 전문가만 살아남는 긱 이코노미

1. 인간과 로봇의 일자리 치킨 게임

다음은 영국 드라마 〈이어즈 & 이어즈〉에 나오는 내용이다. 로봇과의 동거, 모든 직업의 자동화, 대량 실업 사태, 긱 이코노미Gig Economy 현상의 심화, 긱 잡Gig Job(호흡이 짧은 5~10가지 일들) 의존화, 설 자리를 잃은 인간 등. 2034년까지의 사건을 풀어내고 있는 〈이어즈 & 이어즈〉는 놀랍게도 2019년 5~6월에 방영된 드라마다. 하지만 이런 일들은 2021년 현재 실제로 일어나고 있는 것으로 보인다. 그렇기 때문에 수많은 트렌드 전망서와 전문가들이 로봇의 등장과 그에 따른 긱 워커

그림 15-1 | 미래학자 토머스 프레이 다빈치연구소 소장은 2030년까지 현존하는 직업의 절반이 사라질 것이라고 예측했다.

Gig Worker를 메가 트렌드로 꼽고 있다. 로봇과 긱 워커는 각각 다른 메가 트렌드이지만 〈이어즈 & 이어즈〉의 내용처럼 하나의 흐름, 하나의 메가 트렌드로 이해할 수 있다.

〈이어즈 & 이어즈〉가 2023년까지 일어날 것이라고 예상했던 일들이 2020~2021년 현재 메가 트렌드로 언급되는 원인은 결국 코로나19로 앞당겨진 디지털 전환과 로봇의 상용화 때문일 것이다. 즉, 코로나19는 대면이 필요하거나 단순하고 반복적인 일에서 사회 안전이라는 명분 아래 로봇이 사람을 대신하도록 만들었다. 많은 전문가는 디지털 전환 시대에 로봇이 '혁신의 출발'이라 말하며 비대면 사회의 필수 기술 중 하나로 로보틱 프로세스 자동화Robotic Process Automation, RPA를 꼽는다. 그만큼 현재 로봇은 제조와 물류는 물론 관리 업무까지 다양한 역할을 수행하고 있고 그 결과 사람은 로봇과 일자리 경쟁을 하게 되었다. 그리고 이런 변화는 사람들의 경제 활동과 직업에까지 실질적인 영향을 미치고 있다.

이에 따른 두드러지는 현상 중 하나는 긱 이코노미의 팽창과 긱 워커의 증가다. '긱'이란 용어는 1920년대 미국 재즈 클럽에서 단기로 고용한 연주자를 부르는 용어에서 유래했으며 '일시적인 업무'를 뜻한다. 또한 긱 이코노미는 정규직 직원을 고용하는 대신 그때그때 필요에 따라 계약직 직원이나 프리랜서 등을 섭외해 단기간 일을 맡기는 경제 방식을 말한다. 이러한 긱 이코노미에 종사하는 노동자를 긱 워커라고 하는데 배민커넥트와 쿠팡이츠의 배달 파트너, 우버 드라이버, 숨고와 크몽의 프리랜서, 아이디어스의 자영업자가 여기에 속한다. 긱 워커들은 다양한 앱 플랫폼을 통해 단기 계약 형태로 일을 구하는데, 최근 이런 일자리들이 늘어나고 있어 결국 '직업'이 사라지고 '일'이 그 자리를 대신한 듯한 모양새다.

긱 이코노미의 장점은 노동 시장에서 사용자의 효율뿐 아니라 공급자의 유연성도 고려한 양자 간 매칭을 통해 새로운 일자리 형태를 창출한다는 것이다. 노동을 사용하는 측은 불필요한 지출 없이 필요한 거래 비용만 지불하면 되고, 일을 제공하는 공급자, 즉 노동자 측은 노동의 유연성을 통해 원하는 시간에 원하는 만큼만 일할 수 있다. 대표적인 것이 제로 아워 계약Zero-Hours Contracts으로, 계약은 했으나 정해진 노동 시간 없이 고용주가 요청할 때만 업무를 하고 일한 만큼 시급을 받는 고용 형태다. 예를 들어 소매·숙박 및 식음료·레저 업계의 단순 노무직 종사자, 혹은 통역사처럼 일회성 근무를 하는 경우가

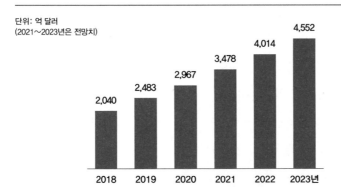

그림 15-2 | 글로벌 긱 이코노미 시장 규모 및 전망. (자료: 마스터카드 앤드 카이저어소시에이츠)

여기에 속한다. 이러한 긱 워커의 노동 유연성은 전업주부와 은퇴자들이 노동 시장에 재진입하는 기회를 제공하기도 했다.

긱 워커의 최대 장점인 노동 유연성은 노동자들에게 여러 혜택을 부여할 수 있다. 우선 일반적인 기업의 다소 경직된 고용 채널 대신 다양한 앱 플랫폼을 통해 일을 구할 수 있고, 자신의 전문성을 홍보해 클라이언트의 의뢰를 직접 유치할 수도 있다. 나아가 소속된 직장이 없는 만큼 여러 회사의 프로젝트, 다양한 업종의 일을 처리하는 'N잡러'가 될 수 있다. 더불어 조직에 얽매이지 않고 주도적으로 업무를 처리함으로써 개인의 능력을 자유롭게 펼치며 성장할 수 있다. 그렇기 때문에 세계은행은 온라인을 통한 아웃소싱 시장 규모가 2013년 19억 달러에서 2020년 150억~250억 달러까지 10배 이상 커질 것으로 내다봤다. 이는 아웃소싱이 늘어나는 만큼 직업군과 직업 분야가 다양해지고 건별 거래액도 커질 수 있다는 의미다. 그리고 마스터카드 보고서에 따르면 글로벌 긱 이코노미 시장 규모는 2018년 2040억 달러에서 2023년 4552억 달러 규모로 급성장할 것이라고 한다. 결국 코로나19로 더 빨리 마주하게 된 로봇 생태계와 긱 이코노미는 피할 수 없을 뿐 아니라 더 높은 효용성과 효율로 시장 규모 역시 커지고 있다.

2. 긱 이코노미의 그늘 속에서 일하는 사람들

– 플랫폼 노동자의 한계와 처우 개선 노력

긱 이코노미의 다양한 장점 이면에는 그에 따른 역효과도 분명히 존재한다. 긱 이코노미가 확산되면 안정적인 일자리 자체가 줄어들 수 있고, 기업은 우수한 인재의 유출을 걱정하게 되는 등 노동 시장 전반에 불확실성과 불안감이 확산될 수 있다. 그리고 이것은 긱 워커의 실질적인 수입에도 결정적으로 영향을 미친다. 불확실성과 불안감은 노동의 가치를 떨어뜨릴 수 있기 때문이다. 게다가 긱 이코노미 안에서 근무 시간이 유연한 사람에 대한 차별인 플렉시즘Flexism까지 존재하는 것으로 나타났다.[1] 마지막으로 긱 이코노미가 노동 유연성을 안겨 줌과 동시에 오히려 더 크고 넓은 경쟁 환경을 만들어 긱 워커가 공유 경제에서 경쟁을 체념하는 체념 경제로 전락하게 되는 경우를 양산한다는 우려도 존재한다.

그림 15-3 | 한국노동사회연구소의 조사에 따르면 2021년 기준, 우리나라 노동자의 10명 중 1명이 플랫폼 노동자다.

긱 워커의 대다수를 차지하는 플랫폼 노동자들의 경우 특히 고용 형태를 둘러싼 문제가 도마 위에 오르고 있다. 긱 워커는 '자기 고용 근로자, 독립형 근로자, 프리랜서' 등으로 분류되기도 하지만 법과 제도적으로 긱 워커의 정체성에 관한 논의는 끊이지 않는다. 그리고 플랫폼 경제에 따른 배달 시장이 커지면서 배달 기사들의 안전과 처우 문제도 점점 부각되지만 플랫폼 기업이 책임을 회피하면 배달 기사들은 위험을 스스로 부담해야 한다. 플랫폼 기업으로부터 서비스를 평가받고 사실상 업무 지시와 통제를 받는데도 자영업자로 간주되어 모든 책임을 떠안아야 하는 것이 현실이다.[2]

이런 구조적인 문제에 따라 긱 워커를 둘러싼 여러 법제화 움직임이 있다. 예를 들어 국내의 경우 노사정을 구심점으로 한 플랫폼 노동자에 관한 분쟁 관련 논의가 진행되고 있다. 2020년 4월에는 '플랫폼 노동 대안 마련을 위한 사회적 대화 포럼'이 개최됐고 여기서 배달 산업이 주요 주제로 상정되면서 6개월간 노사의 자발적 논의하에 관련 이슈에 관한 기준과 제도를 마련하도록 권고되었다.[3] 2020년 5월에는 대통령 직속 경제사회노동위원회가 '디지털 플랫폼 노동: 배달 업종 분과위원회'를 열었는데 이를 통해서도 배달업 종사자들의 사회 보장과 안전 문제에 대한 방안이 논의되었다.

　해외 사례를 살펴보면 2020년 8월, 캘리포니아 고등 법원은 우버와 리프트 운전자를 독립 계약자가 아닌 근로자로 재분류해야 한다고 판결했다. 또한 캘리포니아에서 우버와 리프트 서비스가 중지될 상황에서 항소 법원이 조건부 긴급 유예를 결정했고 우버와 리프트는 주민 발의안을 제출해 2020년 11월 미 대선일에 주민 투표를 추진했다. 이 같은 흐름을 보면 긱 워커에 대한 활발한 법과 제도가 논의되고 있는 것으로 보이지만 반대로 현재 긱 워커와 관련된 다양한 문제가 발생되는 것으로 해석할 수도 있다. 게다가 현재까지 진행된 여러 논의는 지엽적이고 국지적이라는 한계를 안고 있고, 수많은 케이스 중 일부의 판결에 그치고 있어 과연 긱 워커가 메가 트렌드로 자리를 잡을 수 있을지에 대한 근본적인 의문이 남는다. 특히 긱 워커 관련 전문가들은 법원 판결에서 일부 택배 기사, 대리 기사 등을 근로자로 인정하는 사례가 나오고 있다. 하지만 플랫폼 기업별로 근로 형태와 조건이 제각각이어서 개별 사례에 따라 근로자성 판단은 달라질 수밖에 없어 모든 양태의 플랫폼 노동을 포괄해 규율하는 방식의 접근은 한계가 있다고 지적되고 있다.[4]

– 노동 유연성을 얻고 안정적인 수입을 잃다

더 큰 문제는 긱 워커들의 실질적인 수입과 맞물려 있다. 능력치나 근로 동기를 기준으로 하면 같은 긱 워커라도 프리 에이전트, 시간제 긱 워커, 비자발적 긱 워커, 저소득 긱 워커로 층위가 나뉘는 것이 현실이다. 여기서 프리 에이전트는 정규직으로 취업할 능력이 있음에도 자발적으로 프리랜서가 된 사람들을 가리킨다. 시간제 긱 워커는 정규직으로 일하면서 추가적인 수입이나 자아 성취를 위해 틈틈이 긱 워커로 일하는 사람들을 뜻한다. 앞의 두 부류와 달리 비자발적 긱 워커는 정규직으로 취업하지 못해서 어쩔 수 없이 긱 워커가 된 사람들을 말한다. 다시 말해 이들은 정규직 취업에 성공하면 바로 긱 워커를 그만둘 사람들이다. 마지막으로 저소득 긱 워커는 본업의 수입이 너무 적어서 선택이 아니라 필요에 따라 긱 워커가 된 사람들을 뜻한다. 앞의 두 부류와는 성격이 다른 비자발적 긱 워커와 저소득 긱 워커들이 긱 이코노미의 음지에 있게 될 가능성은 크다.

문제는 코로나19로 인해 앞당겨진 긱 이코노미에서 비자발적 긱 워커와 저소득 긱 워커가 차지하는 비중이 상대적으로 더 크고 이들에게는 안정적인 수입이 보장되지 않는다는 점이다. 즉, 인력의 과잉 공급이 저임금으로 이어지는가 하면 설상가상으로 긱 워커들은 앱 플랫폼 안에서 다른 노동자들과 치열하게 경쟁하며 일감을 쟁취해야 한다. 이 과정에서 저가 경쟁이 노동 품질 저하를 초래하고 더 나아가 긱 워커 인력 풀 자체에 대한 신뢰성까지 떨어뜨릴 수 있다. 실제로 재능거래 플랫폼 '재능아지트'에서 프리랜서 300명을 대상으로 한 조사에

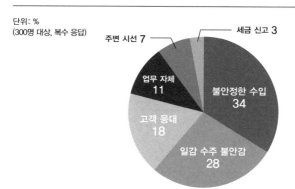

주변 시선 7

세금 신고 3

업무 자체
11

불안정한 수입
34

고객 응대
18

일감 수주 불안감
28

그림 15-4 | 프리랜서의 가장 큰 스트레스 요인은? (자료: 재능아지트)

따르면 업무로 인해 어떤 스트레스가 있냐는 질문에 '수입이 일정하지 않은 부분에 대한 스트레스'가 34%, '일감이 줄거나 없어질 수 있다는 불안감'이 28%로 불안정한 수입과 관련된 응답이 대부분을 차지했다.[5]

더구나 긱 워커들은 앱 플랫폼과 개인 사업자로서 계약을 맺기 때문에 최저 임금, 4대 보험 등 노동자의 권리를 갖지 못할 뿐 아니라 퇴직금도 받을 수 없다. 이러한 측면에서 프리랜서의 확대, 플랫폼 노동이 보편화되는 흐름에 맞춰 이들을 위한 사회 안전망을 구축해야 한다는 의견이 제기되고 있다. 이를 의식한 정부가 전 국민을 대상으로 하는 고용 보험 추진을 공식화하기는 했으나 기존에 존재하던 프리랜서는 물론 새롭게 등장한 긱 워커에 대한 고용 안정 제도는 아직 논의 단계에 있을 뿐이다. 이에 대해《직장이 없는 시대가 온다》의 저자 새

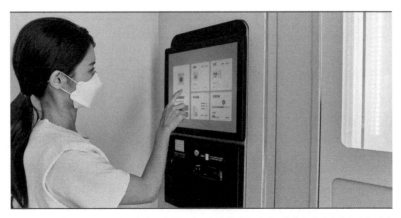

그림 15-5 | 키오스크 등 무인 운영 시스템의 도입으로 인해 각종 서비스업에서의 직업의 종말은 이미 시작되었다.

라 케슬러는 "긱 경제 속에서 자유롭게 직업을 선택하고 시간을 활용하는 특권은 전문가나 독보적인 기술을 가진 사람들만이 가질 수 있으며 많은 전문가가 전망하는 단순 업무 중심의 긱 잡은 사회 안전망이 없다면 예전보다 더 힘든 상황에 놓일 것"이라고 예측했다. 결국 이러한 문제가 해결되지 않는다면 고용과 수입의 불안정성은 비자발적 긱 워커나 저소득 긱 워커에게만 머물지 않고 프리 에이전트나 시간제 긱 워커로까지 확장될 가능성이 크다.

– 공유 경제로 시작했다가 체념 경제로 전락하다

대다수의 긱 워커, 즉 1인 사업자의 결말을 여실히 보여 주는 현장이 있다. 바로 1인 사업자가 대거 등장한 유튜브 시장이다. 아직도 많은 사람이 유튜브 채널을 끼와 콘텐츠만 있다면 일반인이라도 일확

천금의 꿈을 실현할 수 있는 엘도라도로 여기는 듯하다. 하지만 유튜브 시장에도 기업들의 진출이 늘어나면서 개인 유튜버들의 조회 수가 위협받고 있다. 디지털 엔터테인먼트 기업 샌드박스네트워크가 2020년 1월 1일부터 2020년 12월 31일까지 1년간 국내 유튜브 시장에서 구독자 4만 5000명 이상을 보유한 채널 9000여 개의 데이터를 분석한 결과, 유튜브 구독 트렌드가 점점 1인 미디어 플랫폼에서 기업형 채널로 옮겨 가는 추세인 것으로 나타났다. 개인이 중심이 돼 콘텐츠를 제작, 공급하는 개인형 채널의 유튜브 점유율은 4.9% 포인트 감소했지만 기업형 채널의 점유율은 4.9% 포인트 늘어난 것이다. 샌드박스네트워크는 "무한도전, 1박 2일, 인기가요 등 과거 인기를 누렸던 TV 프로그램이 유튜브에 올라오면서 국내 유튜브 시장도 1인 미디어 플랫폼 중심에서 기업형 미디어로 옮겨 가기 시작했다"라고 분석했다.[6]

　　또한 2020년에 수가 가장 많이 늘어난 기업형 채널은 전체 기업형 채널의 32.6%를 차지한 브랜드 채널이다. 이는 많은 기업이 TV와 같은 전통적인 미디어를 통한 광고보다 유튜브 광고가 더 큰 효과를 낸다고 판단한 결과다. 그리고 2020년 구독자 수 및 조회 수가 가장 빠르게 늘어난 기업형 채널은 연예 기획사 음원 유통 채널로 집계됐다. 음원 유통 채널당 구독자 수는 타 채널 대비 평균 32.5% 더 높았고, 평균 조회 수 성장률은 5.5%를 상회했다. 결국 유튜브 시장은 기입형 미니어, 그중에서도 브랜드 채닐과 연예 기획사 채널이 주도하기 시작했고 이런 경쟁 속에서 개인 유튜버는 살아남기 힘들어진 형국이다.

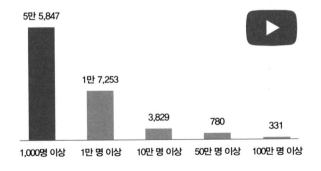

그림 15-6 | 구독자별 국내 유튜브 채널 수. (자료: 플레이보드)

그래서 개인 유튜버들의 유튜브 포기 사례가 속출하고 있다. 진입 장벽이 낮은 만큼 일반인들이 대거 유튜브 시장에 뛰어들면서 영상 제작 용품 거래액이 매달 증가세였지만 이와 동시에 중고 시장에 매물로 쏟아지는 장비도 적지 않다. 중고 거래 플랫폼 당근마켓에 따르면 영상 촬영 장비 중고 매물은 다달이 증가하는 추세다. 2020년, 월 500여 건에 불과했던 판매 등록 건수가 2021년 들어 2배가량 늘어난 것이다. 한편 국회 기획재정위원회 소속 양향자 의원이 국세청으로부터 받은 자료에 따르면 1인 유튜버의 월 평균 수입은 178만 원인 반면 기업의 지원을 받는 기업형 유튜버 채널 1개의 월 평균 수입은 933만 원으로 집계됐다. 단순 비교하자면 1인 유튜버와 기업형 유튜버의 수입 차이는 5배가 넘는 셈이다.[7] 이런 현실에서 콘텐츠를 공유하며 수입을 극대화하고자 했던 개인 유튜버들은 경쟁을 체념하는 체념 경제로 향할 수밖에 없게 되었다.

3. 긱 이코노미 시대는
폴리매스형 인재를 원한다

– 다재다능하고 박학다식한 인재가 되려면

코로나19로 인한 로봇의 등장과 광범위한 로봇 활용이 긱 이코노미와 긱 워커의 규모를 키웠고, 이로 인해 고용 효율과 노동 유연성이 확보된 것은 사실이다. 하지만 여전히 긱 워커는 비자발적 긱 워커, 저소득 긱 워커, 플랫폼 노동자에 그치는 한계를 안고 있다. 이런 흐름이 지속되면 결국 노동의 종말, 직업의 종말까지 이어질 수 있다는 우려의 목소리도 나온다. 이러한 문제의식에 따라 등장한 개념이 폴리매스Polymath형 인재다. 폴리매스의 사전적 의미는 '박식가'다. 이와 관련하여 《폴리매스》의 저자 와카스 아메드는 이 단어를 '여러 주제에 대해 광범위하게 알고 있는 사람'으로 규정했다. 그리고 더 나아가 '서로 연관이 없어 보이는 다양한 영역에서 출중한 재능을 발휘하는, 종합적인 사고와 방법론을 지닌 사람'으로 풀이한다. 즉, 폴리매스형 인재는 '다재다능한 사람, 박학다식한 사람'으로 이해될 수 있다.

폴리매스형 인재는 긱 워커와 같은 N잡러와 달리 2가지 분야 이상에서 전문성을 확보한 사람이다. 또한 폴리매스형 인재는 서로 다른 분야의 기법이나 지식을 결합해 과제를 처리하고 문제를 해결한다. 이들은 서로 다른 두 대상 사이의 경계를 허물고 네트워크를 통해 창의성과 총체적 사고로 시대를 이끌어 간다. 궁극적으로 폴리매스형 인재는 현시대의 메가 트렌드를 좌우할 키를 쥔 사람들로 지목된다. 결국 폴리매스형 인재는 긱 워커와 또 다른 의미의 트렌드로 작용할 수 있다는 뜻이다.

앞서 살펴보았듯이 로봇의 등장과 긱 워커의 증가는 사람이 제한된 단순 업무만 처리하는 소모품처럼 취급되는 듯한 인상을 안겨 주었다. 이러한 시대에 폴리매스형 인재는 오히려 2가지 이상의 분야에서 심도 있는 전문성과 정보력을 갖추고 커뮤니케이션 능력으로 무장해 로봇이 침범할 수 없는 업무 분야에서 충분한 역량을 발휘할 수 있다. 즉, 폴리매스형 인재는 일자리를 둘러싼 로봇과의 치킨 게임에서 높은 승률을 가진 부류다. 이들은 다양한 분야의 경계를 허물기 위해 심도 있는 재교육을 지속적으로 추구한다.

– 대표성과 희소성을 선사하는 지식 큐레이션

폴리매스형 인재의 핵심은 전문성이다. 전문성은 여러 가지로 정의될 수 있지만 세계적인 전문가 집단으로 알려진 코어 클럽The Core Club과 아트 클럽The Arts Club에서 언급하는 전문성은 다음과 같다. 첫째, 일류A-Lister로서 전문 분야에 대해 최고의 평가를 받거나 명성이 높은 사람이다. 단, 여기서 평가는 조직장보다 그 사람 자체의 전문성에 대한 평가를 말한다. 예를 들어 특정 분야에서 명예의 전당에 입성한 사람, 진입 장벽이 높은 학회 멤버, 저명한 기관 및 매거진이 선정한 소수의 위인, 작위나 훈장을 받은 사람, 세계 대회 등 명성 있는 대회 수상자, '최초' 타이틀을 획득한 사람, 명문대 박사 학위를 취득한 사람 등이 일류에 해당한다. 둘째, 대표성Representative을 지닌 사람으로 기업 오너, CEO, 기관장, 학교장, 출판사 사장이나 편집장 등 높은 사회적 지위로 전문 분야의 대표성을 띠는 사람을 뜻한다. 더 나아가 그 지위를 활용해 폭넓은 영향력과 네트워크 효과Network Effect를 누릴 수 있는 사람까지 포괄한다. 셋째, 희소성Scarcity을 지닌 사람으로, 일류나 대표성을 띠는 사람은 아니지만 쉽게 접할 수 없는 조직의 일원이라는 자체로 희소한 사람, 즉 그 희소성만으로도 전문성과 명성을 인정받을 수 있는 사람을 뜻한다. 예를 들어 UN 등 국제 기구 소속 활동가, 이탈리아 국립 보존복원전문학교 ISCR 출신 복원사, 테이트 모던 큐레이터, 디즈니 애니메이터 등이 희소성에 해당한다.

폴리매스형 인재에게는 높은 수준의 전문성이 요구된다. 그리고 그 세부 분야를 살펴보면 기본적으로 법과 의료 서비스부터 육아, 가사, 정리 전문가까지 매우 폭넓고 다양하다. 이때 전문성은 어떤 수준이나 경지를 의미할 뿐 아니라 특정 분야에 대한 높은 이해도를 바탕으로 타인에게 지적 정보를 전달할 수 있고 영향력을 행사할 수 있는 정도를 뜻한다. 최근 이를 바탕으로 한 지식 콘텐츠 플랫폼이 각광받는 것 또한 전문성과 관련된 하나의 흐름이다. 일하는 사람들의 콘텐츠 플랫폼을 지향하는 퍼블리PUBLY는 마케팅 트렌드와 브랜딩 인사이트가 필요한 주니어 직장인에게 다양한 지식 콘텐츠를 제공한다. 이 콘텐츠 제공자들은 각 분야에서 전문성을 확보한 사람들이다. 이런

그림 15-7 | 지식 콘텐츠 플랫폼과 온라인 클래스 시장의 성장은 자기계발과 역량 강화 수요를 반영한다.

특화된 정보를 제공하는 서비스를 바탕으로 퍼블리는 2021년 2월 기준 유료 구독자 2만 명을 넘어섰다.[8] 또한 '내일의 변화를 읽는 시간'이라는 슬로건을 앞세운 폴인fol:in은 기술과 산업 현장의 인사이트가 필요한 사람들에게 전문성 있는 지식 콘텐츠를 제공하고 있다.

– 적극적인 재교육으로 전문성을 획득하라

폴리매스형 인재의 전문성은 단번에 형성되는 것이 아니다. 우선 복수 분야에서 전문성을 갖춰야 하고 이 전문성들을 연결할 수 있는 '연결 지성'이 뒷받침되어야 한다. 연결 지성은 아무런 관련이 없어 보이는 분야들을 연결해서 난관을 돌파하고 문제를 해결하는 능력이다. 이에 대해 폴리매스 전문가를 자청하는 아주대학교 박형주 총장은 "연결은 각 전문성의 정체성이 유지되면서 서로 연결하고 협력해 새로운 가치를 만들어 낸다는 뜻을 담고 있다. 그래서 미래는 연결의 시대가 될 것이다"라고 강조했다.

그리고 폴리매스 전문가들은 연결 지성이 뒷받침된 복수 분야의 전문성을 갖추기 위해 재교육을 두려워하지 말라고 조언하면서 그 방법론으로 독서와 사람을 제안한다. 이와 관련해 박형주 총장은 "자신이 겪어 보지 않은 분야에 대한 경험을 얻는 가장 좋은 방법은 다양한 책을 읽는 것이다. 분야를 가리지 말고 많은 독서를 추천한다"라고 밀했다. 이러한 관점과 방법론은 교육 서비스 기업인 대교가 진행 중인 '빡독 캠페인'에서도 찾아볼 수 있다. '빡독'은 '빡세게 독서하자'의 줄임말로, 독서를 희망하는 참가자들이 한자리에 모여 함께 독서하며 자신의 이야기를 나누는 프로그램이다. 즉, 독서를 함으로써 재교육에 익숙해지고, 다른 사람들과 독서를 통해 교류함으로써 연결 지성을 극대화하자는 취지다. 대교는 한국의 독서율이 OECD 국가 평균 이하인 사회적 이슈에 공감해 2018년부터 '빡독 캠페인'을 시작했는데, 캠페인에 참가한 지원자가 캠페인 초기 대비 2020년에 15배 이상 증가할 정도로 꾸준한 관심을 받고 있다.

한편 '거꾸로 멘토링Reverse Mentoring' 제도는 본인에게 부족한 전문성을 채우기 위해 '사람'을 방법론으로 선택한 사례다. 이 사례는 LG그룹이 2019년부터 도입한 것으로 20대 신입 사원이 멘토가 되어 멘티인 50대 회사 임원에게 'MZ세대의 모든 것'에 대해 알려 주는 프로그램이다. 즉, 자신보다 직급과 나이가 아래인 사람을 멘토로 삼아 그들의 사고, 지식, 기술, 트렌드를 학습하는 장인 것이다. 이는 아래 직급 직원들은 물론 시장의 젊은 고객들과 공감하고 소통하는 능력, 곧 새로운 시대에 걸맞은 전문성을 향상하려는 노력이다. 이에 대한 성과를 바탕으로 삼성전자, LIG넥스원, 교보생명 역시 속속 거꾸로 멘토링을 도입하고 있다.

- 연결성은 커뮤니케이션 능력에서 나온다

한편 전문성을 갖춘다는 것은 남다른 콘텐츠와 '브랜드를 가진 탁월한 워커'가 되는 일이기도 하다. 기술과 장비의 발달로 누군가의 콘텐츠를 베끼는 게 매우 쉬워졌지만 그렇다고 해서 한 사람의 고유한 전문성이 담긴 콘텐츠와 브랜드를 똑같이 흉내 낼 수 있는 것은 아니기 때문이다. 그리고 이러한 브랜드 파워는 네트워크 효과, 즉 연결성에 의해 시간이 지날수록 더욱 공고해진다. 그런 점에서 폴리매스형 인재의 가치가 여실히 드러나는 지점은 바로 연결성이다. 앞서 언급한 전문 분야 간 지식이나 정보의 연결도 중요하지만 결국 다른 사람들과의 연결, 곧 자신이 가진 전문성과 재능을 타인에게 전달할 수 있는 커뮤니케이션 능력이 진정한 폴리매스형 인재로 거듭나게 해 준다. 유튜브는 이러한 커뮤니케이션 능력의 중요성을 잘 보여 주는 플랫폼 중 하나다.

초기 유튜브는 콘텐츠의 내용이나 기술적인 면에서 전문성과 완성도가 턱없이 부족했다. 하지만 최근 유튜브 시장이 전체적으로 성숙 단계에 들면서 법률가, 의사 등 전문가의 참여가 늘었다. 이들은 튀는 소재와 눈길 끌기식 영상에 의존하는 기존 개인 유튜버와는 확연히 다른 모습을 보여 준다. 특히 분야별 깊이 있는 전문 지식을 쉽게 풀어내는 능수능란함이 이들의 강점이다. 이들의 등장에 따라 '전문가 유튜브'라는 영역이 생겼을 정도다. 전문가 유튜브는 구독자도 상당하지만, 조회 수를 올려 주고 영상을 끝까지 보는 충성도 높은 구독자 비중이 높다는 특징이 있다. 디지털 PR 전문가인 김종대 쉐어하우스 이사는 "전문가들이 유튜브에서의 활동 영역을 빠르게 넓혀 가고 이런 현상은 갈수록 속도가 붙을 전망"이라며 "가령 등산이나 심마니 세계와 같은 미개척 분야가 많이 남아 있다"고 진단했다.[9]

이러한 전문가 유튜브 채널은 다양한 분야에서 찾아볼 수 있다. 예를 들면 외교·안보 분야에서는 외교관 출신 천영우 한반도미래포럼 이사장이 운영하는 천영우TV(구독자 2.31만 명)가 큰 호응을 얻고 있다. 일반인들이 이해하기 어려운 복잡한 국제 질서를 외교 전문가가 현실주의 시각에서 알기 쉽게 설명해 주기 때문이다. 법률 분야에서는 판사 경력 34년의 박일환 전 대법관이 운영하는 차산선생법률상식(구독자 13.5만 명)이 인기를 끌고 있다. 일반인들로서는 궁금하지만 막상 스스로 알기는 쉽지 않은 법률 문제를 쉽고 간결하게 설명해 준다는 평을 받는다. 이는 박일환 전 대법관이 '자서전 대신 유튜브를 택했다'고 고백할 만큼 깊은 공감을 바탕으로 시청자, 구독자들과 소통한 결과다.

자유기업원 원장을 지낸 경제학자 공병호 씨가 운영하는 공병호TV(구독자 61.5만 명)도 대표적인 전문가 유튜브다. 이 외에 의학 분야에서는 세로토닌 전도사 이시형 박사가 운영하는 이시형TV(구독자

5.72만 명)를 꼽을 수 있다. 이시형 박사는 우리가 쓰는 '화병火病'을 세계 정신의학 용어로 만든 신경정신과 의사로, 어려운 의학 용어를 쓰는 대신 교훈적인 이야기를 통해 '시청자의 정신 건강을 책임지는 의사'로 유명하다. 약품 분야에서는 약사 고상온 씨가 운영하는 약사가 들려주는 약 이야기(구독자 85.8만 명)가 있다. 그는 약국에서는 잘 설명해 주지 않는 약과 건강 기능 식품 및 의약 외품 정보를 공유하기 위해 유튜브를 시작했다고 밝혔다.

이처럼 법이나 의료처럼 전문가와 일반인 사이에 지식과 정보 비대칭이 큰 분야일수록 채널의 가치가 크고, 전문가 유튜버는 체념 경제로 전락할 수밖에 없는 개인 유튜버와 온전히 다른 길을 걷고 있다. 여기에 커뮤니케이션 능력이 출중한 전문가들은 같은 관심사를 가진 유저와 다대다로 소통하는 커뮤니티 역할까지 수행함으로써 독보적인 영역을 구축하고 있다. 결국 전문가 유튜버의 높은 구독자 수만큼 우리는 실제 삶에서 전문가들에게 많은 부분을 의존하고 있다. 그리고 이는 로봇과 긱 워커로 상징되는 긱 이코노미에서 살아남을 수 있는 방향성을 제시하는 것이다.

4. 소모될 것인가, 주도할 것인가

로봇은 사람의 일상에 많은 편의를 제공해 주었고 긱 워커 트렌드는 노동 유연성을 바탕으로 각기 다른 라이프스타일을 추구할 수 있게 해주었다. 하지만 긱 워커는 여전히 고용 불안정과 미흡한 법과 제도로 인해 긱 이코노미의 소모품으로 전락할 수 있다는 위험을 안고 있다. 결국 노동과 직업의 종말, 일자리를 두고 로봇과 치킨 게임을 벌이는 메가 트렌드 속에서 경쟁력을 확보하려면 폴리매스형 인재로 거듭나야 한다. 폴리매스형 인재는 로봇이 도달할 수 없는 연결 지성을 바탕으로 새로운 가치를 창출할 수 있고 파편화된 긱 워키와 달리 소통을 중심으로 세상에 많은 영향력을 행사할 수 있기 때문이다.

아이돌 출신 김형준 씨는 공중파 음악 방송에서 1위까지 차지한적 있는 인기 그룹의 멤버였다. 그는 현재 유통 플랫폼 쿠팡의 배달원이자 모델이다. 그는 전형적인 긱 워커지만 인기 연예인이었다는 고유의 삶과 경험, 즉 개인 브랜드에 엔터테인먼트 전문성이 더해지자단순 업무를 초월해 특별한 커리어가 주어졌다.

다른 예도 있다. 일반인 A 씨는 전문가 서비스 거래 플랫폼 숨고에서 글쓰기 서비스를 제공하는 프리랜서 작가다. 그는 취미로 시작한 미술 작품 감상을 꾸준하게 기록으로 남겼고 이를 자신의 SNS에게재해 미술 애호가들과 공유했다. 그 결과 A 씨는 미술 작품 평론 원고를 의뢰받으면서 또 다른 일과 수입을 창출했다. 이는 2가지 분야이상의 전문성을 갖추고 꾸준히 커뮤니케이션해 온 결과다.

프리랜서 메이크업 디자이너 B 씨는 어려서부터 만화책을 좋아해 만화 그리기에 대한 미련을 버리지 못하고 있었다. 그래서 일을 병행하며 정식으로 웹툰 작가 교육을 받았고 메이크업 아티스트의 일상

그림 15-8 | 본업과 부업을 넘나드는 인재들은 투잡, 재테크, 부캐 트렌드와 맞물려 더욱 활약하고 있다.

을 담은 웹툰을 연재하기 시작했다. 결과는 성공적이었다. 이들처럼 어떤 일에 종사하든 일하는 모든 사람은 각자의 고유한 재능, 관심사, 자기만의 스토리를 품고 있다. 여기에 재교육을 통해 수요가 창출될 만한 자신만의 전문성을 발전시키고 꾸준히 소통한다면 오히려 긱 이코노미를 주도하는 주체가 될 수 있다.

결국 긱 이코노미의 승자는 긱 워커가 아니라 폴리매스형 인재라고 할 수 있고 이는 네트워크 효과에 근거한다. 네트워크 효과란 사람들이 네트워크를 형성해 다른 사람의 수요에 영향을 준다는 뜻에서 붙여진 경제 현상이다. 이를 폴리매스형 인재에 대입하면 폴리매스형 인재가 가진 연결 지능이 다양한 전문성을 연결·조합하면 인력 시장에서도 수요에 영향을 줄 수 있는 경쟁력을 가지게 된다. 나아가 그 영향력을 바탕으로 다른 사람들과 커뮤니케이션할 수 있다면 노동 유연

성을 확보함과 동시에 안정적인 수입과 미래 경쟁력까지 두루 갖춘 이
상적인 인재로 생존할 수 있다.

함께 읽으면 더 좋은 책

《에이트》 (이지성 지음)
이 책은 인공 지능이 인간을 넘어서는 시대에 인간이 살아남을 수 있는 이유는 인공 지능
이 가질 수 없는 공감 능력과 창조적 상상력이라는 점을 강조하고 있다. 특히 이런 경쟁력
을 갖추고 인공 지능으로 대체되지 않을 나를 만드는 법 8가지를 구체적으로 소개한다.

《폴리매스》 (와카스 아메드 지음)
인공 지능이나 로봇 등 인력을 대체할 수 있는 수단이 더 많아지는 현실에서 저자는 우
리가 폴리매스형 인재가 되어야 한다고 피력한다. 모두들 긱 워커가 트렌드라고 외치고
있을 때 저자는 인재의 패러다임을 바꿔 놓았다. 이 책은 진로를 고민하는 사람들, 직장
을 다니지만 미래가 불안한 사람들에게 새로운 나침반을 제공할 것이다.

16장

전망·공간 마케팅 VS. 디지털 확장 현실

가상 현실은 공간을 만들고, 전망은 고객을 만든다

1. 로블록스와 제페토가 구현한 메타버스의 현재

사회적 거리 두기와 비대면 일상으로 활동 공간의 폭이 좁아지고 집 안에 머무는 시간이 늘면서 공간의 개념은 물론이고 가상 공간도 확장해야 하는 현실에 직면했다. 그래서 다른 메가 트렌드와 마찬가지로 코로나19가 앞당긴 디지털 전환의 흐름 속에서 대두된 것이 증강 현실Augmented Reality, AR, 가상 현실Virtual Reality, VR, 혼합 현실Mixed Reality, MR 등이다. 즉, 집 안이라는 제한된 공간을 가상 공간으로 무한히 확장하여 일상의 경험을 대체하겠다는 것이다. 이 역시 기존에 개발됐던 기술이었고 상용화까지 완료된 서비스였지만 코로나19로 인해 그 적용 범위와 활용도가 매우 높아졌다. 특히 쇼핑, 관광, 여행, 교육 등 오프라인 체험이 중요한 영역의 경우 코로나19로 인한 공간 제약을 극복하기 위해 증강 현실, 가상 현실로 대체 상품과 서비스를 제공하거나 혼합 현실을 활용해 대리만족을 선사하는 콘텐츠를 많이 선보였다. 굳이 밖에 나가지 않고도 쇼핑, 관광, 여행을 즐길 수 있고 수업, 입학식, 졸업식 등 학교 관련 활동 역시 가상의 공간에서 구현이 가능하게 된 것이다. 결과적으로 온·오프라인 경계를 넘나드는 디지털 확장 현실이 확실한 대안으로 떠올랐다.

여기서 더 나아간 것이 메타버스Metaverse다. 메타버스는 가공과 추상을 의미하는 메타Meta와 현실 세계를 의미하는 유니버스Universe의 합성어로 현실 세계가 가상 공간에 그대로 재현된 것이다. 이는 2018년에 개봉한 영화 〈레디 플레이어 원〉의 내용이 단 2~3년 만에 현실화된 것 같다. 메타버스의 핵심은 가상의 공간에서 나를 대신하는 캐릭터로 다른 삶을 사는 것으로 주 사용자는 10대다. 미국 10대 사이에서는 로블록스Roblox가 신드롬 수준으로 인기를 얻고 있다. 로블록스에서는 '나'를 상징하는 3D 아바타가 등장해 다른 사람이 만들어 놓은 콘텐츠와 게임을 즐기거나 '내'가 직접 콘텐츠나 게임을 만들어 판매할 수 있다. 활동의 다양성은 물론 경제 활동까지 가능하다는 장점 덕분에 전 세계 약 1억 5000만 명이 로블록스를 즐기고 있으며 미국에서는 만 9~12세 어린이의 3분의 2, 16세 이하 청소년의 3분의 1이 사용자로 등록되어 있다. 특히 사용자 수와 더불어 사용 시간 역시 주목

그림 16-1 | 2006년 출시된 로블록스의 기업 가치는 코로나19 팬데믹 이후 1년 사이에 8배 넘게 뛰었다. (출처: 로블록스 홈페이지)

할 만한데 시장 조사 기관 센서타워Sensor Tower에 따르면 2020년 미국 10대들은 하루에 156분 동안 로블록스에 접속했다. 유튜브는 54분, 인스타그램은 35분임을 감안하면 로블록스를 더 많이 이용하는 것이다.[1]

로블록스와 함께 주목받는 메타버스 서비스는 네이버제트에서 운영 중인 제페토ZEPETO다. 제페토는 실제 자기 사진을 바탕으로 3D 아바타를 만들고 그 아바타를 원하는 대로 커스터마이징할 수 있는 특징이 있다. 제페토는 전 세계 약 2억 명이 가입했고 10대가 전체 가입자의 80%를 차지하고 있다. 로블록스와 제페토의 인기는 비대면 일상이 이끈 가상 공간의 높아진 활용도와 태생적으로 비대면 일상에 익숙한 10대의 라이프스타일이 시너지를 낸 결과라고 할 수 있다.

사실 이런 개념은 과거 싸이월드에서부터 시작됐다고 할 수 있

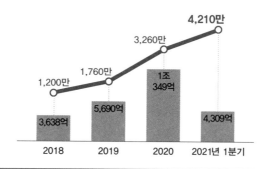

단위: 원, 명

■ 매출(원) ➞○ 하루 평균 이용자 수(명)

4,210만

3,260만

1,760만

1,200만

1조
349억

3,638억　　5,690억　　　　　　　4,309억

2018　　2019　　2020　　2021년 1분기

그림 16-2 | 로블록스 매출 및 하루 평균 이용자 수 추이. (자료: 로블록스)

다. 한동안 서비스를 중단했던 싸이월드가 새로운 사업자인 싸이월드 제트를 통해 2021년 서비스를 재개하게 된 것도 메타버스의 흥행이 불러온 결정이다. 이렇게 보면 증강 현실, 가상 현실, 혼합 현실, 메타버스까지 디지털 확장 현실은 시공간의 많은 한계와 제약을 일순간 극복하게 만들어준 것으로 보인다. 그야말로 디지털 확장 현실은 사회적 거리 두기와 비대면 일상에서 만병통치약으로 느껴지고 이것은 'Ready Player Everyone'이다.

2. 디지털 확장 현실이라는 만병통치약의 부작용

디지털 확장 현실 트렌드는 제한된 공간에서 확장된 가상 공간으로 나아감으로써 공간의 물리적 한계를 극복한다는 장점이 있다. 하지만 각각의 기술에는 여전히 부작용이 남아 있다. 우선 증강 현실은 주로 스마트폰을 통해 접하게 되는데, 증강 현실 효과 극대화를 위해 오프라인에서 활용될 경우 스몸비Smombie를 양산한다는 비판이 있다. 전례는 2017년 출시됐던 포켓몬 고Pokémon Go에서 찾을 수 있다. 당시 서울시는 포켓몬 고 출시 이후 스몸비가 늘었다고 판단하여 서울 주요 250곳에 '보행 중 스마트폰 주의'처럼 스몸비 금지 표시를 설치했다. 해외에서도 포켓몬 고 출시 이후 관련 교통사고나 사유지 침입 등 부작용이 큰 것으로 보고됐다.[2] 이와 같은 부작용은 현재에도 이어지고 있다. 서울시에 따르면 서울 시민 69%는 보행 중 스마트폰을 사용한 적 있고, 보행 중 동영상 시청이나 게임처럼 몰입도 높은 행위를 하는 경우도 69%나 되었으니 서울 시민 중 50%가 스몸비라는 것이다.[3] 더불어 한국교통안전공단에 따르면 2014년 스마트폰을 사용하던 보행자 교통사고는 119건이었으나 2019년에는 225건으로 1.9배 증가했다.[4] 즉, 증강 현실 사용에 따른 부작용은 여전히 유효할 수 있다는 것이다.

가상 현실 장비, 즉 헤드 마운티드 디스플레이Head Mounted Display, HMD 사용에 따른 거부감, 매스꺼움, 피로감도 존재한다.[5] 이를 사이버

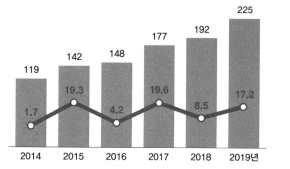

그림 16-3 | 스마트폰 보행자 교통사고 현황 및 증가율. (자료: 한국교통안전공단, 현대해상)

멀미 또는 3D 멀미라고 하는데, 흥미로운 점은 젊은 사람일수록 사이버 멀미를 호소하는 경우가 많다는 것이다. 미국 오리건주에 위치한 패시픽 검안檢眼대학 연구 팀이 성인 203명을 대상으로 3D 영상을 시청하게 한 결과, 24~34세 연령층이 나이 든 연령층에 비해 사이버 멀미를 더 많이 호소했다.[6] 가상 현실을 가장 많이 접하는 젊은 연령층이 사이버 멀미도 많이 호소한다는 것은 매우 큰 한계다. 헤드 마운티드 디스플레이 사용에 따른 시각 유도 멀미Visually Induced Motion Sickness, VIMS 문제는 가상 현실 이용 시간을 제약하고 이는 4차 산업 혁명을 가로막는 주요 난제 중 하나로 언급된다.[7]

그래서 증강 현실과 가상 현실 구현을 위한 웨어러블 글라스 등 멀미와 어지러움을 해소할 수 있는 기술이 개발되고는 있지만 아직까지 획기적인 결과물은 나오지 않았다. 그리고 소비자 심리 조사 결과

그림 16-4 | 여러 기업이 사이버 멀미를 최소화할 수 있는 개인 맞춤형 콘텐츠 제작에 열을 올리고 있다.

아무리 착용이 편한 장비가 등장한다 해도 사람들은 당장 그걸 몸에 걸치고 싶어 하지 않을 거라는 주장도 있다.[8] 왜냐하면 눈이나 머리에 무언가를 착용하는 것은 손목과 달리 시각적으로 매우 큰 영향을 주기 때문이다. 아무리 편한 안경이 출시되었다고 해도 사람들은 시력 교정 수술을 하고, 아무리 편한 모자라 해도 어떤 것도 머리에 쓰고 싶지 않은 사람은 있기 마련이다. 웨어러블 글라스와 헤드 마운티드 디스플레이의 부족한 패션 감성은 그다음 문제다.

　더욱이 테마파크 업계 관계자에 따르면 국내외 주요 테마파크의 평균 체류 시간은 약 5~7시간이고, 가상 현실 테마파크의 평균 체류 시간은 약 2~3시간이다. 이는 테마파크 이용자의 타임 셰어 면에서 큰 차이가 있는 것이다. 이런 한계 때문인지 한국콘텐츠진흥원의 '2020 가상 현실VR 게임 사업체 실태 조사'에 따르면 2019년 가상 현실 게임 사업장 매출액은 2018년 평균 1억 8690만 원에서 2019년 평균 1억 4926만 원으로, 코로나19 이전부터 줄어드는 추세로 확인되었다. 실제 운영비 등을 감안할 때 전체 가상 현실 게임 사업장의 약 52.4%가 매달 적자를 기록하고 있고, 이는 2018년의 40% 대비 늘어난 추세다. 심지어 가상 현실 게임 사업장에 대한 향후 전망을 조사한 결과 전체 응답자의 71.4%가 악화될 것으로 전망했는데 이는 2018년의 55.4% 대비 급증한 것이다.[9] 또한 현대IT&E가 2018년 가상 현실 사업에 본격 진출하며 문을 연 국내 최대 규모의 가상 현실 테마파크 'VR스테이션 강남점'은 2020년 초에 폐점했다. 그리고 월트디즈니컴퍼니 CEO 밥 아이거는 디즈니가 헤드 마운티드 디스플레이를 착용하는 가상 현실 어트랙션을 도입하지 않을 거라고 발표하기도 했다.

마지막으로 메타버스 역시 부작용이 있다. 메타버스의 주 사용자는 10대다. 이들은 메타버스 안에서 배운 능력이나 맺은 인간관계가 현실에 그대로 적용되지 않고 괴리가 있어 혼란을 겪기도 한다. 그리고 메타버스는 '현실을 반영한 거울 세계'로서 사기, 왕따, 성범죄 같은 현실의 부정적인 이슈들이 메타버스 속에서도 그대로 일어날 수 있을 뿐 아니라 3D 아바타 뒤에 숨어 더 악화된 형태로 일어날 수 있다.[10] 결국 좋은 약도 과잉 의존, 남용하면 부작용이 있을 수밖에 없다.

3. 디지털 현실이 줄 수 없는 진짜 현실의 매력, 전망을 팔아라

- 소비자의 모든 감각을 사로잡는 독보적인 전망

결국 증강 현실, 가상 현실, 혼합 현실, 메타버스 등은 코로나19가 앞당긴 디지털 전환의 핵심 산물이지만, 여전히 갈 길은 멀고 메가 트렌드로 당장 활용되기에 역부족인 것으로 보인다. 그렇다고 디지털 확장 현실에 따른 공간의 확장성, 운영의 편의, 몰입감 증대 등을 무시하자는 것은 아니다. 디지털 확장 현실의 가능성과 장점을 인정하되 그에 대한 역발상 트렌드를 적절히 고려해야 한다. 그래서 디지털 확장 현실에 대한 반향으로 떠오르는 것이 '전망View'이다. 여기서 전망은 단순히 경치가 좋다는 의미가 아니다. 디지털 확장 현실이 주지 못하는 실제Real를 통해 완전히 상반된 고객 경험과 가치를 줄 수 있다는 뜻이다. 이런 전망이 꼭 실제 자연이나 경치일 필요도 없다. 전망을 실내로 옮겨 올 수도 있고 초대형 디지털 사이니지를 활용할 수도 있으며, 다양한 기술을 활용해 영화관과 전시장에서 색다른 전망을 선사할 수도 있다.

사람은 시각, 청각, 후각, 미각, 촉각 등 5개 감각을 통해 자신의 환경을 지각하고 인지한다. '몰입 모델'에 따르면 5개의 감각 특성에 따라 동시에 느끼는 감각이 많아질수록 실재감의 변화가 발생하고 몰입에 영향을 미친다.[11] 예를 들어 시각은 외부 세계로부터 받아들이는 감각 정보 중 70% 이상의 비중을 차지하고 넓은 시야각을 확보할수록 더 깊은 몰입이 가능해진다. 청각은 두 방향에서 오는 소리보다 여섯 방향에서 오는 소리가 더 높은 몰입을 이끌 수 있다. 그리고 5개의 감각 중 동시에 느끼는 감각이 많아질수록 몰입도는 더욱 높아진다.

특히 시각의 핵심인 시야각은 한눈에 정보를 받아들일 수 있는 시각적 영역을 의미하는데, 사람은 수평으로 최대 180~200도, 수직으로 최대 100~130도의 시야각을 갖는다. 시야각은 몰입감과 연관되어 있어 그만큼 중요하다. 사람의 눈은 실제 전망을 봤을 때 원근감과 몰입감이 훨씬 더 각인되는 경향이 있다.[12] 이에 따르면 증강 현실은 주로 스마트폰을 통해 구현되기 때문에 시야각 자체가 스마트폰 화면 크기에 그치고, 가상 현실은 기술적 한계로 인해 시야각 내 산물 모두를 구현하기 힘들다. 게다가 메타버스는 여전히 스마트폰과 모니터 속에 머물러 있다. 즉, 디지털 확장 현실은 사람의 시야각을 통해 받아들일 수 있는 정보의 일부만 전달할 뿐이고, 실제 전망을 바라보면서 느낄 수 있는 몰입감은 가상 현실이 주지 못한다. 게다가 미각 역시 시각에 연동되는 경향이 있다.[13] 즉, 같은 음식이라도 시각적 효과와 분위기에 따라 맛이 다르게 느껴지는 것이다. 그래서 '무엇을 먹느냐보다 어디서 먹느냐'에 대한 화두는 요식업계와 이를 활용한 유통업계의 화두로 작용한다. 차별화된 전망을 발굴하려는 업계의 노력은 끊이지 않으며 핵심 역량으로 자리 잡고 있다.

최근 이런 전망의 중요성을 마케팅에 적극 활용한 곳이 스타벅스다. 스타벅스는 한강이 보이는 선상 카페인 서울웨이브아트센터점, 북한강이 보이는 더양평DTR점, 해운대가 보이는 해운대 엑스더스카이점, 구봉산이 보이는 춘천구봉산R점 등 고유 전망을 확보한 곳으로 출점을 이어 가고 있다. 특히 이 중에서 해운대 엑스더스카이점은 세계에서 가장 높은 곳에 위치한 매장으로 스카이라운지 전망을 선사해 부산의 명소로 자리 잡았다. 또 이런 전망에 대한 콘셉트를 확실한 마케팅 슬로건으로 표현한 곳이 평창동에 위치한 카페 그라운드62다. 이곳은 '편안하게 전경을 즐기세요!'를 슬로건으로 내걸었는데 그만큼 전망 자체가 하나의 콘텐츠로 작용하고 있다. 이 외에도 인스타그램 명소로 소개된 성북동 오버스토리 카페, 은평구 1인1잔 역시 전망을 파는 곳이다.

또한 카페 외에도 입지적 장점을 활용해 주요 전망을 선사하는 백화점이나 쇼핑몰도 있다. 프랑스 파리에 위치한 갤러리 라파예트Galeries Lafayette 백화점의 6층 레스토랑과 7층 루프톱에서는 에펠탑을 볼 수 있다. 덕분에 1층에서 쇼핑을 즐기던 고객도 6~7층까지 올라오게 만드는 유인 동기가 된다. 두바이에 위치한 두바이몰The Dubai Mall R층에서는 두바이 분수와 부르즈 칼리파를 볼 수 있는데, 두바이몰 역시 이를 마케팅 포인트로 적극 활용하고 있어 쇼핑과 함께 관광을 즐기려는 고객을 유입시키고 있다.

여러 카페, 백화점, 쇼핑몰의 메뉴, 입점 브랜드, 서비스는 유사하게 평준화시킬 수 있다. 하지만 각 지점마다 제공할 수 있는 전망은 다르기 때문에 고유한 가치와 핵심 역량으로 작용할 수 있다. 자산으로써의 부동산은 유한하고 입지에 따른 전망은 유일하기 때문이다. 그래서 교통의 요지가 아니더라도 소비자로 하여금 찾아오게 만드는

그림 16-5 | 갤러리 라파예트 루프톱이 선사하는 전경. 저 멀리 에펠탑이 보인다.

힘이 전망의 장점이다. 그러므로 전망에 대한 가치는 상승할 수밖에 없다.

그런 맥락에서 현재 국내 백화점들이 고객의 시간을 점유하기 위해 외부와의 전망을 차단하고, 창을 최소화해 폐쇄적으로 운영하는 시스템은 이제 더 이상 차별화로 작용하기 힘들다. 이를 보완하기 위해 루프톱을 개방하는 것만으로는 부족하다. 왜냐하면 각 층, 각 면에서 선사할 수 있는 전망이 모두 다르기 때문이다. 이에 대한 실마리는 2019년 3월, 뉴욕에 오픈한 건축물 베슬Vessel이 보여 주었다. 베슬의 높이는 46m에 불과하지만 2500개의 계단이 나선형으로 배치되어 있어 사방에서 맨해튼과 허드슨강의 전경을 감상할 수 있다. 베슬은 약 16층 수준으로 100층 높이의 스카이라운지에서 바라보는 수준의 전망을 보여 주지는 않지만 360도에 가까운 전망을 선사하여 뉴욕의 명

그림 16-6 | 베슬은 뉴욕 맨해튼의 새로운 랜드마크로 자리매김하고 있다. (출처: 위키미디어)

소로 자리 잡았다. 즉, 고객이 시간의 흐름을 알 수 없도록 하여 쇼핑에 몰입하게 만드는 효과보다 고유한 전망으로 다수의 고객을 유입시킬 수 있는 장점이 더 크다고 볼 수 있는 것이다. 그러므로 전망을 적극적으로 활용해야 한다.

- 실내에 전망을 구현한 공간 마케팅 사례들

입지의 한계 때문에 고유하고 독창적인 전망을 확보할 수 없다면 실내에 전망을 구현하는 공간 마케팅 활용이 현실적이다. 최근 숲 조경과 전망을 실내에 구현한 '도시의 숲Urban Forest' 콘셉트가 다수 마련되었다. 바쁜 현대인의 일상에서 자연을 즐길 수 있는 여유를 도심 속에 선사하겠다는 생산자 관점과 코로나19로 인한 스트레스를 치유하기 위해 자연을 즐기려는 소비자 심리가 더해져 도시의 숲이 계속 확장되고 있는 것이다.

2021년 2월 오픈한 백화점 '더 현대 서울'이 대표적이다. 더 현대 서울은 전체 영업 면적 8만 9100㎡ 가운데 49%인 4만 3573㎡를 실내 조경과 휴식 공간에 할애했는데 특히 5층에 3300㎡ 규모의 실내 녹색 공원 '사운즈 포레스트'를 배치하고 1층에 12m 높이의 인공 폭포를 설치해 호평을 받았다. 더불어 유리 천장을 통해 실내에서도 자연 채광을 즐길 수 있다. 매장 수를 줄인 만큼 초반에는 매출 기여도가 떨어질 것으로 전망했으나 오히려 오픈 첫날부터 사상 최대 매출을 기록했고, 하루 평균 20만 명 방문과 하루 매출 100억 원이라는 놀라운 성과를 거두었다.[14] 이에 대해 전문가들은 코로나19 확산과 판매 공간을 줄인 악조건에도 '공간의 힘'이라는 역발상으로 오프라인 쇼핑의 새로운 가능성을 보여 주었다고 평가했다.[15] 이와 같은 성과를 거둔 현대백화점은 실내에 전망을 구현한 공간 마케팅을 중심으로 경쟁사와의 차별화를 시도하려 한다. 현대프리미엄아울렛 김포점은 지중해 휴양지 느낌의 야외 조경 공간 '빅팟 가든Big Pot Garden'을 오픈했고, 남양주시에 위치한 현대프리미엄아울렛 스페이스원은 실내 정원과 플랜테리어를 중심으로 한 '더 테라스'를 오픈했다. 이뿐 아니라 현대백화점 북농점에도 유럽의 정원과 온실을 콘셉트로 한 '글라스 하우스Glass Haus'를 오픈했다. 이는 모두 2021년 3~4월 사례로 전망 마케팅이 얼마나 널리 퍼지고 가까이 다가왔는지 알 수 있다.

그림 16-7 | 아마존 제2본사 예상도. 여기에도 나선형 공원이 적용될 계획이다.
  (출처: NBBJ 홈페이지)

이와 같은 콘셉트는 실내에 인공 운하를 조성한 싱가포르 더 샵스 앳 마리나 베이 샌즈The Shoppers at Marina Bay Sands에서도 찾아볼 수 있고, 실내에 식물원을 조성한 시애틀 아마존 본사에서도 찾아볼 수 있다. 특히 아마존은 시내 한가운데에 4만여 종의 식물을 바탕으로 더 스피어The Spheres라는 4층 규모의 실내 수목원을 세웠고, 건물 한쪽에는 벽 전체를 식물로 뒤덮은 그린 월Green Wall도 배치하였다. 직원들이 자유롭게 방문하여 숲속에 온 듯한 느낌으로 휴식도 취하고, 다양한 팀워크 활동도 할 수 있는 공간을 제공하기 위해 수목원을 조성한 것이다. 아마존은 더 스피어를 통해 실내 식물원이 기업 이미지와 방문객들에게 주는 긍정적인 효과를 확인하고 버지니아주 알링턴에 건설 계획 중인 2번째 본사에도 이를 적용하기로 결정하였다. 2021년 2월 공개된 렌더링 이미지에 따르면 2번째 본사에서 가장 눈에 띄는 것은 건물을 나선형으로 감싸 올라가는 독특한 '헬릭스Helix' 구조다. 헬릭스는 형태도 독특하지만 건물을 둘러싼 나선형의 야외 산책로에 나무와 식물이 심어질 것으로 알려졌다.

한편 구현하는 전망 주제가 꼭 자연일 필요는 없다. 최근 일론 머스크의 화성 이주 프로젝트인 스페이스X와 우주선 스타십, 나사NASA가 공개한 화성 착륙 영상 등이 이슈가 되면서 대중의 관심이 우주로 향했는데 이를 구현한 전망 역시 차별화 요소로 삭용할 수 있다. 예를 들어 중국 북경에 위치한 백화점 SKP-S는 과거에 상상한 화성의 이미지를 미래의 관점으로 해석한 오브제로 공간을 구성하고 '다른 차원을 만나다'를 마케팅 슬로건으로 내세웠다. 여기서는 화성에서 목축이 가능하다면 이런 풍경이 아닐까 하는 '미래 농장', 새로운 DNA로 진화한 화성 정착민들이 이주 초기의 향수를 그린다는 주제로 탐사에 쓰인 우주선을 추억하는 '화성 역사', 테이블을 사이에 두고 마주 앉은 노과학자와 자신의 AI를 표현한 '디지털-아날로그 미래' 등 다양한 주제를 각 층에 구체적으로 구현하였다.[16]

– 초대형 스마트 사이니지를 통한 전망 구현

전망을 중시하라는 명제는 꼭 실제 자연이나 풍경을 구현하는 것에 그치지 않는다. 초대형 사이니지를 통해 사람의 시야각을 확보하고 몰입감을 줄 수 있기 때문이다. 사이니지는 공공장소나 상업 장소에 설치되는 옥외 광고용 디스플레이로 TV, 컴퓨터, 스마트폰에 이어 '제4의 스크린'으로 일컬어지는데 그중에서도 초대형 사이니지는 하나

**그림 16-8 | 중국 청두 쇼핑센터의 초대형 스마트 사이니지. 마치 우주선이 튀어나오는 것 같은 입체
감이 구현됐다. (출처: attractionsmanagement.com)**

의 전망으로 작용할 수 있다. 대표적인 것이 그동안 초대형 사이니지
들의 조합으로 관광과 쇼핑의 명소가 되었던 뉴욕 브로드웨이나 런던
피커딜리 서커스가 대표적이지만 이제 단순한 평면이 아닌 '아나몰픽
효과Anamorphic Illusion'로 몰입감을 극대화한 초대형 스마트 사이니지가
색다른 전망을 선사하고 있다.

　　디지털 디자인 기업 디스트릭트d'strict는 코엑스의 초대형 스마트
사이니지에, 착시 현상을 활용하여 입체감을 구현하는 아나몰픽 효과
를 적용한 콘텐츠를 제공했다. 마치 실제로 고래가 헤엄치고 파도가
치는 것 같은 모습이 화제가 되어 행인들의 발길을 잡은 것은 물론이
고 이를 보기 위해 코엑스를 방문하는 사람들까지 생겼고, 중국 청두
쇼핑센터에서는 이와 유사한 콘텐츠를 구현하기도 했다. 또한 디스트
릭트는 제주 아르떼 뮤지엄에 오로라가 빛나는 밤바다에 서 있는 듯한

경험을 할 수 있는 콘텐츠도 제공했다.

이런 초대형 스마트 사이니지는 영화관에서도 경험할 수 있는데 가장 대표적인 것이 아이맥스IMAX다. 아이맥스는 화면의 시야각을 없애서 몰입감을 높이기 때문에 우리가 실제로 자연을 볼 때와 같은 시각 효과를 그대로 구현한다. 그래서 영화관은 다양한 방법으로 이와 같은 몰입감을 유도하고 있다. CGV가 도입한 스크린X는 정면에 있는 하나의 스크린에 상영하는 일반 상영관과 달리 정면과 좌우 벽면까지 3면을 스크린으로 활용해 다채로운 화면 구성이 가능하다. 그래서 CGV는 아이맥스와 스크린X를 통해 LoL e스포츠를 중계하기도 하고, 극장에서 여행을 즐기는 'Live 랜선 투어'를 선보이기도 했다. Live 랜선 투어는 극장의 큰 스크린으로 해외 여행지의 현장을 생생하게 관람하고 검증된 현지 가이드의 흥미진진한 이야기와 실시간 채팅이 더해져 마치 직접 여행을 떠난 듯한 기분을 만끽할 수 있는 프로그램이다. 이와 같은 콘텐츠는 디지털 확장 현실이 아닌 초대형 스마트 사이니지나 초대형 스크린으로 구현된 것으로 높은 몰입감이 보장된다.

이러한 콘텐츠와 프로그램은 인간의 넓은 시야각을 전제로 전망의 가치가 형성되는 것처럼, 사이니지의 크기가 콘텐츠의 실재감 및 몰입감을 높이고 긍정적인 광고 효과도 이끌 수 있다는 효과에 근거한다. 즉, 소비자는 작은 화면보다 크고 넓은 화면을 통해 광고를 접할 때 제품과 브랜드에 대한 긍정적 인식이 형성되고 구매로 이어질 수 있다.[17] 작은 사물보다는 큰 사물을 본질적으로 선호하는 인간의 심리적 욕구가 사이니지의 크기에도 동일하게 적용된 것이다.

4. 전망과 공간을 욕망하는 것은 인간의 본능이다

디지털 확장 현실은 시공간의 한계를 극복하고, 비대면 일상에서 최고의 효율과 효과를 거둘 수 있는 메가 트렌드임이 분명하다. 하지만 아직은 여러 역효과로 인해 그 실효성이 의심될 수밖에 없다. 사람은 기본적으로 시각, 청각, 후각, 미각, 촉각 등 5개의 감각을 통해 몰입감을 형성하고 이는 행동에 영향을 미치기 때문이다. 따라서 고유한 전망의 가치, 실내 전망을 구현한 공간 마케팅, 초대형 스마트 사이니지를 통한 전망 구현을 통해 사람의 행동과 심리의 본질을 자극할 필요가 있다.

함께 읽으면 더 좋은 책

《공간이 고객을 만든다》 [김성문, 심교언 지음]
부제인 '그 거대한 쇼핑몰은 왜 가운데 천장을 뚫어 놨을까?'만 봐도 이 책이 말하고자 하는 바를 알 수 있다. 특히 이커머스와 디지털 확장 현실 등 디지털 전환이 가속화되는 시대에 오프라인 매장의 공간 구성이 어떻게 고객을 끌어당기는지 잘 설명하고 있다. 그중에서도 매장 위치에 따라 전망이 얼마나 중요한지, 실내에 전망을 구현하는 것이 어떤 효과를 가져오는지에 대한 이해를 돕는다.

《공간은 경험이다》 [이승윤 지음]
이 책은 소비자들이 "나, 지난 주말에 뭐 했어"라고 자신의 경험을 즐겁게 이야기할 만한 공간, 인증 사진을 찍을 만한 장소를 계속 찾아다닌다는 것에 주목했다. 저자는 경험 중심의 공간 디자인 사례를 통해 디지털 시대에 어떻게 경험을 디자인할 것인지를 설명한다.

<table>
<tr><td>17장</td><td>스마트 대중교통
VS. 자율 주행차</td></tr>
<tr><td colspan="2">자율 주행 상용화는 멀고 서비스형 모빌리티 대중화는 가깝다</td></tr>
</table>

1. 자율 주행,
이동 혁신의 꿈을 향해 달리다

1886년 독일의 카를 벤츠가 세계 최고의 가솔린 자동차를 세상에 선보인 이래 자동차 산업은 100년이 넘는 세월 동안 끊임없는 혁신을 거듭해 왔다. 그 혁신의 역사는 단순히 내연 기관을 넘어 전자 및 IT 기술의 접목을 통한 첨단 기술 집약체로 발전해 갔고, 최근 몇 년간 가장 뜨거운 변화의 시대를 맞이했다. 그중에서도 '자율 주행'이라는 키워드는 단연 가장 주목받는 메가 트렌드라는 데 이견이 없을 것이다. 자동차 산업의 패러다임 변화에 대응하기 위해 기존 자동차업계에서는

구분	레벨0	레벨1	레벨2	레벨3	레벨4	레벨5
정의	비자율 주행	운전자 지원	부분 자율 주행	조건부 자율 주행	고도 자율 주행	완전 자율 주행
자율 수준	운전자	Feet Off	Hands Off	Eyes Off	Mind Off	승객
제어 주체	인간	인간/시스템	시스템	시스템	시스템	시스템
운행 책임	인간	인간	인간	인간/시스템	시스템	시스템

그림 17-1 | SAE J3016 자율 주행 기술 단계. (자료: SAE, Wevolver, Gartner, 정보통신기획평가원)

IT 기업과 협업하거나 인수를 통해 자율 주행 시장의 주도권을 빠르게 잡아 가고 있다. 2021년 혼다자동차는 세계 최초로 레벨3 자율 주행차인 '레전드'를 대량 생산하기 시작했으며,[1] 테슬라 역시 2021년 내에 레벨5 자율 주행차를 출시하겠다고 발표했다.[2]

이러한 움직임은 국내에서도 가속화되고 있는데, 현대자동차와 앱티브Aptive의 합작사인 모셔널Motional은 일반 도로에서의 무인 자율 주행차 시험을 진행하여 글로벌 시험 인증 기관인 티유브이슈드TUVSUD로부터 자율 주행 시스템 및 기술력 인증을 받았으며,[3] 한편으로는 구글과 합작사를 설립해 무인차 서비스 개발에 박차를 가하고 있다.[4] 기아자동차 역시 논란과 이슈 속에서도 애플카 프로젝트 논의를 이어 가고 있다. 특히 자율 주행차 상용화를 선도하고 있는 테슬라는 지금까지의 누적 데이터가 51억 마일에 달할 것이라고 예측되고, 구

그림 17-2 | 사진 속 자율 주행은 레벨2 수준으로 운전자의 손은 자유롭지만 항상 전방을 주시하고 위급 상황에 대비해야 한다.

글 웨이모의 누적 데이터는 3000만 마일 정도가 될 것으로 추정된다.[5]

이처럼 자율 주행차라는 새로운 이동 수단 혁신의 원동력은 단연 기술의 발전이다. 자율 주행을 가능하게 하는 3대 핵심 기술은 크게 3가지로 구분할 수 있는데 센서 기술, 빅 데이터 기술, 인공 지능 기술이다. 우선 카메라, 레이더Radar, 라이더LiDAR와 같은 센서 기술의 발달 덕분에 성능은 높아지고 있음에도 불구하고 그 가격은 저렴해지고 있어 보다 경제적인 자율 주행차를 생산할 수 있게 되었다. 그리고 빅 데이터 기술은 센서의 수집만으로는 부족한 교통 환경 정보, GPS 및 자율 주행차 네트워크 정보를 실시간으로 수집해 운행 안정성을 확보하도록 해 주었다. 마지막으로 인공 지능 기술로 인해 보다 빠르게 주행 정보를 학습하고 반영하며 성능 향상의 기술적 인프라를 구축할 수 있게 되었다.

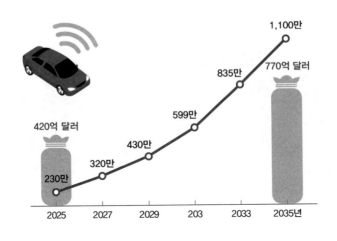

단위: 대

1,100만

835만

770억 달러

599만

420억 달러

430만

320만

230만

2025   2027   2029   203   2033   2035년

그림 17-3 | 글로벌 자율 주행차 판매량 전망. (자료: 보스턴컨설팅)

2. 자율 주행의 미래는
장밋빛인가 핏빛인가

- 자율 주행의 기술적 한계와 해킹 취약성

이처럼 수많은 데이터 누적과 기술적 인프라가 갖추어진 덕분에 자율 주행에 대한 시장의 기대는 매우 고조되어 있다. 특히 자율 주행 딥러닝 학습을 위해서는 방대한 데이터 수집이 필수적인데 테슬라의 강력한 데이터 수집 시스템은 웨이모를 비롯한 다른 자율 주행 개발 회사가 지금까지 모은 데이터를 단 하루 만에 수집할 수 있을 정도다.[6] 이러한 기대를 반영이라도 하듯 테슬라의 주가는 연일 고공 행진

을 달리고 있는데, 2021년 2월 21일 기준 페이스북을 제치고 전 세계 시가 총액 7위를 기록하는 기염을 토했다.[7] 그러나 이렇게 비약적으로 발전한 인프라 시스템 구축에도 불구하고 자율 주행차의 발전 속도는 아직 기대감을 따라가지 못하는 수준인 것도 사실이다.

일부 업체는 레벨4 자율 주행차를 시험하고 있고 테슬라 역시 레벨5 자율 주행에 '매우 근접했다'고 주장하지만, 아직 레벨3 자율 주행차 대량 생산도 쉽지 않아 보인다. 특히 인간의 개입이 필요 없어 진짜 자율 주행이라고 불리는 레벨4 자율 주행차의 대량 생산 시점이 언제가 될지는 아직도 요원한 상태다. 그럼에도 불구하고 '완전 자율 주행' 또는 '오토파일럿'이라는 명칭 때문인지 소비자의 운전 잘못으로 인한 안전 문제는 갈수록 대두되고 있다. 2016년 흰색 대형 트레일러가 좌회전하는 것을 인지하지 못한 테슬라 차량이 트레일러 옆면과 충돌하면서 첫 오토파일럿 사망 사고가 발생했다. 당시 운전자는 운전대를 잡고 있어야 한다는 매뉴얼을 따르지 않은 것으로 알려졌다. 이뿐 아니라 현 레벨2 자율 주행차의 경우 운전자가 운전대를 잡고 있지 않으면 경고음이 발생하고 경고를 무시하면 자동으로 차량을 감속시킨다. 그런데 이런 안전장치를 막으려고 자율 주행 장치 불법 튜닝이 성행했고, 이렇게 개조된 자율 주행차의 운전자들이 졸고 있는 모습이 카메라에 찍히는 웃지 못할 경우도 발생되었다.[8]

이처럼 아직 불완전한 자율 주행 기술을 소비자들이 완전 자율 주행으로 오인함으로써 크고 작은 사고가 이어지고 있다. 독일의 한 시민 단체인 '불공정경쟁대응센터'는 테슬라의 광고가 과장되었다며 소

그림 17-4 | 레벨2 수준의 자율 주행에는 운전자의 주의 집중이 반드시 필요하다.

송을 냈고 독일 법원에서는 결국 테슬라의 자율 주행 기능인 오토파일럿 광고가 허위라고 판결했다.[9] 지금까지 테슬라 오토파일럿 기능과 관련한 사망 사고는 14건이며 심지어 이와 관련해 'Tesla Death'라는 사이트까지 등장했다. 이처럼 자율 주행 안정성은 우리의 기대 수준에 미치지 못하는 것이 현실이다.

최근에는 자율 주행 시스템의 자체 안정성과 더불어 해킹 이슈도 전면에 떠오르고 있다. 《MIT테크놀로지리뷰》에 따르면 테슬라의 경우 카메라가 속도 제한 표지판을 읽고 그 정보를 내부 자율 주행 시스템에 전달하는데, 실험자는 일부러 표지판에 스티커를 붙여 35마일 제한을 85마일로 변경했고 테슬라는 잘못 표시된 85마일을 그대로 인식하는 모습을 보여 주었다고 한다.[10] 또 중국 IT 기업 텐센트 산하의 '킨 보안연구소'도 도로에 특정 표시를 하여 오토파일럿 차선 유지 기능을 해킹하거나 무선 게임 컨트롤러를 이용해 모델 S의 조향 장치를 제어하는 등 여러 해킹 실험을 통해 테슬라의 해킹 취약성에 우려를 표시했다.[11] 이어지는 해킹 소식 때문은 자율 주행 자동차의 운전 안전성에 대한 의문은 지속적으로 제기되고 있다.

사생활 침해 논란도 큰 이슈다. 테슬라는 자율 주행 기술 고도화를 위해 테슬라 차량의 운전 영상을 녹화, 수집, 분석한다. 그러나 미국 《컨슈머리포트》는 이런 행위가 운전자의 안전을 위협하고 사생활을 침해한다고 지적했다. 중국 정부는 테슬라의 데이터 수집이 국가 안보를 침해할 우려가 있다고 경고하며 군 시설 출입을 금지시켰다. 이처럼 우리가 기대하는 진정한 자율 주행차와 기술의 현실성 사이에는 큰 차이가 존재한다. 그리고 이러한 문제는 기술적 한계에만 국한된 것이 아니다.

– 자율 주행의 법적 이슈와 윤리적 딜레마

자율 주행으로 운전을 하다가 사고가 났다면 누가 책임을 질 것인가? 자율 주행차와 관련한 법적, 윤리적 이슈에 대한 논쟁 역시 뜨겁다. 2018년 3월 18일 밤 10시경 미국 애리조나 중남부에 위치한 도시 템피의 시내 교차로에서 우버 자율 주행차가 보행자를 치어 사망에 이르게 했다.[12] 당시 자율 주행차에는 소프트웨어적 결함이 있었고 운전자의 전방 주시 의무가 없는 레벨3 차량이었음에도 불구하고 미 연방 교통안전위원회는 이 사고가 운전자의 부주의로 인해 발생한 것으로 판단했다. 당시 운전자는 스마트폰 영상을 보고 있었다고 한다. 그러

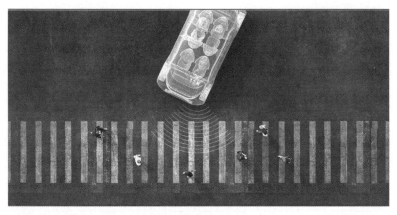

그림 17-5 | 인공 지능은 다수를 살리기 위해 소수를 희생할 것인가? 자율 주행 문제에서 항상 언급되는 것이 바로 '트롤리 딜레마'다.

나 레벨3 차량이었다는 점을 감안하면 운전자 입장에서는 여간 억울하지 않을 수 없다. 동시에 미 검찰은 차량 공유 서비스업체인 우버가 형사 책임의 근거가 없다고 결론을 내려 더 큰 논란의 여지를 만들었다. 결국 애리조나주는 자율 주행차 운행 프로그램을 중단했다.

이외에도 자율 주행차의 윤리적 딜레마 역시 뜨거운 논쟁거리이다.[13] 예를 들어 자율 주행차의 주행 중 갑자기 사람이 뛰어들면 어떻게 동작해야 할까? 운전자를 살리기 위해 뛰어든 사람을 칠 것인가? 혹은 뛰어든 사람을 살리기 위해 핸들을 꺾어 운전자의 목숨을 위협할 것인가? 이 논쟁을 확장해 만약 뛰어든 사람이 한 명이 아니라 여러 명이라면 또 어떻게 할 것인가? 또는 왼쪽과 오른쪽에 모두 사람이 있다면 어느 쪽을 택할 것인가? 이처럼 다양한 윤리적 딜레마가 존재하지만 아직도 이 문제에 대한 사회적 합의는 이루어지지 않았고 그 판단의 기준도 나라마다 모두 다르다. 기술적 한계와 더불어 자율 주행 차를 위한 법적 제도 개선이라는 숙제도 만만치 않아 보인다.

3. 자율 주행은 미래지만 스마트 대중교통은 현재다

한 설문 조사에서 자율 주행이 가능할 경우 차량 안에서 하고 싶은 활동에 대해 묻자 응답자들은 주변 경치 감상, 동승자와의 대화, 수면, 동영상 시청, 간단한 취식, 인터넷 검색 순으로 답했다.[14] 결국 사람들이 자율 주행차를 원하는 궁극적인 이유는 운전 때문에 낭비되는 도로 위의 시간을 활용하고 싶다는 욕구로 보인다. 그러나 꼭 자율 주행차 여야만 이것들이 가능한 것일까? 완전 자율 주행이 실현되기 위해서는 많은 기술적 발전과 법률적 제도 개선이 필요하다. 이뿐 아니라 도로 위에도 다양한 스마트 인프라가 구축되어야 한다. 꽤 오랜 시간과 자본의 투자가 필요한 일이다. 그런데 사람들이 도로 위에서 시간 낭비하고 싶지 않다는 욕구는 기존의 대리운전이나 대중교통을 통해서도 충분히 채울 수 있다.

이미 우리는 내가 직접 운전하지 않아도 카카오 택시나 우버 택시를 이용해 언제든 원하는 장소로 이동할 수 있다. 최근에는 카카오의 웨이고, 마카롱 택시, 타다 택시와 같은 브랜드 택시와 경쟁하기 위해 기존 택시 업계의 서비스 역시 더욱 스마트해지고 있다. 버스나 지

그림 17-6 | 스타트업 라이드리프가 운영했던 럭셔리 버스의 실내 모습. 현재는 서비스가 중단되었다.
(출처: Leap 홈페이지)

하철 등 대중교통도 실시간 운행 정보를 스마트폰으로 확인할 수 있어 미리 정류장에 나가 기다리지 않아도 된다. 덕분에 자동차 운전면허가 없어도 이동에 큰 불편함이 없는 시대가 되었다. 또 일부 택시와 버스에서는 자체적으로 와이파이 환경을 갖추고 있어 내부에서 간단한 업무나 인터넷을 하는 데 큰 문제가 없다. 미국 실리콘밸리에서는 버스로 이동하는 중에 보다 쾌적한 자리와 스낵을 제공하며 간단히 업무를 볼 수 있는 책상을 제공하는 럭셔리 버스 스타트업이 성행하기도 했다(비록 주 정부와의 마찰로 인해 현재는 영업 허가가 취소되었다).[15]

　이처럼 기존의 대중교통과 대리운전에 현재 기술과 서비스가 융합된다면 꼭 자율 주행차를 이용하지 않더라도 더 저렴한 비용으로 우리가 궁극적으로 원하는 이동 중 자율 시간 문제를 해결할 수 있다.

2021년 4월, 구글의 자율 주행차 웨이모 CEO인 존 크래프칙이 돌연 사임하면서[16] 자율 주행차의 희망도 함께 꺾이는 것이 아니냐는 우려가 쏟아졌다. 무엇보다 웨이모의 가장 큰 문제는 비싼 차량 가격이었다. 차량 1대에 약 3억 원 가까이 되기 때문에 상용화를 하기에는 경제성이 매우 떨어진다는 분석이다. 웨이모는 그간 3조 4000억 원의 막대한 투자를 받았음에도 불구하고 2020년 5조에 달하는 영업 적자와 함께 추가 투자가 절실한 상황이다. 일론 머스크 역시 2020년 12월까지 로보택시 100만 대를 공급하겠다고 언급했지만[17] 2021년 6월까지도 그 약속을 지키지 못했고, 우버 역시 2020년에 자율 주행 사업 부문을 경쟁사에 매각했다.[18] 이처럼 자율 주행차의 큰손들이 제대로 된 성과를 내지 못한 채 고전 중이다.

여전히 자율 주행의 희망을 꺼 버리기에는 이른 감이 있지만 제대로 된 완전 자율 주행을 위한 기술적 발전과 법률적 제도 개선이라는 과제가 산재해 있는 것 또한 사실이다. 그럼에도 대중교통과 대리 주행은 점점 스마트해지고 있는 것이 분명하다. 정부가 정책적으로 스마트 대중교통에 더 많은 투자를 진행한다면 그 투자의 변화를 체감하는 속도는 자율 주행차에 비해 월등히 앞설 것이 분명하다. 어쩌면 지금보다 더 스마트한 대중교통과 대리 주행 시대가 열려 완전 자율 주행보다 아예 자동차 구입이 필요 없는 시대가 더 빨리 찾아올지도 모르겠다.

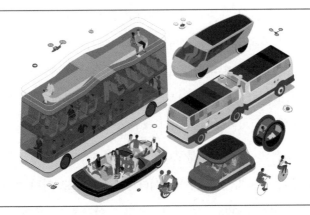

그림 17-7 | '통합 이동 서비스'라고도 불리우는 MaaS는 자동차·통신 업계의 미래로 주목받고 있다.

4. 자율 주행보다 자율 행동, 그리고 MaaS

자율 주행 기술은 운전 중 사람의 행동을 자유롭게 하기 위해, 그리고 운전 부담을 덜기 위해 개발되었지만 '운전'이라는 행위 그 자체에서 자유롭지는 못하다. 그러므로 이것을 '자율'이라고 말하기는 힘들 것이다. 결국 이동 중 모든 행동을 가능하게 만드는 자율에 초점을 맞추는 것이 중요한데 그것이 바로 스마트 대중교통이다. 스마트 대중교통은 현재의 자율 주행차가 가진 메가 트렌드로서의 역효과를 상당 부분 보완할 수 있다. 따라서 이젠 단순히 자율 주행이라는 막연한 미래가 아닌, 자율 주행을 포함한 전체 시장의 성장을 관심 있게 지켜볼 필요가 있다. 이를 대표하는 용어가 바로 '서비스형 모빌리티Mobility as a

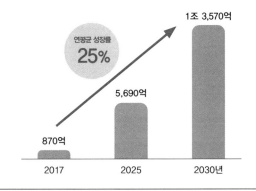

연평균 성장률
25%

1조 3,570억

5,690억

870억

2017   2025   2030년

그림 17-8 | 서비스형 모빌리티(MaaS) 시장 규모 전망. (자료: 프라이스워터하우스쿠퍼스)

Service, MaaS'다.

MaaS는 스마트폰 하나로 카 셰어링뿐 아니라 철도, 택시, 자전거, 전동 스쿠터, 주차장, 라이드 셰어, 렌터카, 숙박에 이르기까지 포괄적인 이동 서비스를 제공하는 개념을 의미한다. 현재는 각각의 서비스들이 따로따로 존재하지만 갈수록 이를 목적에 맞게 통합하는 서비스들이 시장을 선도하게 될 것이다. 예를 들어 영국의 모빌리티 서비스 중 하나인 'Mobilleo'는 기업 출장 중 발생하는 항공, 대중교통, 렌털 등 모든 이동 수단, 숙박 예약, 출장 보고 및 경비 처리를 하나의 플랫폼에서 관리할 수 있도록 해 출장 플랫폼으로서 주목받으며 빠르게 성장하고 있다.

국내 역시 카카오 T 비즈니스 서비스를 통해 기존의 택시, 대리운전 등 서비스를 기업용으로 제공하고 있으며 티맵모빌리티, 현대자동차도 MaaS 서비스업계에 진출하고 있다. MaaS는 지금 당장 눈앞에서 이루어지고 있는 고도화된 시장이자 트렌드다. 어쩌면 자율 주행보다 이곳에서 더 빨리 우리만의 비즈니스 기회를 발견할 수 있을지 모른다.

함께 읽으면 더 좋은 책

《기계는 어떻게 생각하는가?》 (숀 게리시 지음)
우리로 하여금 자율 주행이라는 꿈을 꾸도록 한 인공 지능 기술의 역사가 궁금하다면 이 책을 통해 입문할 수 있다. 막연한 인공 지능이라는 기술에 대해 조금은 현실적 방향 감각을 일깨워 준다.

《Are We There Yet?: The Myths and Realities of Autonomous Vehicles》
(Michael A. Pagano 지음)
자율 주행차에 대한 비전과 현실적인 문제에 대해 자세히 알고 싶다면 이 책을 추천한다. 자율 주행차를 둘러싼 기술 문제와 불확실한 사회적, 법적 영향을 조사한 내용이 상세하게 담겼다.

《Understanding Mobility as a Service(Maas)》 (David A. Hensher, Corinne Mulley, Chinh Ho, Yale Wong, Göran Smith, John D. Nelson 지음)
이 책은 MaaS 시장에 대한 정의와 전반적인 산업 동향을 충실하게 소개한다. 다양한 케이스 스터디와 비즈니스 전략에 대한 영감을 얻을 수 있을 것이다.

REVERSE TRENDS
IN THE COVID-19 ERA

선한 영향력과
가치 소비

| 18장 | 필정부 탈개인 패러다임 VS. 필환경 패러다임 |

그린 뉴딜과 필환경 시대에 꼭 필요한 환경 정책과 비즈니스

1. 장마와 플라스틱 쓰레기로 체감하는 기후 변화

지구 온난화와 이로 인한 기후 변화의 위기는 이제 더 이상 어제오늘의 이야기가 아니다. 지구 온난화로 인해 남극에서는 빙하 붕괴가 이어지고 있으며 실제로 1994년부터 2017년 사이 사라진 빙하는 무려 28조 톤에 이른다. 이렇게 바다로 흘러간 빙하는 기후 변화에도 큰 영향을 미치는데 호주와 미국의 대형 산불, 유럽의 장기 폭염, 동아프리카의 메뚜기 떼 출몰 등 이변 현상 뉴스를 어렵지 않게 접할 수 있다. 이뿐 아니라 우리나라에서도 2020년 여름에 무려 54일 동안의 장마가

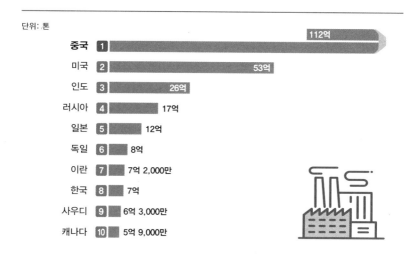

그림 18-1 | 2018년 전 세계 이산화탄소 배출량 순위. (자료: knoema.com)

이어져 전례 없는 기후 변화를 직접 체감하고 있다.[1] 이 때문에 환경에 대한 경각심은 더욱 높아졌고 과거와는 다른 환경 정책과 캠페인에 보다 큰 힘이 실리게 되었다.

2021년, 미국의 조 바이든 46대 대통령은 선출되자마자 첫 번째 행정 명령을 통해 파리 기후 협정에 복귀했다.[2] 2017년 6월, 도널드 트럼프 전 대통령이 탈퇴를 선언한 후 4년 만이다. 파리 기후 협정은 2015년 유엔 기후 변화 회의에서 채택된 조약으로 지구 평균 온도 상승 폭을 산업화 이전 대비 2도 이하로 유지하고, 온도 상승 폭을 1.5도 이하로 제한하기 위한 국제 협약이다. 미국은 본 협정에 재가입함으로써 세계 온실가스 배출국 2위로서의 책임과 의무를 다시 가져갔다

(현재 온실가스 배출국 1위는 중국이다).

온실가스와 함께 또 다른 환경 골칫거리는 바로 플라스틱 문제
다. 영국 리즈대학교의 코스타스 벨리스Costas Velis 박사는 과학 학술
지 《사이언스》를 통해 2040년까지 약 13억 톤의 플라스틱 쓰레기가
땅과 바다에 버려지게 될 것이라고 알렸다.[3] 13억 톤의 크기를 상상하
기 어렵지만 이만큼의 플라스틱을 평평한 바닥에 깔면 무려 대한민국
면적의 3.6배에 달하는 엄청난 양이다. 특히 해양학자 크리스틴 피그
너Christine Figgener와 텍사스 A&M대학교 연구 팀이 코스타리카 연안에
서 탐사 중 코에 플라스틱 빨대가 꽂혀 있는 바다거북을 발견했고 이
영상이 유튜브를 통해 전 세계로 퍼지면서 바다에 버려지는 플라스틱
쓰레기 문제에 더 많은 관심이 모아졌다. 이제 환경 문제는 친환경이
아닌 필必 환경의 문제로 전환되고 있다는 데 이견이 없다.

2. 환경 문제의 책임을
왜 개인과 소비자만 져야 하는가

많은 전문가가 기후 위기를 지적하며 개개인이 직접 환경과 기후 변화
에 관심을 가져야 한다고 강조한다. 개인이 나서서 플라스틱 소비 등
자원 낭비를 줄이고 환경을 생각하는 착한 소비를 지향해야 기업과 전
사회가 환경을 살리기 위한 실천에 동참할 것이라는 이야기다. 이를
상징하는 사례가 바로 태평양 한가운데 떠 있는 태평양 거대 쓰레기

그림 18-2 | 바다 쓰레기들이 바람과 해류의 순환을 타고 한곳에 모여 거대 쓰레기 지대가 형성되었는데, 태평양에는 2곳의 거대 쓰레기 지대가 있다.

지대Great Pacific Garbage Patch, GPGP와 관련된 캠페인이다. 이 쓰레기 섬은 무려 1조 8000억 개가 넘는 플라스틱으로 이루어졌는데 그 크기는 현재 대한민국의 약 15배에 달하며 점점 더 커지고 있다.

2017년 광고 제작자인 마이클 휴와 달 데반스 드 알메이나는 유엔에 태평양 거대 쓰레기 지대를 국가로 인정해 달라는 신청서를 제출했고 나라 이름을 '쓰레기 섬Trash Isle'으로 정했다. 미국의 전직 부통령인 앨 고어가 이 섬의 1호 국민이 되었고, 할리우드 연예인을 포함해 20만 명이 넘는 사람이 국민으로 등록해 쓰레기 위험에 빠진 지구 살리기 캠페인에 합류했다. 이뿐 아니라 쓰레기 섬을 상징하는 화폐와 여권 등을 만들어 다양하고 의미 있는 방식으로 지구 환경 문제 개선을 위한 이슈를 지속적으로 환기시키고 있다. 그리고 '우리는 얼마나 많은 플라스틱 빨대를 사용하고 있는가?'라는 질문을 던지며 환경 문

그림 18-3 | 쓰레기 섬의 화폐 단위는 쓰레기, 잔해를 뜻하는 데브리(Debris). 쓰레기 섬의 공식 지폐 뿐 아니라 국기, 여권, 우표도 있다. (출처: dezeen.com)

제에 대한 개인의 참여를 독려하고 있다.

각국의 정부도 이러한 환경 운동에 대응하며 다양한 환경 규제 정책들을 만들어 가고 있다. 2018년 10월, 유럽 연합은 바다 오염을 막기 위해 일회용 플라스틱 제품 사용을 완전히 금지하는 법안을 통과시켰고 2021년 법안 발효를 앞두고 있다. 인도 역시 2022년부터 일회용 플라스틱 사용이 전면 금지된다. 우리나라 역시 다양한 환경 정책이 만들어지고 있다. 이미 편의점과 슈퍼에서 비닐봉지를 무상으로 제공

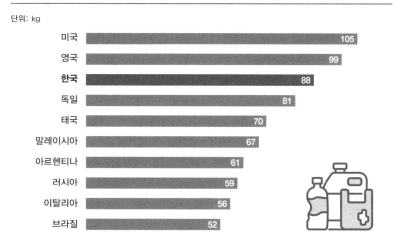

단위: kg

국가	값
미국	105
영국	99
한국	88
독일	81
태국	70
말레이시아	67
아르헨티나	61
러시아	59
이탈리아	56
브라질	52

그림 18-4 | 2016년 1인당 플라스틱 쓰레기 발생량 순위. (자료: 미 해양보호협회)

하지 못하도록 정책이 변경되었으며 2022년부터 일괄 사용이 금지된다. 또 호텔 등 숙박업소의 경우 50인실 이상 시설에서는 샴푸, 린스, 칫솔 등의 무상 제공이 금지되며 2024년에는 모든 숙박업소에서 제공이 금지된다. 그리고 카페나 빵집 등 매장 내에서 음료를 마시는 경우 일회용품 사용이 전면 금지되고 포장해 가는 경우 종이 일회용 컵에 대한 추가 비용을 지불해야 한다. 포장과 음식 배달에 제공되는 일회용 식기류도 2021년부터 무상 제공이 전면 금지되고, 2021년 1월 포장재 사전 검사와 포장 겉면 상세 표시 의무화를 강조하는 '자원재활용법개정안'과 과대 포장 금지 등의 법률도 추가로 발의되었다.[4]

그러나 이러한 정책들은 환경 보호라는 명목 아래 여러 혼란과 불

그림 18-5 | 충분한 홍보가 선행되어야 환경 관련 정책과 캠페인 효과도 극대화될 수 있을 것이다.

편함을 개인에게 전가한다는 인상을 지울 수 없다. 특히 갑작스러운 정책 도입으로 인해 소비자가 겪는 혼란은 종종 이슈가 되었다. 정책이 제대로 홍보되기 전에 시급하게 도입된 '일회용품 매장 내 사용 금지 법안'의 경우 일부 위생 문제로 일회용 컵 사용을 요청하는 소비자와 마찰이 자주 발생했다. 정부 역시 발생할 수 있는 다양한 상황에 대한 사전 매뉴얼이 미리 제공되지 않아 도입 초기에 한동안 혼란과 불편함을 가중시켰다.

또 포장재 사전 검사와 겉면 상세 표시 의무화를 실행하기 위해서 포장 기기에 추가적인 설비 작업이 필요한데 결국 이는 기업의 추가 비용으로 이어진다.[5] 대기업의 경우 추가 비용이 큰 문제가 없을지 몰라도 중소기업의 경우 생각지도 못한 비용이 발생하는 것이므로 회사 운영 자체에 큰 타격이 될지도 모른다. 가뜩이나 어려운 제조업 상황에서 업체의 부담만 키우는 정책이 되고 만 것이다. 결국 현실적인 문제를 고려하지 않고, 단순히 개인과 소비자에게만 환경 문제를 전가하는 것이 옳은지 다시 한번 생각해 볼 때다.

3. 개인에서 정부 주도로 필환경 패러다임 전환이 필요하다

– 정부의 환경 정책 없이는 어떤 노력도 역부족

프랜차이즈 기업들은 빨대와 뚜껑 컵을 없애고 코카콜라는 종이팩을 출시했다.[6] 애플은 탄소 배출을 줄이는 데 기여하겠다며 기본 충전기를 패키지에서 제외해 버렸다. 기업은 ESG 정책으로 이러한 행위를 정당화하고 있고,[7] 소비자는 오히려 그만큼의 불편함을 감수해야 한다. 그렇다면 기업과 개인 단위의 이런 노력과 희생이 환경 개선에 실제로 도움이 될까?

전문가들은 0차 멸종 위기를 언급하면서 이미 많은 생물종이 멸종됐다고 말한다. 연일 충격적인 보고서와 사진이 쏟아지고 환경 운

그림 18-6 | 코카콜라와 마찬가지로 맥주 브랜드 칼스버그도 종이로 만든 친환경 용기 제품 출시를 계획하고 있다. (출처: 칼스버그 홈페이지)

동가들은 이를 알리기에 급급하다. 전파 대상은 역시 기업, 대중, 언론이다. 행동 주체들의 인식과 행동 변화를 유도하기 위해서다. 하지만 안타깝게도 임계점은 넘어 버렸다. 이미 기업과 개인 단위의 노력으로 변곡점을 만들기에는 너무 멀리 왔다는 것이다.

　　따라서 기업과 개인의 노력도 반드시 수반되어야 하지만 무엇보다 정부의 역할이 더더욱 중요하다. 단순히 제도와 정책으로 환경 이슈를 기업에 적용해 생산과 공정을 규제하고, 분리수거처럼 사람들의 일상을 통제하는 것에서 머무르면 안 된다. 정부는 궁극적으로 환경 정책의 지시자가 아닌 주체가 되어야 한다. 왜냐하면 정부는 에너지 생산의 주체자이기 때문이다. 특히 화석 연료 사용은 환경 오염의 최대 주범이다. 그런데 개인과 기업이 주체적으로 화력 발전소와 같은 기반 시설들을 통제하거나 친환경 재생 에너지를 추가로 생산해 내기는 불가능하다.

이뿐 아니라 한국처럼 인구 규모가 작은 나라가 아무리 재활용을 하고 북유럽이 친환경에 앞장선다고 해도 온실가스 세계 최대 배출국인 미국과 중국에서 획기적인 변화가 없다면 당면한 환경 문제는 해결할 수 없다. 단지 개인이 쓰레기를 줄이고 환경을 아끼는 캠페인 활동만으로는 한계가 있는 것이다. 결국 정부가 나서서 재생 에너지를 개발하고 투자하며, 미국과 중국이 환경 오염에 대한 책임을 질 수 있노록 적극적으로 외교하는 국제 정치적 노력이 필요하다. 이를 위해서 정부는 국제적 외교 정책에 직접적이고 적극적으로 관여해야 한다. 유엔, APEC, G20 등 국제 공조를 통해 보다 현실적인 환경 메시지를 전달하고 국제적 흐름을 만들어 가려는 노력이 필요하다.

– 장기적인 변화의 흐름은 정부가 주도해야 한다

기업과 개인에 대한 정책 기조 역시 변화되어야 한다. 단순히 환경 보호라는 명목하에 기존 환경에 반하는 행동을 제한하고 이로 인한 불편함을 개인과 기업이 감수하도록 하는 정책 방향이 아니라 실제로 탄소 배출을 줄일 수 있는 필환경 인프라를 적극적으로 제공해야 한다. 언제까지 주범을 놔두고 개인들의 희생만 강요되어야 하는가?

예를 들면 지금처럼 단순히 전기 자동차 보조금을 지원하는 수준으로는 부족하다. 전기 자동차 사용에 불편함이 없도록 정부에서 직접 충전소를 대폭 확대하고 다양한 세제 혜택을 마련하는 등 인프라 개선을 통해 사람들로 하여금 다음 차는 꼭 전기 자동차를 사고 싶게

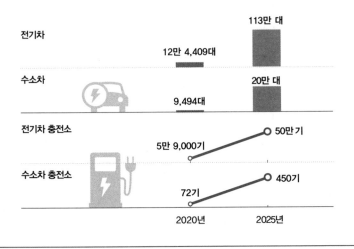

그림 18-7 | 국내 전기차 및 수소차 보급 현황과 목표. (자료: 산업통상자원부)

만들어야 한다. 또한 현재의 에코마일리지 제도는 에코마일리지를 열심히 모아 봤자 친환경 제품 몇 개로 교환이 가능할 뿐이다. 이처럼 큰 의미가 없는 제도가 아닌, 민간에서도 편리하게 결제 사용이 가능해 환경 보호 실천이 실질적인 혜택으로 돌아올 수 있는 방식으로 개선되어야 한다. 그래야 사람들의 친환경 행동을 보다 적극적으로 유도할 수 있다.

현재 정부는 화석 연료 발전소를 줄이고 친환경 에너지 생산을 위해 태양광 패널에 대한 보조금을 지원하고 있다. 하지만 이는 오히려 태양광 패널 업자들의 담합을 부추겨 패널 및 설치에 드는 평균 비용만 올려놓는 결과를 초래했다. 차라리 정부가 아파트나 빌딩 옥상을 직접 임대하고 거기에 직접 태양광 패널을 설치해 해당 지역 주민 또는 기업들에게 전기를 판매하는, 보다 적극적이고 주체적인 시도가 필요하다.

마지막으로는 환경 기술에 대한 직접적인 투자도 필요하다. 수소 버스 도입 확대, 신사료 개발을 통한 가축의 메탄가스 방출량 감소,[8] 친환경 기술 혁신 회사들과의 협업을 통한 스마트 시티 구축 등 환경 기술 혁신에 투자해 환경 신진국으로 가는 준비를 해야 한다. 기업과 개인이 만만해져서는 안 된다. 환경에 대한 책임을 막연하게 기업과 개인에게 전가하는 것은 지속적이지도 못하고, 사람들의 실질적인 행동을 유발하지도 못한다. 장기적인 관점에서 큰 흐름을 만들어 가는 패러다임의 전환이 필요하다. 필환경만이 인류의 생존이라 자각한 정부의 직접적이고 적극적인 행동이 요구된다.

4. 그린 뉴딜과
필환경 시대를 이끌 정책과 비즈니스

최근 우리 정부는 '수소 기술 로드맵'을 발표하며 이러한 흐름에 조금이나마 발을 떼는 모양새다.[9] 2030년까지 수소차 100만 대 보급을 목표로 연 수소 생산량을 194만 톤으로 확대하고 수소 충전소 1000곳을 설치할 예정이다. 수소 공급 가격도 떨어뜨리겠다고 계획했는데 그렇게 되면 2040년에는 1만 3000원 정도면 서울에서 부산까지 이동할 수

그림 18-8 | 2021년 1월 기준, 국내 등록 수소차는 약 1만 1000대이고 수소 충전소는 전국에 55개소 뿐이다.

있다. 미국의 바이든 정부에서는 2035년까지 미국 건물주의 탄소 발자국을 50% 감축하는 목표를 세우고 이를 위한 인센티브 제도 마련과 재정 투자를 적극적으로 늘리고 있다.[10] 그리고 법규 개선, 400만 개의 건물 업그레이드, 200만 개의 주택 개조를 통해 에너지 효율을 개선하려고 움직이고 있다. 이런 친환경 정책으로 인해 건물의 전기 요금 감소, 관련 일자리 최대 100만 개 증가 등 다양한 사회적 혜택이 발생할 것으로 예상된다.

새로운 환경 정책을 돕는 국내 스타트업들도 주목받고 있다. 농산물 재가공 유통업체 지구인컴퍼니, 스마트팜 업체 그린랩스, 진공단열재 생산업체 에임트, AI 쓰레기 분리 로봇을 만드는 수퍼빈 등이 그렇다. 정부 역시 관련 업체들을 적극 육성하고 지원할 계획이다. 이제 환경을 생각하고 실천하는 것은 개인의 희생이 아니라 혜택으로 돌아온다는 패러다임의 전환이 일어나고 있다. 즉, 환경은 돈 드는 일이 아닌 돈 버는 기회로 자리매김하고 있는 것이다. 필환경 시대에 맞는 새로운 정책들을 이해하고 더 나아가 직접 아이디어를 제안하며 새로운 그린 뉴딜의 시대를 준비해야 할 때다.

함께 읽으면 더 좋은 책

《전략의 거장으로부터 배우는 좋은 전략 나쁜 전략》 [리처드 럼멜트 지음]
잘못된 전략 선택이 때로는 한 기업과 국가의 위기까지 불러올 수 있다. 이 책은 좋은 전략과 나쁜 전략 사이의 차이점을 보여 주고 좋은 전략을 수립하는 데 필요한 본질을 꿰뚫는 통찰력을 선사한다. 이를 바탕으로 현재 환경 문제를 풀어 가는 전략을 되짚어 볼 수 있을 뿐 아니라 더 넓은 시야를 가지도록 도와준다.

《가이아》 [제임스 러브록 지음]
가이아 이론은 지구를 살아 있는 하나의 거대한 유기체로 바라보는 과학적 관점이다. 이 책을 통해 지구를 개별 국가적 관점이 아닌 전 세계적 관점으로 바라볼 수 있는 눈을 키울 수 있다. 이뿐 아니라 지금의 지구 상태가 우리의 생각보다 얼마나 더 심각한지 경각심을 일깨워 준다.

19장

정부의 선한 영향력 VS. 미닝아웃

가치 소비와 불매 운동에 앞장서는 미닝아웃 세대를 사로잡아라

1. 돈쭐과 불매 운동에 앞장서는 미닝아웃 세대의 등장

'용기'를 정의할 때 혹자는 자신의 생각을 적극적으로 드러낼 수 있는 것을 용기라고 한다. 사회생활을 하다 보면 자신의 신념과 생각을 적극적으로 드러내기 어려운 게 사실이다. 적어도 우리 사회에서는 말이다. 물론 어렸을 때는 얼마든지 가능했을지 모르지만 나이를 먹을수록 자기 색깔은 사회에 물들어져 버린다. 그런데 시대가 변했다. 이제는 자신의 신념을 적극적으로 표출하고 여론을 형성하며 더 나아가 새로운 권력으로 떠오르는 세대가 등장했다. 바로 미닝아웃Meaning Out

그림 19-1 | MZ세대가 강력한 소비 세력이기 때문에 이들이 주도하는 불매 운동도 매우 치명적이다.

세대다. 미닝아웃은 신념Meaning과 나오다Coming Out의 합성어로, 밝히지 않았던 자신의 신념과 가치를 적극적으로 드러내는 활동이자 개인의 취향과 사회적 신념을 거침없이 드러내는 행위를 말한다. 주로 MZ세대에게서 나타나는 독특한 특징인데 특정 사회 문제에 관심을 드러내며 사회적 이슈로 확장시킨다. 미닝아웃은 소비를 결정짓는 새로운 기준이 되었고 해시태그 등을 통해 소셜 네트워크에서 자신의 신념을 표출한다. 이는 소비의 관점에서 어떤 물건을 사도록 권장하는 바이콧Buycott 운동과 연결되어 있다.[1]

베이비부머 세대가 자신의 신념을 시위를 통해 보여 주었다면 MZ세대는 소비를 통해 보여 주고 있다. 적극적인 소비와 불매가 극명하게 나타나는 세대라고 할 수 있다. 일본 제품 불매 운동이 한창이었을 때 MZ세대는 SNS를 통해 '#사지않습니다, #가지않습니다'라는 해

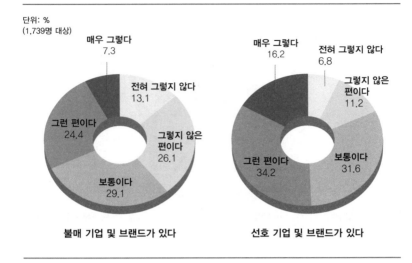

단위: %
(1,739명 대상)

불매 기업 및 브랜드가 있다

매우 그렇다 7.3
전혀 그렇지 않다 13.1
그렇지 않은 편이다 26.1
보통이다 29.1
그런 편이다 24.4

선호 기업 및 브랜드가 있다

매우 그렇다 16.2
전혀 그렇지 않다 6.8
그렇지 않은 편이다 11.2
보통이다 31.6
그런 편이다 34.2

그림 19-2 | 2019년 국내 불매 및 선호 기업 유무 조사. (자료: SM C&C)

시태그로 불매 운동 촉구에 나섰다. SNS에 일본행 항공권 취소 사진을 올리는가 하면 일본 제품을 구매하는 사람들의 사진을 찍어 올리기도 했다. 이처럼 미닝아웃 세대는 사회 문제에 적극 개입하고 자신의 신념을 표출하는 데 두려움이 없다. 미닝아웃 세대의 신념 표출에 대한 다양한 연구 결과들이 있는데 글로벌 컨설팅 기업 맥킨지는 "Z세대 소비자의 75%는 광고 캠페인에 인종과 성차별을 하는 기업은 불매 운동할 의지가 있다"라고 전했다. 노스웨스턴대학교 켈로그 경영대학원의 미셸 로저스 교수는 이들은 부족함 없이 자란 세대로서 부의 대부분을 소유한 사회에서 자랐기 때문에 불평등에 대해 목소리를 내도 잃을 게 없다고 생각하는 편이라고 했다.[2] '한강의 기적'을 이룬 기성

그림 19-3 | 일부 돈쭐 소비자들은 주문하면서 배송을 사양하기도 한다. 즉, 물건은 안 받고 결제만 하겠다는 식이다.

세대는 잃을 것이 너무나 많지만 MZ세대는 스스로 잃을 게 없다고 생각하는 만큼 더욱 큰 목소리를 낸다는 것이다.

자신의 소비가 곧 신념인 미닝아웃 세대는 환경을 지키는 브랜드나 동물 실험을 하지 않는 브랜드를 선호한다. 이처럼 성차별, 인종차별, 동물 실험 등 소비 패턴에 있어 강력한 신념을 보이기 때문에 기업들도 이들 세대를 위해 다양한 노력을 하고 있다. 이 노력에는 어쩌면 이 세대에 대한 두려움도 내포되었다고 할 수 있겠다. 2021년 3월, 서울 홍대에 위치한 치킨집에 대한 '돈쭐(돈으로 혼쭐을 낸다는 의미)' 사건이 세상에 알려졌다. 프랜차이즈 '철인 7호'의 홍대점 점주 박재휘 씨가 어린 형제에게 무료로 치킨을 선물한 미담이 알려지자 전국 각지에서 돈쭐을 내 주겠다며 선한 주문이 이어진 것이다. 돈쭐은 소셜 미디어를 타고 연쇄적으로 일어났는데 여기서 미닝아웃 세대인 MZ세대의 가치 소비 행태가 그대로 드러났다.[3] 이런 미닝아웃 세대의 돈쭐 사례는 다른 상점들로 이어지면서 우리 사회에 선한 영향력을 끊임없이 생산해 내고 있다.

2. 가치 소비와 선한 영향력 마케팅의 사례들

자신들의 가치 실현을 중요하게 생각하는 미닝아웃 세대는 자신들의 착한 소비와 착한 행동을 영위할 수 있는 기업들에게 열광한다. 이들은 실제 이런 행위를 보여 주는 기업에게 소비로 보답한다. 미닝아웃 세대가 '신'으로 추앙하는 기업이 있다. 바로 오뚜기다. 오뚜기는 미닝아웃 세대에게 '갓뚜기'로 불리는데 'God'과 오뚜기를 결합시킨 용어다. 오뚜기의 창업자 함태호 회장이 유산 상속 과정에서 상속세 1700억 원을 가감 없이 납부하겠다고 선언한 게 알려지면서 갓뚜기라는 별명을 얻게 되었다. 수많은 기업이 편법을 동원해 상속세를 납부하지 않으려고 하는데 오뚜기는 달랐던 것이다. 또 오뚜기는 심장병을 앓고 있는 어린이 5000여 명을 후원했다고 알려졌다. 그리고 MZ세대의 가장 큰 고민인 취업에 있어서 많은 기업이 비정규직을 양산하고 있을 때 오뚜기는 99%의 정규직 신화를 기록했다. 미닝아웃 세대가 오뚜기를 두고 가치 소비를 하지 않을 수 없는 상황인 것이다.[4]

더욱 놀라운 일화는 2020년 6월 방영된 SBS의 예능 프로그램

단위: %
(1,000명 대상)

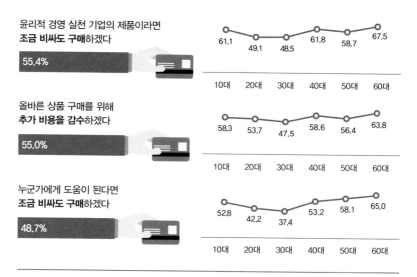

윤리적 경영 실천 기업의 제품이라면
조금 비싸도 구매하겠다

55.4%

61.1　49.1　48.5　61.8　58.7　67.5

10대　20대　30대　40대　50대　60대

올바른 상품 구매를 위해
추가 비용을 감수하겠다

55.0%

58.3　53.7　47.5　58.6　56.4　63.8

10대　20대　30대　40대　50대　60대

누군가에게 도움이 된다면
조금 비싸도 구매하겠다

48.7%

52.8　42.2　37.4　53.2　58.1　65.0

10대　20대　30대　40대　50대　60대

그림 19-4 | 가치 소비, 착한 소비 의향. (자료: 트렌드모니터)

〈맛남의 광장〉 완도 편에서 일어났다. 이 프로그램은 전국 지역을 돌며 판매에 어려움을 겪는 특산물을 상품으로 개발해 소비자들에게 선보이는 프로그램이다. 완도 편에서는 다시마가 다뤄졌는데 출연자인 백종원 씨가 함영준 회장에게 다시마가 1장 들어 있는 '오동통면' 제품에 완도산 다시마를 1장 더 넣어 달라고 요청한 것이다. 이에 함영준 회장은 그 자리에서 수락했고, 오뚜기는 완도산 정정 다시마 2장 들어 있는 한정판 오동통면을 출시해 완판을 기록했다.[5]

　가치 소비를 촉발하는 기업들의 착한 마케팅, 이것이 코즈 마케팅Cause Marketing이다. 코즈 마케팅은 기업의 명분Cause과 마케팅이 결합된 것으로 제품 판매와 기부를 연결하는 방식의 마케팅이다. 코즈 마케팅의 최초 사례는 미국 아메리칸익스프레스(아멕스) 사가 진행한 마케팅 활동이었는데, 자유의 여신상 복원을 위해 고객이 카드를 사용할 때마다 1센트, 신규로 가입했을 경우 1달러의 성금을 자유의 여신상 복원에 기부하겠다고 한 것이다. 이후 국내외 많은 기업이 코즈 마케팅 활동을 벌이고 있다. 국내의 경우 아모레퍼시픽이 2005년부터 핑크리본 스페셜 에디션 제품을 출시해 매년 판매액의 3%를 유방암 재단에 기부하고 있다.[6]

하지만 기업이 추구하는 사익과 사회가 추구하는 공익을 동시에 달성하지 못할 경우 역풍을 맞을 수도 있다. 미닝아웃 세대를 공략하기 위해 많은 노력을 하고 있지만 결국 기업은 사익을 추구하는 곳이므로 이 때문에 반감을 불러일으킬 경우 큰 타격을 입을 수 있다. 이런 착한 마케팅이 오뚜기처럼 늘 성공하는 것은 아니기 때문이다. 맥도날드의 비만 퇴치 캠페인이 대표적이다. 패스트푸드 회사가 비만을 퇴치하겠다고 선언한 것은 어떻게 보면 굉장히 좋은 취지이지만 다르게 보면 말이 안 되는 캠페인이다. 실제로 맥도날드는 이를 통해 긍정적인 이미지를 형성하고자 했으나, 비만이 주원인인 햄버거를 판매하는 회사가 이런 캠페인을 전개한다는 사실 때문에 불매 운동이 촉발되는 역효과를 낳았다.

미닝아웃 세대의 신념과 가치를 활용한 마케팅 전개는 무조건 긍정적이라고는 할 수 없다. 더불어 기업들이 주도하는 이런 가치 소비

그림 19-5 | 아메리칸익스프레스의 코즈 마케팅 기간 동안 카드 사용액은 27% 증가했고, 170만 달러의 성금이 모였다.

환경은 결국 기업의 이익으로 돌아갈 수밖에 없기에 실제로 우리 사회를 이롭게 하는 것인지도 의문이다. 오히려 우리 사회를 이롭게 만든다는 측면에서 기업보다는 정부의 선한 영향력이 미닝아웃 세대를 자극하는 데 더 효과적이지 않을까?

3. 정부의 선한 영향력으로 미닝아웃 세대를 사로잡아라

– 정부 신뢰도 상승을 견인한 K–방역

윤리적 소비라는 개념은, 소비자가 상품이나 서비스 등을 구매할 때 가치 판단에 따라 윤리적으로 올바른 선택을 하는 것을 의미한다.

윤리적 소비는 이 상품이 어디서 만들어졌고 어떻게 생산되는지를 살펴본다. 더불어 여타 사람들이나 공동체 등에게 어떤 영향을 주는지도 생각해 본다. 그래서 단순히 상품 구매에서 그치는 개념이 아니라 그 상품이나 서비스가 만들어지는 과정에 동의하고 소비하는 개념이라고 할 수 있다. 미닝아웃의 핵심에도 윤리가 존재한다. 윤리적으로 문제가 있는 기업에는 분노하고 그렇지 않은 기업에는 환호한다. 그 대상은 기업에만 국한되지 않는다. 정부도, 개인도 될 수 있다. 하지만 정부의 영향력은 응원보다 비난의 대상이 되기 쉽다. 사실 관계를 제대로 이해하지 못하거나 파악하지 않은 채 원색적으로 비난하기도 한다. 정부의 영향력에 환호하는 사람들은 일반 국민이 아니라 정치인이나 정부 정책에 관여하고 있는 집단일 수도 있다. 대부분의 사람은 정부 정책에 관심이 없거나 불편이 생겼을 때에야 관심을 갖는다. 현재 우리가 기억하는 정부의 영향력이란 이런 것이다.

기업은 소비자와 소통하기 매우 쉬운 구조다. 기업은 경영진의 도덕적이고 윤리적인 행위를 MZ세대에게 적합한 방식으로 전달하고 즉각적인 인터랙션Interaction을 통해 소통한다. 더불어 미담을 형성하고 상품의 가치를 상승시켜 시장 점유율을 높여 나간다. 어쩌면 미닝아웃이 이뤄질 수밖에 없는 구조다. 오뚜기 회장의 자녀 함연지 씨가 유튜브를 통해 미담을 만들어 가는 것도 이와 별반 다르지 않다. 하지만 정부나 공공 기관의 경우 수직적 소통 방식과 인터랙션이 이뤄지지 않는 전략으로 MZ세대와 소통하기 힘들고, 긍정적인 부분이 부각되지 못한 채 부정적 리스크Risk 중심의 이슈 소통이 이뤄지고 있다. 정

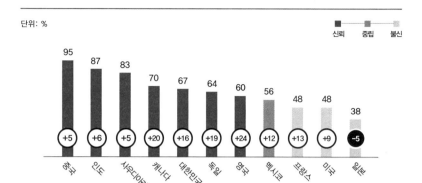

단위: %

신뢰　중립　불신

95	87	83	70	67	64	60	56	48	48	38

+5　+6　+5　+20　+16　+19　+24　+12　+13　+9　-5

중국　인도　사우디아라비아　캐나다　대한민국　독일　영국　멕시코　프랑스　미국　일본

그림 19-6 | 코로나19 이후 글로벌 정부 신뢰도 변화. (자료: 에델만)

부의 착한 영향력이 국민들의 자발적 팬덤으로 발전하고 실제 영향력을 미치기 위해서는 기업과 동일한 소통 방식이 필요하다.

　　정부에서 가장 중요한 커뮤니케이션 영역은 리스크 커뮤니케이션이다. 그만큼 이슈에 대한 리스크를 줄여 나가는 소통에 방점이 찍혀 있다. 이처럼 정부는 기업과는 사뭇 다른 소통에 방점을 찍고 있어 늘 정책 평가나 소통 평가 중심의 평가로 국민들에게 점수를 받는다고 생각한다. 정부의 선한 영향력이 우리 사회를 변화시켰다는 이야기는 듣기 어렵다. 그것은 중앙 정부, 광역 지방 정부, 기초 지방 정부 모두 마찬가지다. 글로벌 컨설팅 기업 에델만의 자료에 따르면 대한민국의 신뢰도는 코로나19 팬네믹 이선인 2020년 1월보다 이후인 5월에 더 상승한 것으로 나타났다. 더불어 정부 신뢰도는 영국과 독일, 캐나다 등과 함께 두 자릿수 상승했다.[7] 정부의 신뢰도가 상승했다는 것은 그

그림 19-7 | 2020년 말, 한국이 제안한 'K-방역 모델'은 국제표준화기구(ISO)에 의해 국제 표준으로 제정되었다.

만큼 정부의 영향력에 긍정적인 평가를 하고 있다는 것이고, 정부의 선한 영향력에 미닝아웃할 수 있다는 사인이기도 하다.

국가 신뢰도의 경우 한국은 50점에서 58점으로 상승했다. 비교적 코로나19 대응에 문제가 있다고 평가받는 일본의 하락과는 대조적이다. 코로나19 대응 능력이 국가의 신뢰를 새롭게 만들어 가는 상황에서, 비교적 코로나19 대응이 뛰어나다는 평가를 받는 독일, 캐나다, 한국의 신뢰도는 두 자릿수 상승했다. 반면 아베 전 총리나 트럼프 전 대통령처럼 국가의 수장이 코로나19 대응에 오판하고 그로 인한 사회 혼란을 경험한 나라에서는 정부 신뢰도가 낮게 나오거나 떨어졌다. 특히 주목할 사항은 코로나19 이전에는 기업과 NGO를 신뢰하던 국민들이 정부를 가장 신뢰하는 것으로 응답했다는 점이다. 바로 신뢰의 재배치가 이뤄진 것이고, 기업의 선한 영향력에 반응하던 미닝아웃 세대가 움직일 수 있는 근거가 생긴 것이다. 예전에는 정부의 메시지에 국민들이 반응하지 않았고, 정부가 잘한 내용을 홍보하더라도 그것을 불신했었지만 이제는 코로나19로 인해 급변했다. 정부의 선한 영향력이 국민들로 하여금 가치와 신념을 표출하도록 만들고 있다.

– 선한 영향력을 브랜드화하려는 지방 정부의 노력들

정부에 대한 신뢰도가 높아졌다는 사실은 선한 영향력이 미닝아웃으로 이어질 수 있는 여건이 조성되었음을 증명한다. 특히 코로나19 상황에서 기업의 선한 영향력보다 정부의 선한 영향력이 국민들에게 영향을 미칠 때 우리 사회는 더욱 탄탄해지고 성장할 수 있다. 물론 정부의 선한 영향력을 단순히 정책으로만 한정할 필요는 없다. 도시나 문화가 될 수도 있다. 중요한 것은 정부의 선한 영향력이 국민들로 하여금 긍정적 신념을 표출하게 만드는 계기가 되는 것이다. 우리나라는 중앙 정부와 17개의 광역 지방 정부, 226개의 기초 지방 정부가 존재한다. 특히 226개의 기초 지방 정부는 각자의 색깔로 도시를 구성하고 있다. 기업으로 따지면 1개의 기초 지방 정부는 1개의 기업이고, 기초 지방 정부를 구성하는 다양한 관광 상품, 특산물 등은 기업의 상품에 해당한다고 할 수 있다. 기업들이 성공하기 위해 노력하는 만큼 지방 정부도 지역을 성장시키기 위해 다른 지역들과 선의의 경쟁을 펼치고 있나.

돈쭐이라는 기업의 선한 영향력이 미닝아웃되었던 사례처럼 정부도 충분히 미닝아웃될 수 있는 구조를 갖추고 있다. 특히 신뢰가 재배치된 현재의 상황에서 정부의 선한 영향력은 충분히 미닝아웃될 수 있는 상황을 맞이했다. 지방 정부들은 지역의 특산물과 관광 상품을 홍보하고자 각고의 노력을 한다. 하지만 대부분 톱다운 방식을 취하고 있다. 이는 앞서 이야기한 정부의 소통 방식과 다르지 않다. 지역 축제와 특산물, 관광 상품의 홍보 수단은 홍보물과 영상일 뿐이다. 물론 코로나 시대에 국내 여행이 주목받고 있지만 이런 방식은 정부의 선한 영향력과 다소 거리가 있다.

소비자들의 신념 소비를 이끌어 내기 위해 노력하는 공공 기관도 있다. 인천관광공사는 인천의 먹거리 8개와 볼거리 9개의 선정을 위해 매년 '인천 8미味 9경景' 온·오프라인 투표를 진행하고 있다.[8] 이를 통해 관광객들이 만족할 수 있는 보텀업 방식의 전략을 펼치고 있다. 하지만 정부의 선한 영향력이 영향을 미치려면 단순히 지역의 관광 상품, 특산물, 축제를 홍보하는 것에서 그치면 안 된다. 특산물 하나를 개발하기 위해 농가와 함께 피땀 흘려 노력하는 공무원들의 모습, 관광 상품을 개발하기 위해 관광객 한 명, 한 명 모두와 소통하는 모습, 어려운 농가나 주민을 위해 정책적 지원을 과감하게 시도하는 모습 등 선한 미담들을 발굴해 나가고 우리 사회에 영향을 미쳐야 할 것이다.

미닝아웃 세대는 선한 노력에 반응하며 선한 영향력에 움직인다. 기업이 선한 영향력을 통해 상품을 팔아 이윤을 추구하듯 지방 정부도 이런 선한 영향력을 통해 지역을 살리고 도시를 브랜딩화하면 지방 소멸 문제까지 해결할 수 있다. 코로나19로 인해 어려워진 지역 경제를 활성화하기 위해 지방 정부가 선한 영향력을 펼친 대표적인 사례가

그림 19-8 | 지역의 착한 소비를 유도하려는 지방 정부의 대표적인 사례인 '인천 8미 9경' 캠페인 포스터. (출처: 인천관광공사)

구리시의 곱창 골목이다. 코로나19로 어려운 상황에서 상인들이 곱창 골목 불법 점유 시설 철거에 앞장서자 구리시는 '곱창 데이'를 지정하고 구리시 직원과 기관 단체 회원 520여 명이 곱창 골목을 방문해 상인들을 지원한 것이다. 더불어 구리시는 곱창 거리 조성 사업을 통해 2021년 6월까지 특화 기리로 육성할 계획이며, '같이의 가치'를 실현하기 위해 지역 전체로 선한 영향력을 확대해 나가겠다고 밝혔다.[9]

지방 정부의 선한 영향력은 해외에서도 찾아볼 수 있다. 일본 규슈 구마모토현에서 만든 마스코트이자 우리에게도 친숙한 쿠마몬 사례가 대표적이다. 2010년 규슈 신칸센 종착역으로 구마모토가 아닌 가고시마가 결정되자 위기의식을 느낀 구마모토현에서 관광객을 유치하기 위한 캠페인을 벌였는데 쿠마몬 캐릭터 개발은 그 일환이었다. 곧 쿠마몬은 구마모토현에 도배되었고 이 캐릭터 덕분에 관광객이 엄청나게 증가하고 관련 상품 판매도 늘었으며 1244억 엔에 달하는 경제 파급 효과를 거두었다. 캐릭터의 인기는 지금도 계속되고 있으며 더불어 구마모토현의 인기도 식지 않고 있다.[10] 코로나19로 인해 정부의 신뢰가 재배치된 현재의 상황에서 기업이 아닌 정부의 선한 영향력이 미닝아웃됨으로써 우리 사회를 이롭게 만들 수 있는 좋은 기회다. 미닝아웃의 역발상 트렌드로서 정부의 선한 영향력은 정부에 대한 관심과 신뢰의 수준이 올라갈수록 더욱 크게 주목받을 것이다.

함께 읽으면 더 좋은 책

《홍보의 기술》 [백덕 지음]
지방 정부의 홍보 전략을 담은 이 책은 주민들과 공감하고 소통하는 홍보 방식을 제시하며 지방 정부 홍보의 길잡이 노릇을 한다. 정부의 선한 영향력이 미닝아웃될 수 있는 전략 수립에 좋은 참고가 될 것이다.

《소셜임팩트》 [이상일, 최승범, 박창수 지음]
이 책을 통해 불매 운동과 가치 소비, 윤리 소비의 시대에 소비자가 어떤 소비 행태를 보이는지를 알 수 있다. 어떤 영향력이 소비 행태로 나타날 수 있는지 소비자의 관점에서 살펴볼 수 있다.

20장

알고리즘 역이용
VS. 개인 정보 보호

디지털 빅 브라더의 노예로 살 것인가, 주도적으로 역이용할 것인가

1. 공공 안전과 개인 정보 보호,
둘 다 놓칠 수 없다

1999년, 영국 런던에는 한 사람이 하루 동안 평균 300번 무인 카메라에 찍힐 정도로 CCTV가 많아 '철鐵의 고리'라고 불리기도 했는데,[1] 이 사실이 2008년 국내에 알려지자 많은 사람이 놀라워했다. 2017년 영국 BBC의 중국 특파원 존 서드워스John Sudworth는 중국에서 CCTV만으로 사람을 찾아내는 시간이 얼마나 걸릴지 궁금해 한 가지 실험을 했다. 그는 중국 공안 당국에 행선지를 숨긴 채 자신이 어디에 있는지 찾아보라고 요청했고, 공안 당국은 CCTV만 활용해 7분 만에 그를 찾

아냈다.[2] 이와 같은 보도를 접한 사람들은 '감시 사회'가 도래했다며 무척 두려워했다. 하지만 2020년 이후 코로나 시대에 CCTV를 비롯한 각종 감시 체계는 공익을 위해 필수 불가결한 시스템임을 인정하지 않을 수 없게 되었다. 역학 조사와 동선 파악이라는 명분 아래 개인 정보는 보호의 대상이 아닌 공유 또는 공개되어야 할 정보가 된 것이다. 실제로 QR코드와 안면 인식 기술로 강력한 감시 사회 시스템을 구축한 국가들은 팬데믹 상황에서 코로나19의 확산을 억제했고, 그렇지 못한 국가들은 여전히 코로나19 확산을 두려워하는 상황에 놓여 있다.

이런 시대에 메가 트렌드로 언급되는 것이 '개인 정보 보호'다. 아무리 감시 사회에 대한 대의를 인정한다고 해도 그것이 지나치거나 빅 브라더Big Brother처럼 정보가 권력화되어 악용될 소지가 있기 때문에 개인 정보 보호와 정보 보안이 중요하다는 것이다. 최근 우리는 팬데믹 상황 때문에 개인 정보 노출에 둔감해져 있다. 하지만 CCTV가 공공장소를 관찰하는 것은 물론이고 사물 인터넷과 인공 지능 스피커가 개인을 추적하는 환경에 둘러싸여 있다. 온라인에서는 모든 활동이 쿠키Cookie로 남고 이를 삭제해도 사이버 복원력의 여지가 남아 있다. 따라서 개인 프라이버시는 사라졌다고 보는 것이 합리적이다. 그래서 많은 트렌드 전망서와 전문가들은 앞으로 개인 정보 보호를 위해 많은 노력을 기울여야 하며 사이버 보안 관련 산업이 주목받을 것으로 전망하고 있다.

실제로 5G 통신망과 클라우드를 기반으로 사물 인터넷 디바이스, 휴대 기기, 자율 주행차, 스마트 홈 등 전 세계 360억 개 기기가

그림 20-1 | 우리나라 전국에 설치된 공공 CCTV는 약 110만 대에 이른다.

연결되는 초연결Hyper Connected이 가능해짐에 따라 사이버 공격에 노출될 위험이 커졌다. IT 시스템이 준비되지 않은 상태에서 코로나19 여파로 재택근무가 늘고, 비非보안 기기 사용이 급증한 것도 IT 보안을 위협하는 요인이 되고 있다. 그래서 기존의 보안 체계는 유효성을 상실할 것이며, 정부와 기업은 새로운 시스템에 적합한 보안 솔루션을 도입할 전망이다. 원격 근무와 클라우드 도입으로 장소를 불문하는 시스템이 늘어남에 따라 기존 보안 체계의 한계를 대체할 수 있는 새로운 사이버 보안 수요가 증가한다는 것이다.

이에 사이버 보안 시장 규모는 2017년 1040억 달러에서 2025년 2560억 달리로 연평균 11.9% 성장할 것으로 추정된다.[3] 또한 클라우드 보안 이외에도 사물 인터넷 등 말단 시스템인 엣지 컴퓨팅 환경을 제어하는 보안 기술 EDREndpoint Detection and Response과 신 클라이언트

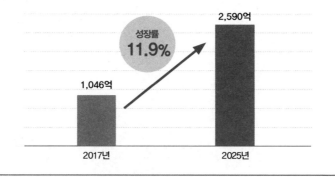

그림 20-2 | 글로벌 사이버 보안 시장 규모 및 전망. (자료: 얼라이드 마켓 리서치, 키움증권 리서치)

Thin Client(필수적인 하드웨어 장치만 탑재하고 네트워크로 연결된 중앙 서버에서 모든 업무를 관리하도록 설계된 업무용 PC. 사용자는 애플리케이션과 데이터를 중앙 서버에 저장하여 업무를 수행한다)에 대한 보안 중요성이 부각될 것이다. 그리고 기업은 주요 정보에 대한 권한을 분산하여 관리하고, 기존 시스템 대비 오류가 적은 블록체인 기술과 인공 지능 기술을 적용한 보안 시스템을 구축하는 방향으로 IT 보안 정책을 집중할 전망이다. 이렇게 개인 정보 보호를 위해 정부와 기업이 노력하는 가운데 공공의 안전과 개인 정보 보호라는 두 마리 토끼를 잡겠다는 것이다.

2. 팬데믹 이후 용인된
디지털 빅 브라더의 감시 사회

문제는 정부와 기업이 아무리 개인 정보 보호를 위해 노력해도 감시 사회 역할이 우선한다는 것이고 거기에 개인도 동의할 수밖에 없다는 점이다. 아직 코로나19의 확산 여지가 남아 있고 백신 효과도 온전히 누리지 못하는 상황에서 개인 정보 보호는 주류 담론이 아닌 것으로 보인다. 국가와 사회 입장에서 아직 감시 사회의 끈을 놓을 수 없기 때문에 국민의 건강과 개인 정보 보호는 이해 충돌의 여지가 있으며 점점 개인 가치보다 감시 사회가 우선시되고 있다. 그래서 언급되는 것이 조지 오웰의 《1984》다. 이 소설에는 정보를 독점함으로써 사회를 감시하고 통제하는 사회 체계인 '빅 브라더'가 등장한다. 그런데 이것이 최근 디지털 전환과 결합해 '디지털 빅 브라더'로 자리매김했다. 안면 인식 같은 초혁신 기술, 정보 통신망의 발달과 만난 빅 브라더가 공중 보건이라는 명분을 얻어 수면 위로 올라온 것이다.

실제로 중국은 코로나19 방역을 위해 감시가 불가피하다는 명분을 내세우며 안면 인식 기술을 탑재한 감시 카메라를 전역에 설치했고 이를 통해 모든 사람의 신원을 파악하고 관리하는 등 생활 전반에서 정부 주도로 국민을 관리 감독하고 있다. 더불어 중국은 안면 인식 드론을 활용해 봉쇄 지역 주민들의 외출을 감시하고 통제한다. 영국 보안업체 컴페리테크Comparitech에 따르면 중국은 생체 정보 수집과 활용 부분에서 세계 1위다.[4] 이러한 결과는 사람들의 생체 정보를 가장 광

그림 20-3 | 안면 인식 기술과 인공 지능이 결합된 AI CCTV는 자동으로 개인 신원을 추적하고 관련 정보를 수집할 수 있다.

범위하게 침해하면서도 관련 데이터 보호 장치는 부족한 국가라는 의미인데, 그 배경에는 중국의 특수성이 있다. 컴페리테크에 따르면 관련 지표에서 미국은 4위에 올랐다.

또 다른 디지털 빅 브라더 사례는 유럽에서도 선진국으로 꼽히는 벨기에에서 찾아볼 수 있다. 벨기에 정부는 자가 격리를 지키는지 확인하겠다는 취지로 통신사에 개인 위치 정보를 요청하고, 주요 거리에는 경찰들이 배치돼 통신사가 놓친 부분을 감시한다. 터키에서는 페이스북, 트위터와 같은 소셜 미디어 규제 법안이 통과하였다. 이 법안에 따르면 터키에서 비즈니스를 하는 소셜 미디어 업체는 터키에 대표 사무실을 두어야 하고 이를 위반할 경우 벌금 부과, 광고 금지, 사용 가능한 통신 대역폭 축소 등 규제를 받게 된다. 결국 코로나19 관리라는 미명하에 소셜 미디어 사용자의 데이터는 터키 내에 저장되고 터키 정부는 소셜 미디어 사용자 정보를 쉽게 입수할 수 있게 됐다.

이러한 사례들은 코로나19 팬데믹 이전에는 개인 정보 보호를 위해 금기된 시도들이다. 하지만 현재는 코로나19 관리라는 명목으로 국가가 국민을 통제할 수 있는 여지가 되었다. 그래서 많은 사람이 디지털 빅 브라더가 국가의 안전과 국민의 건강이라는 본래의 목적을 넘어 다른 목적으로 악용될 것을 우려한다. 팬데믹 이후 등장한 디지털 감시 체계를 스스럼없이 이용하게 된 정부가 코로나19 종식 이후에 이를 순순히 포기할지도 의문이다.

더욱 문제가 되는 부분은 이미 디지털 전환 시대로 접어들었기 때문에 재택근무, 원격 근무, 홈 라이프, 교통, 통신, 소셜 미디어 등 모든 일상에서 개인 정보가 노출될 수밖에 없다는 것이다. 그런 의미에서 개인 정보 보호는 달성하기 어려운 허상에 가까워 보인다. 우선 모든 기업에서 개인 정보 노출 이슈가 있다. 바로 근태 관리를 위해 근로자의 위치 정보가 공개될 수 있는 것이다. 고용노동부 재택근무 매뉴얼에 따르면 근로자가 동의해야 재택근무자의 위치 정보를 확인할 수 있다. 근로자는 자택이라는 안전한 근무 환경을 얻었지만 본인의 동선이 회사에 보고되는 불편함을 감수해야 한다. 예를 들어 콜센터 상담원의 경우 고객을 응대할 때 각종 고객 정보를 확인하기 때문에 재택근무 중 고객 정보가 위험에 노출될 가능성이 있다. 금융권에서는 망 분리를 통해 재택근무를 함에도 불구하고 보안과 해킹 위험이 산재해 있다. 이뿐 아니라 각종 사업장에서 출입 명부 기록을 위해 남기는

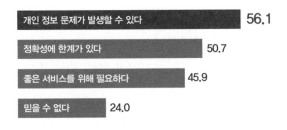

개인 정보 문제가 발생할 수 있다　56.1

정확성에 한계가 있다　50.7

좋은 서비스를 위해 필요하다　45.9

믿을 수 없다　24.0

그림 20-4 | 2019년 유튜브 알고리즘 추천·활용에 대한 일반적 인식. (자료: 한국언론진흥재단)

휴대전화 번호가 도용되거나 범죄에 악용되기도 한다.

특히 기업 단위의 개인 정보 보호는 신뢰하기 어렵다. 예를 들어 대화형 인공 지능 챗봇 '이루다'는 개인 정보 유출 논란에 휩싸였다. 개발사가 내놓은 또 다른 애플리케이션에서 수집된 개인 간 카카오톡 대화 내용이 이루다에 입력됐는데, 데이터에 포함돼 있던 이용자들의 이름과 주소가 걸러지지 않고 노출된 것이다.[5] 카카오맵은 이용자의 즐겨찾기 폴더 기본 설정이 '공개'로 되어 있어 별도로 비공개 설정을 하지 않으면 폴더 내 개인 정보가 다른 사람들에게 공개되는 위험이 있었다. 개인정보보호위원회는 카카오맵 개인 정보 유출 논란과 관련해 카카오 측에 기존 생성된 카카오맵 즐겨찾기 폴더를 모두 비공개로 전환할 것을 요청했다.[6]

이렇듯 개인 안전 우려와 통제 사회로 전락할 위험성처럼 개인 정

그림 20-5 | 디지털 디톡스는 디지털 기기 사용을 잠시 중단함으로써 심신을 회복하고 치유하고자 한다.

보 보호를 보장받지 못하는 것은 코로나19가 빚어낸 사회의 부작용이다. 결국 개인 정보 보호를 위한 노력은 개인 단위로 할 수밖에 없다는 주장이 제기되기도 한다. 즉 디지털 디톡스Digital Detox를 통해 온라인과 디지털 활동에서 내 기록과 흔적을 남기지 않거나, 혹은 디지털 활동 자체를 자제하고 중단하는 노력을 기울이는 것이다. 하지만 코로나19가 앞당긴 디지털 전환, 그리고 초혁신 기술이 메가 트렌드로 언급되는 상황에서 디지털 디톡스 자체가 대두되는 것은 매우 아이러니하다.

3. 디지털 세계의 족쇄이자 열쇠, 알고리즘

- 블록체인과 분산 아이디로 신원 정보를 보호하다

개인 정보 보호는 헌법에 보장된 기본 권리다. 개인 정보를 스스로 형성·관리·통제할 수 있는 자유, 즉 개인 정보를 스스로 설계·형성하고 형성된 정보에 대한 조사, 수집, 보관, 공개, 처리, 이용 등 정보의 관리와 통제를 스스로 결정할 수 있는 권리가 '개인 정보 자기 결정권'이다. 이는 개인 정보가 침해받지 않을 소극적 권리인 동시에 적극적으로 관리·통제하고 국가에 그 보호를 요구할 수 있는 적극적 권리의 성격을 모두 가진다. 즉, 개인 정보는 본인 스스로 그 활용 여부를 결정하고 어쩔 수 없이 노출된 정보라면 역으로 활용할 수도 있다는 것이다. 결국 코로나 시대나 코로나19가 종식된 이후에도 공공의 이익을 위해 개인 정보 공개가 불가피하고 정부와 기업의 개인 정보 보호 정책을 신뢰할 수 없다면, 이것을 오히려 역이용해야 한다.

우선 내 신원 정보는 내가 관리한다는 개념의 분산 아이디를 주목하자. 분산 아이디는 탈중앙화 신원 증명Decentralized Identifier, DID으로 기존 신원 확인 방식과 달리 중앙 시스템에 의해 통제되지 않으며 개개인이 자신의 정보에 대한 완전한 통제권을 갖도록 하는 기술이다. 즉, 분산 아이디는 블록체인 기반의 탈중앙화 신분 인증 기술로 개인의 신원 정보를 사용자 단말기와 외부 블록체인에 기록하고, 필요할 때마다 원하는 정보만 선별적으로 제시할 수 있다. 여기서 말하는 '분

그림 20-6 | 비트코인은 블록체인 기술을 활용해 만들어진 최초의 암호 화폐일 뿐 블록체인 기술 자체는 아니다.

산'이란 단순히 신원 검증을 위한 데이터를 나누어 저장하는 것만이 아니라 신원 증명의 신뢰, 각 검증 과정별 권한 등을 포함하는 전방위적 탈중앙화를 의미한다.

예를 들어 지금 현재 몇몇 서비스는 통신사나 은행의 신원 확인을 거쳐야만 이용할 수 있는 번거로움이 있는데, 만약 정부가 분산 아이디 활성화를 전제한다면 분산 아이디를 주민 센터에서 발급해 주는 모바일 신분증으로 대폭 간소화할 수 있다. 또 저장된 증명서의 유효성을 실시간으로 검증해 주는 분산 아이디 기술 덕분에 유효 기간에 구애받지 않고 언제까지나 이용할 수 있다. 특히 분산 아이디는 코로나19 상황에서 한시적으로 허용된 원격 진료 분야에서 현상의 불편을 덜어 줄 수 있다. 현재의 원격 진료 시스템에서는 신원 자격이나 진료 이력을 확인하는 과정이 쉽지 않다. 하지만 분산 아이디 기반의 통합된 신원 및 자격 증명 인프라를 도입하면 신분 확인과 처방전 발급 과정 등이 대폭 간소화될 수 있다. 그리고 그동안 공공 기관용 서류와 자격증 재발급, 계약 처리 등을 위해서 기관을 직접 방문해야 하는 일이 적지 않았다. 중요도가 높은 행정 업무일수록 대면 인증을 통한 신뢰성 확보가 필수였기 때문이다. 하지만 분산 아이디는 이처럼 당연한 것으로 여겨졌던 대면 활동을 비대면으로 바꾸는 데 일조할 수 있다.

– 멀티 계정으로 플랫폼 더 슬기롭게 이용하기

분산 아이디는 개인 정보의 저장 및 주도권이 기업과 기관에서 개인에게로 돌아오는 것이다. 특히 조작이나 도용이 구조적으로 불가능하기 때문에 높은 신뢰성을 인정받고 있다. 이런 분산 아이디를 좀 더 일상에 가깝게 적용한 것이 대화 상대별로 프로필을 다르게 설정할 수 있는 카카오의 '멀티 프로필 기능'이다. 이는 기본 카카오톡 프로필 외에 복수의 프로필을 추가할 수 있는 기능으로, 친구별로 다른 프로필이 보이도록 설정할 수 있다. 카카오는 "다양한 관계 속에서 타인과 교류하며 하나의 카카오톡 프로필이 아닌 각각의 관계에 맞는 프로필 설정과 노출이 필요하다는 이용자들의 목소리를 반영했다"고 설명했다.

넷플릭스의 경우 사용자 계정을 5개까지 추가할 수 있는데 사람들은 자기 기분에 따라, 선호하는 영화 장르에 따라, 그리고 여가 활동, 정보 습득, 학업 활동 등 넷플릭스를 시청하는 목적에 따라 사용자 계정을 달리하고 있다. 넷플릭스를 이렇게 이용함으로써 하나의 사용자 계정에 한 사람의 모든 기분, 선호도, 목적이 뒤섞이는 것을

그림 20-7 | 국내 여러 미디어 서비스가 넷플릭스와 마찬가지로 가입자당 5개 프로필 서비스를 하고 있다.

방지할 수 있다.

한편 넷플릭스의 멀티 사용자 계정 기능은 분산 아이디의 개념을 차용한 사례이면서, 알고리즘을 역이용할 수 있는 가능성도 내포한 다. 즉, 넷플릭스의 사용 목적에 따라 설정한 계정에서 추천 알고리즘 을 통해 다양한 콘텐츠를 추천받을 수 있는 것이다. 이와 유사한 활용 은 유튜브에서도 가능하다. 유튜브 계정을 여러 가지로 구분한 뒤 상 황에 따라 필요한 계정에 접속하는 방식이다. 예를 들어 유튜브용 계 정을 학습, 게임, 음악 감상용으로 나눠 관리하면 학습용 계정을 이용 할 때 공부에 불필요한 광고나 콘텐츠 노출을 줄일 수 있고, 오히려 알 고리즘을 역이용해 학습에 적합하거나 본인에게 특화된 콘텐츠를 제 공받을 수 있다. 이 역시 개인 정보 자기 결정권을 바탕에 둔 사례다. 내 사용 패턴이나 취향을 적극적이고 주도적으로 알고리즘에 반영해

내게 적합한 정보를 제공받는 것으로, 내 정보를 드러낼수록 내가 더욱 편리해지는 효과를 도모할 수 있다. 이처럼 알고리즘을 역이용하는 사례는 이 외에도 다양하다.

– 주도적인 광고 소비와 주식 투자를 위한 노하우

《월스트리트저널》은 온라인 쇼핑 구매자가 판매자의 정보 우위를 능가하는 방법을 보도했다. 온라인 쇼핑몰에서 구매하려는 물건들을 장바구니에 담은 후 구매하지 않고 방치했더니 며칠 뒤에 온라인 쇼핑몰로부터 "고객님, 잊으신 게 있네요. 3일간 유효한 20% 깜짝 할인 쿠폰을 드립니다"라는 이메일을 받은 것이다.[7] 이는 데이터 보유와 분석에 있어 구매자에 비해 압도적 우위인 온라인 쇼핑몰 사업자의 알고리즘을 역이용한 사례다. 이와 유사하게 온라인 쇼핑몰에서 뉴스레터를 구독했다가 취소하는 방법으로 할인 쿠폰을 받는 방법도 있다. 즉, 특정 온라인 쇼핑몰에서 뉴스레터를 구독하고 본인의 취향에 맞는 제품들을 클릭하여 쿠키를 남긴 뒤 일정 시간이 지난 후 뉴스레터 구독을 취소하면 과거에 클릭했던 제품들에 대한 할인 코드를 제공하는 경우가 있는 것이다.

더불어 과거에는 광고를 피하고 싶어 하는 양상이 강했지만 최근에는 광고를 역이용하는 사례도 보이고 있다. 수많은 제품에 대한 정보를 찾고 가격을 비교하는 일이 귀찮은 사람들은 일부러 검색 키워드를 입력해 둔 뒤 알고리즘이 추천한 광고 팝업을 통해 제품을 구매하는 방식이다. 이는 광고의 메커니즘을 정확히 이해하고 광고를 더 이

그림 20-8 | 인공 지능 기반 핀테크 서비스는 매년 빠르게 성장하고 있다. 2020년, 국내 3대 인공 지능 자산 관리 서비스에 약 1조 원이 몰리기도 했다.

상 피해야 하는 존재가 아닌 나에게 정보를 주는 존재로 이용한 사례다. 그리고 이런 방법은 정보 검색 시간을 줄여 주고 해당 광고를 소비할지 말지 내가 결정하기 때문에 주체적인 광고 소비 방식이라고 할 수 있다.

알고리즘 역이용은 주식 시장에서도 활용된다. 한마디로 인공 지능 퀀트의 알고리즘 투자를 역이용하는 방식이다. 여기서 퀀트Quant란 '계량적인Quantitative'과 '분석가Analyst'의 합성어로 수학과 통계 지식을 이용해서 투자 법칙을 찾아내 투자 알고리즘을 만들고 이 알고리즘을 통해 투자하고 수익을 창출하는 사람들을 말한다. 퀀트라는 직종이 생겼던 초기에는 주로 사람을 지칭했으나 현재는 인공 지능이 머신러닝을 통해 스스로 가장 좋은 알고리즘을 판단하고 직접 투자까지 하는 '인공 지능 퀀트 매매'가 이뤄지고 있다. 이런 인공 지능 퀀트는 미국

월스트리트는 물론이고 한국 주식 시장에서도 활용되고 있다. 그래서 증권업계에서는 이를 역이용하는 투자 방식도 활용된다. 즉, 특정 카테고리의 여러 종목 주가가 동시에 상승할 경우 인공 지능 퀀트 매매가 이뤄지고 있다고 판단하고, 해당 카테고리에 있는 종목 중 아직 주가가 상승하지 않은, 그리고 잘 알려지지 않은 종목들만 골라서 매매하여 인공 지능 퀀트 매매의 후광 효과를 누리는 방법이다.

4. 알고리즘, 피할 수 없다면 역이용하라

코로나19가 종식되어도 개인 정보 공개와 개인 정보 보호는 지속적인 가치 충돌을 하게 될 것이다. 4차 산업 혁명과 앞당겨진 디지털 전환 시대에 개인 정보는 각종 디지털 편의를 위해 어쩔 수 없이 제공되어야 하는 측면도 있기 때문이다. 이럴 때의 역발상은 프레이밍 효과 Framing Effect처럼 사안을 바라보는 관점을 달리하는 것이다. 프레이밍 효과란 질문이나 문제 제시 방법에 따라 사람들의 선택이나 판단이 달라지는 현상으로, 특정 사안을 어떤 시각으로 바라보느냐에 따라 해석이 달라진다는 이론이다. 즉, 일반적으로 인간의 의사 결정은 질문이나 문제의 제시 방법에 따라 달라질 수 있다. 예를 들어 병원에서 환자의 수술 생존율이 70%인 경우 30%의 사망률과 70%의 수술 성공률 중 어느 쪽에 초점을 맞추느냐에 따라 해석이 정반대로 바뀔 수 있는 것이다. 그러므로 개인 정보와 관련된 문제는 공개냐 보호냐의 패러다임이 아니라 이를 역이용하는 발상의 전환이 필요하다.

함께 읽으면 더 좋은 책

《IT 좀 아는 사람》 (닐 메타, 아디티야 아가쉐, 파스 디트로자 지음)
유튜브, 넷플릭스, 페이스북 등 유명한 플랫폼이 작동하는 원리, 그중에서도 알고리즘이 작동하는 원리를 쉽게 풀어서 설명해 준다. IT 문외한이거나 비전공자여도 IT 전문가처럼 생각하는 법을 가르쳐 주겠다는 이 책의 목표가 와닿는다. 이 책을 통해 알고리즘을 역이용할 수 있는 실마리를 발견할 수 있을 것이다.

《난독화, 디지털 프라이버시 생존 전략》 (핀 브런튼, 헬렌 니센바움 지음)
개인 정보가 무분별하게 수집되고 활용되는 디지털 시대에 개인 정보를 보호하기 위해서 개인이 취할 수 있는 전략 중 하나인 '데이터 난독화'가 무엇인지 다양하고 구체적인 사례로 설명한다. 특히 진짜와 가짜 검색어를 뒤섞는 '트랙미낫', 모든 광고를 클릭하는 '애드너지앰', 알고리즘 매매 전략을 교란하는 '쿼트 스터핑', 쇼핑 패턴 분석을 방해하기 위해 포인트 적립 카드 바꿔 쓰기 같은 방법은 매우 유용하다.

코로나19 팬데믹, 그리고 포스트 코로나 시대에 대해 많은 트렌드 전
망서와 전문가들이 공통적으로 언급하는 것은 크게 3가지다. 첫째, 코
로나19 이후 절대 과거와 같은 일상으로 돌아갈 수 없다는 것. 둘째,
디지털 전환의 일상화로 비대면, 인공 지능, 로봇 중심 세상이 펼쳐질
것. 셋째, 그렇기 때문에 과거의 법칙이 통하지 않고 기존 트렌드는 엄
청난 변화를 겪을 것이라는 점이다. 그런 맥락에서 여러 언론이 우리
가 포스트 코로나 시대에 적응하기 위해 많은 에너지를 소비할 것이고
양극화가 심화되어 낙오자를 양산할 것이라고 이야기한다.

이런 코로나 공포증COVID-19 Phobia 때문인지 2020년 12월, '2020
년을 한 단어로 정의하라'는 트위터의 질문에 마이크로소프트는 '삭제

Delete', 유튜브는 '구독 취소Unsubscribe', 샤오미는 '재부팅Reboot'이라고 답했다. 특히 어도비가 답한 '실행 취소 단축키Ctrl+Z'가 가장 큰 주목을 받았다. 여기에 미국 국무장관을 지낸 헨리 키신저는 "코로나19 팬데믹이 끝나도 세계는 그 이전과 전혀 같지 않을 것이며 세계 질서는 영원히 바뀔 수도 있다"고 말하면서 큰 반향을 일으켰다. 이렇듯 코로나19로 인한 사회 문화적 대변화와 메가 트렌드의 재정립은 피할 수 없는 현실로 보인다. 그리고 우리는 과거로 돌아가는 길을 잃어버린 것처럼 느껴진다. 하지만 이는 반은 맞고 반은 틀린 견해다.

비대면의 일상화로 재택근무, 온라인 강의, 이커머스 등의 편의는 유지되겠지만 그것이 인간 내면에 깊이 뿌리내린 본능까지 좌우할 수는 없다. 인간은 사회적 동물Homo Sociologicus이고 관계 속에서 살아가는 사교하는 인간Homo Sociabilis이기 때문이다. 그래서 비대면이 일상화되어도 우리는 여전히 사회적 동물의 본능을 유지하고, 디지털 확장 현실이 아닌 현실 세계에서 살아가는 것이다. 이런 부분 때문에 코로나19 확산을 사회적 거리 두기로 막는 것에는 한계가 있을지 모른다.

반면 우리는 사회적 동물의 본능에도 불구하고 비대면 일상에 적응하기도 했다. 이런 양면성을 깊이 살펴보면 우리는 비대면 일상을 순수하게 받아들였다기보다 비대면 일상의 편익을 선택적으로 취했다고 보는 것이 맞다. 인간은 사회적 동물이고 관계 지향적인 동물이지만 비대면 일상과 디지털 전환의 편익을 용인하고 받아들인 것이다. 즉, 우리가 현재 보내고 있는 일상과 가까운 미래의 생활은 과거로부터 이어져 온 흐름 속에서 일상의 편익과 효율이 더해진, 좀 더 편리한 삶으로 보는 것이 타당하다.

그래서 우리가 과거와 같은 삶으로 돌아가지 못할 것이라는 견해에는 동의하기 어렵다. 여전히 사람들은 바깥에서 생활하며 다른 사람들을 만날 것이고, 중요한 일일수록 만남을 통해 관계를 진전시킬 것이다. 그리고 여전히 사람들은 특정 공간으로 출근해서 일하길 원하고, 학생들은 학교에서 토론식 강의를 듣고자 할 것이다. 쇼핑, 관광, 여행, 공연, 스포츠 등 현장감이 중요한 문화 콘텐츠의 경우 독보적 지위를 유지할 것이다. 결과적으로 포스트 코로나 시대는 큰 틀에서 과거와 같은 모습이되 좀 더 편의적으로 진일보하고 효율화된 일상일 확률이 높다. 그러므로 포스트 코로나의 일상은 전례 없이 새로운 것도, 매우 첨단화된 기술 지배적인 세상도 아닐 것이라고 감히 추측해 본다. 우리의 삶은 영화 〈마이너리티 리포트〉 〈매트릭스〉 〈블레이드 러너〉와 결이 다른 것이다. 요컨대 디지털 전환에 따른 일상의 변화는 거스를 수 없는 메가 트렌드이지만 인간의 본성과 사회성까지 버리지는 못할 것이다.

우리 필자들은 이 점에 주목했고 현재 전망된 수많은 메가 트렌드에 반문하며 관점의 보완이 필요하다고 생각했다. 즉, 코로나19에 따른 메가 트렌드는 분명히 존재하지만 이와 반대되는 역발상 트렌드 역시 존재할 것이며, 이 둘은 공존 또는 병행될 것이라는 점을 분명히 하려 했다. 이는 과거의 경험에서도 엿볼 수 있다. 미디어 혁명, 즉 종이와 라디오가 사라지고 모든 것이 디지털 디스플레이로 대체될 것처럼 여겨졌어도 여전히 종이와 라디오는 공존하고 있으며 심지어 그 시장 자체도 큰 규모를 유지하고 있는 것처럼 말이다. 또한 소셜 미디어의 등장으로 사람들이 온라인 관계 형성에 몰입하여 사회적 관계는 사라질 것으로 예상했지만 오히려 오프라인 소셜 클럽이 성행하게 되었으며 이 두 관계가 한 사람의 경험에서 발견되는 점도 주목할 만하다.

결국 모든 트렌드에는 양면이 있다는 점을 간과하지 말아야 한다. 메가 트렌드와 역발상 트렌드를 동시에 살펴보고 2가지 관점의 균형을 갖출 필요가 있다. 우리는 이를 위해 현재까지 전망된 주요한 메가 트렌드를 비틀어 보고 거꾸로 보고 역으로 분석했다. 그리고 그 결과가 미시적이고 단기적인 트렌드가 아니라 우리가 일상에서 쉽게 접할 수 있는 트렌드임을 증명하기 위해 실제적인 사례를 더하고 이론적 보완을 거쳤다.

팬데믹이나 사회 대변화 상황은 역사적으로 처음이 아니다. 이 정도의 치명적인 파급력을 가진 외생 변수로는 IMF가 선정한 1929년 세계 대공황과 2008년 글로벌 금융 위기, WHO가 선언한 1968년 홍콩 독감 유행과 2009년 신종 플루 유행 등 4번의 상황이 있었다. 그럴 때마다 사회 전 분야에서 많은 변화가 있었지만 세상은 대개 발전된 방향으로 나아갔다. 그리고 그 발전을 이끌었던 트렌드는 외생 변수로 갑자기 등장한 트렌드만이 아니라 동전의 양면처럼 양방향에서 제기된 트렌드의 조합이었다. 그래서 우리 필자들은 좀 더 발전되고 나은 세상을 지향하고, 독자들이 좀 더 준비된 자세로 변화된 미래를 받아들일 수 있도록 역발상 트렌드를 제안했다. 부디 이를 바탕으로 경쟁력을 확보하기를 바란다. 어떤 현상을 바라볼 때 그 현상의 역효과는 없는지, 그리고 그 역효과를 바탕으로 형성되는 새로운 트렌드는 없는지 꾸준히 추적해 보면 새로운 기회가 열리고 있음을 감지할 수 있을 것이다. 바라건대 건전한 토론의 장에서 역발상 트렌드가 메가 트렌드와 함께 논의될 수 있기를 기대한다.

책 제목	지은이	출판사	출간월
3개월마다 만나는 마이크로 트렌드 Vol. 1: 우리집에 왜 왔니	포럼M 지음	쌤앤파커스	2020. 4.
언컨택트 Uncontact	김용섭 지음	퍼블리온	2020. 4.
코로나 빅뱅, 뒤바뀐 미래	한국경제신문 코로나 특별취재팀 지음	한국경제신문	2020. 5.
코로나와 4차 산업혁명이 만든 뉴노멀	이종찬 지음	북랩	2020. 5.
포스트 코로나	임승규 외 6인 지음	한빛비즈	2020. 5.
3개월마다 만나는 마이크로 트렌드 Vol. 2: 포노 씨의 하루	포럼M 지음	쌤앤파커스	2020. 7.
코로나19 사태 속에 성장하는 네트워크 마케팅	주성진 지음	라인	2020. 7.
뉴노멀로 다가온 포스트 코로나 세상	고환상 외 15인 지음	지식플랫폼	2020. 7.
디브리프(DEBRIEF) Vol. 2 포스트 코로나 시대 달라지는 우리 삶	바이러스디자인 UX Lab. 시음	바이러스디자이	2020. 7.
클라우드	윤혜식 지음	미디어샘	2020. 7.
코로나가 시장을 바꾼다	이준영 지음	21세기북스	2020. 8.

책 제목	지은이	출판사	출간월
모바일 미래보고서 2021	커넥팅랩 지음	비즈니스북스	2020. 9.
2021 트렌드 노트	정유라 외 6인 지음	북스톤	2020. 10.
디지털 트렌드 2021	권병일, 권서림 지음	책들의정원	2020. 10.
라이프 트렌드 2021	김용섭 지음	부키	2020. 10.
밀레니얼-Z세대 트렌드 2021	대학내일20대연구소 지음	위즈덤하우스	2020. 10.
친절한 트렌드 뒷담화 2021	김나연 외 8인 지음	싱긋	2020. 10.
2021 트렌드 모니터	최인수 외 3인 지음	시크릿하우스	2020. 10.
트렌드 코리아 2021	김난도 외 8인 지음	미래의창	2020. 10.
포스트 코로나 대한민국	이영한 외 26인 지음	한울아카데미	2020. 10.
포스트 코로나 시대 마이크로 트렌드	안성민 지음	정한책방	2020. 10.
2021 한국이 열광할 세계 트렌드	KOTRA 지음	알키	2020. 10.
3개월마다 만나는 마이크로 트렌드 Vol. 3: 만나면 좋은 친구들	포럼M 지음	쌤앤파커스	2020. 11.
다가온 미래	버나드 마 지음	다산사이언스	2020. 11.
온택트 경영학	마르코 이안시티, 카림 라크하니 지음	비즈니스랩	2020. 11.
코로나 이후 대전환시대의 미래기술 전망	아스팩미래기술경영 연구소 외 3인 지음	호이테북스	2020. 11.
포스트 코로나 경제 트렌드 2021	안재만, 전준범 지음	참돌	2020. 11.
디지털 트랜스포메이션	오상진 지음	교보문고	2020. 12.
세계지식포럼 인사이트 2021	매일경제 세계지식포럼 사무국 지음	매일경제신문사	2020. 12.
포스트 코로나 로드맵	이종호 지음	북카라반	2021. 1.

코로나 시대의 역발상 트렌드

들어가는 말

1 메가 트렌드란 경제, 사회, 문화적으로 광범위하고 글로벌한 변화를 불러일으키는 트렌드
로 약 10년 이상 지속되는 특징이 있지만 이 책에서는 많은 트렌드 전망서와 전문가들이
공통적으로 언급한 주류 트렌드라는 의미로 재정의하였다.

2 Miller, G. A. (1956). The magical number seven, plus or minus two: Some limits on
our capacity for processing information. Psychological review, 63(2), 81-97.

3 Immelt, J. R., Govindarajan, V., & Trimble, C. (2009). How GE is disrupting itself.
Harvard business review, 87(10), 56-65.

4 Sevitt, D., & Samuel, A. (2013). How pinterest puts people in stores. Harvard
business review, 91(7), 26-27.

1장 리테일의 귀환 VS. 이커머스
: 보고 듣고 만지고 즐기는 체험형 쇼핑의 부활

1 산업통상자원부 www.motie.go.kr

2 안경무, 〈'온·오프라인 역량 강화+신사업 개척'… 이커머스, 진격은 계속된다〉, 《이투데이》,
2021. 1. 3.

3 Walter Loeb, 〈More Than 15,500 Stores Are Closing In 2020 So Far-A〉, 《Forbes》,
2020. 12. 31.

4 Tayyeba Irum, Chris Hudgins, 〈December retail market: US sales drop, 2 retailers file
for bankruptcy〉, 《S&P Global》, 2020. 12. 16.

5 정순식, 〈롯데그룹주 '2020 잊고' 새해 강력한 회복세〉, 《헤럴드경제》, 2021. 1. 28.

6 스테이티스타 www.statista.com

7   한국무역협회 www.kita.net

8   Nina Goetzen, 〈US Ecommerce Sales Grew by Nearly a Third in Q2〉, 《eMarketer》, 2020. 9. 1.

9   통계청 www.kostat.go.kr

10 Jasmine Wu, 〈Gen Z shopping habits can fuel a brick-and-mortar resurgence〉, 《CNBC》, 2019. 9. 17.

11 최동현, 〈[라방탐구上]"살 땐 좋았는데 환불하려니 감감무소식"… '위험한 질주'〉, 《뉴스1》, 2020. 9. 15.

12 Xie Yiguan, 〈China Consumers Association releases "Double 11" consumer rights protection public opinion analysis report〉, 《China News Network》, 2020. 11. 21.

13 신세계그룹 뉴스룸 www.shinsegaegroupnewsroom.com

14 한국농촌경제연구원 www.krei.re.kr

15 곽예지, 〈[中 신선식품 전쟁]코로나19가 '온라인 마트' 띄워… 전망도 밝아〉, 《아주경제》, 2020. 11. 25.

16 김명주, 〈온라인 식품 시장의 성장, 글로벌 소비 트렌드이자 투자 기회〉, 《한국경제》, 2020. 11. 6.

17 유자비, 〈한투증권 "이마트, 온라인화로 시장지배력 확대될 것"〉, 《뉴시스》, 2020. 9. 9.

18 홍다영, 〈공무원, 컨설턴트에서 '정용진의 남자'가 된 강희석의 '한 방'은 신선식품이었다〉, 《조선일보》, 2020. 10. 16.

19 Chen Lin, 〈China's top hotpot chain Haidilao accelerates expansion even as pandemic bites〉, 《Reuters》, 2020. 11. 18.

20 Emily Webber, 〈Tesco Malaysia releases 'shopping guide for husbands' with tips on choosing chicken and vegetables after government decree that only the 'head of the household' can go to the supermarket during the lockdown〉, 《MailOnline》, 2020. 3. 31.

21 김영은, 〈구찌·티파니 명품 내세운 카톡 선물하기 폭풍 성장〉, 《한경비즈니스》, 2020. 12. 22.

22 고영득, 〈코로나 사태 속 '짝퉁 명품' 온라인서 활개… 39억 유통 덜미〉, 《경향신문》, 2020. 12. 23.

23 이경은, 〈주말에만 왔다 가는 신데렐라 쇼핑몰… 혹시 당신도 낚였나요〉, 《조선일보》, 2021. 1. 25.

24 박수경, 박지혜, & 차태훈. (2007). 체험요소 4Es가 체험, 즐거움, 만족도, 재방문에 미치는 영향: Pine과 Gilmore의 체험경제이론(Experience Economy)을 중심으로. 광고연구, (76), 55-78.

25 김지완, 〈"온라인이 대세인데…" 에이스·시몬스침대, 오프라인 매장 늘리는 까닭은?〉, 《뉴스핌》, 2021. 1. 24.

26 김민범, 〈LF, 전 매장 'LF몰 스토어' 전환 추진… 온·오프라인 연계 상생 플랫폼 구축〉,《동아일보》, 2020. 12. 1.

27 장병창, 〈나이키, 파리 상제리제에 유럽 최대 플래그십 스토어 개장〉,《어패럴뉴스》, 2020. 8. 4.

28 Scott Murdoch, Donny Kwok, 〈Chinese toy maker Pop Mart surges nearly 80% in Hong Kong debut〉,《Reuters》, 2020. 12. 12.

29 Lise Wilson, Susan Brock, 〈Better Than Washing Dishes: How to Enhance Your CX With In-Store Value〉,《Total Retail》, 2020. 6. 8.

30 Avanade www.avanade.com

31 안병준, 〈시몬스 침대, '시몬스 하드웨어 스토어' 성료… 누적 방문객 수 6만 명〉,《매일경제》, 2020. 12. 24.

32 이정훈, 〈브이티 코스메틱, "제주도에서 만나요"… 'VT 슈퍼마켓' 운영〉,《핀포인트뉴스》, 2020. 7. 29.

33 윤희훈, 〈70일간 1만 명 방문… 하이트진로 '두껍상회' 성료〉,《조선일보》, 2020. 10. 28.

34 동아비즈니스리뷰 https://dbr.donga.com/article/view/1203/article_no/8733/ac/a_view

35 David R. Bell, Santiago Gallino, Antonio Moreno, 〈The Store Is Dead-Long Live the Store〉,《MIT Sloan Management Review》, 2018. 3. 1.

36 김지연, 김민경, & 최정혜. (2015). 오프라인과 온라인 채널상의 기존제품과 신제품의 판매성과: 경험재에 대한 시계열 분석을 중심으로. 지식경영연구, 16(4), 109-132.

37 Shannon Troy, 〈ICSC "Halo Effect" Study Finds Physical Stores Drive Increase in Online Traffic and Brand Awareness〉,《Business Wire》, 2018. 10. 15.

2장 아웃 라이프 VS. 홈 라이프
: 슬기로운 집콕 생활보다 안전한 집 밖 활동

1 나병현, 〈한샘 작년 실적 급증, 리하우스와 온라인 사업 성장에 힘입어〉,《비즈니스포스트》, 2021. 2. 5.

2 이현석, 〈'3년 만에 20배 성장'… 밀키트 시장의 명과 암〉,《비즈니스워치》, 2021. 4. 12.

3 이신영, 〈코로나19 시대, 10명 중 8명이 '홈트' 해봤다〉,《연합뉴스》, 2020. 4. 24.

4 이해나, 〈집이라고 안전? "절대 그렇지 않아요"〉,《조선일보》, 2020. 9. 15.

5 이해나, 〈화상 사고 절반 이상 '집'에서… 화상 종류별 대처법〉,《조선일보》, 2020. 1. 2.

6 유동현, 〈"30일 집에서 앱으로 뱃살 빼기?"… 결국 헬스장행 ㅠㅠ〉《헤럴드경제》, 2021. 2. 3.

7 https://www.youtube.com/watch?v=bq3T_U3m1_c

8 전웅빈, 문동성, 임주언, 박세원, 〈골목 상권까지 초토화, 지도로 본 서울 폐업 실태 [이슈&

탐사]〉, 《국민일보》, 2020. 9. 19.

9   야놀자 좋은숙박연구소 www.yanoljalab.com

10 우리금융경영연구소 http://www.wfri.re.kr/home/sub01_01_view.php?no=4403

11 민지혜, 〈등산복 모델에 왜 아이유가?… 요즘 '인싸'들은 산으로 간다〉, 《한국경제》, 2021.1. 27.

12 임춘호, 〈규제 완화 이후 '튜닝 캠핑카' 267% 증가〉, 《중소기업뉴스》, 2020. 11. 17.

13 정대한, 〈국내 車시장, RV 판매량이 세단 첫 추월… 수입차도 40% 점유율로 '대세' 입증〉, 《시사오늘》, 2020. 9. 7.

14 김나연, 이상길, 류현준, 권정주, 이현명, 이지희, 전준석, 이지원, 정하윤, 이노션 인사이트 전략팀, 《친절한 트렌드 뒷담화 2021》, 싱긋, 2020. 10.

15 임수정, 〈'아웃도어 업계 에어비앤비' 노리는 韓·美·日 벤처〉, 《조선비즈》, 2021. 2. 11.

16 김나연, 이상길, 류현준, 권정주, 이현명, 이지희, 전준석, 이지원, 정하윤, 이노션 인사이트 전략팀, 《친절한 트렌드 뒷담화 2021》, 싱긋, 2020. 10.

17 문화체육관광부 국민소통실 뉴미디어소통과 www.mcst.go.kr/kor/s_notice/press/pressView.jsp?pSeq=18455

3장 홈 니어 근무 VS. 재택근무
: 집과 회사보다 더 효율적인 업무 공간을 발견하다

1   Solomon, N., Boud, D., & Rooney, D. (2006). The in-between: exposing everyday learning at work. International Journal of Lifelong Education, 25(1), 3-13.

2   한국경제연구원 http://www.keri.org/web/www/news_02?p_p_id=EXT_BBS&p_p_lifecycle=0&p_p_state=normal&p_p_mode=view&_EXT_BBS_struts_action=%2Fext%2Fbbs%2Fview_message&_EXT_BBS_messageId=356004

3   배수희, 한혜련. (2020). 호모 언택트 시대 재택근무 효율성을 위한 공간 방향성 제안-경험 디자인 요소를 활용한 업무주거 공간 혼용 사용자 행태 분석-한국실내디자인학회 학술대회논문집, 22(2), 270-275.

4   잔디 http://blog.jandi.com/ko/2020/05/06/wfh-report-2020/

5   기고, 〈포스트 코로나 시대 재택근무 정착될까?〉, 《전북일보》, 2020. 4. 20.

6   Donnelly, R., & Johns, J. (2020). Recontextualising remote working and its HRM in the digital economy: An integrated framework for theory and practice. The International Journal of Human Resource Management, 32(1), 84-105.

7   이상훈. (2021). 코로나19와 일터 환경: 재택근무에 대한 국내 언론 보도 기사 분석, HRD연구(구 인력개발연구) Issue HRD 연구, 23(1), pp.145-175.

8   은준수, 〈[ET] 1년 체류 비자에 세금 면제… '재택근무자' 모십니다?〉, 《KBS》, 2021. 4. 7.

9 김경은, 〈호텔서 재택근무하는 '워캉스'도 나왔다⋯ 호캉스의 진화〉, 《머니S》, 2020. 9. 29.

10 Eddleston, K. A., & Mulki, J. (2017). Toward understanding remote workers' management of work-family boundaries: The complexity of workplace embeddedness. Group & Organization Management, 42(3), 346-387.

11 배수희, 한혜련. (2020). 호모 언택트 시대 재택근무 효율성을 위한 공간 방향성 제안-경험 디자인 요소를 활용한 업무주거 공간 혼용 사용자 행태 분석-한국실내디자인학회 학술대회논문집, 22(2), 270-275.

12 오픈서베이 https://blog.opensurvey.co.kr/trendreport/worklife-2021/

13 Collins, R. (2020). Social distancing as a critical test of the micro-sociology of saolidarity. American Journal of Cultural Sociology, 1-21.

14 한경닷컴 스포츠연예팀, 〈로버트 켈리 교수의 BBC 인터뷰 해프닝, 전 세계에 웃음 안겼다〉, 《한국경제》, 2017. 3. 11.

15 조하나, 〈재택근무 전에는 미처 몰랐다, 이 집의 치명적 단점〉, 《오마이뉴스》, 2021. 1. 18.

16 강은지, 사지원, 송혜미, 〈[단독]'홈트' 윗집에 '재택' 아랫집 죽을맛⋯ "집 내났다"〉, 《동아일보》, 2021. 1. 13.

17 이호현. (2018), "공유경제 확산에 따른 국내 공유 오피스 시장 발전과 향후 전망," REITs journal, (28), 139-145.

18 김선웅, 장남종, 오은주, 이가인, 최경인. (2019). "서울시 공유 오피스 입지 특성과 입주 기업 이용 실태 진단," 서울: 서울연구원.

19 배하누, 이현석. (2018). "공유 오피스 임대료 결정 요인에 관한 연구," 「부동산 도시연구」, 11: 87~107, 건국대학교 부동산·도시연구원.

20 김호경, 〈"직원 채용-교육 대신해 드립니다" 진화하는 공유 오피스업〉, 《동아일보》, 2020. 7. 1.

21 윤형준, 신수지, 〈[Mint] '줄어드는 여성 일자리⋯ 오프라인 소매업의 종말⋯ 뉴-뉴노멀이 온다〉, 《조선일보》, 2021. 1. 4.

22 백봉삼, 〈페이코 식권, 비대면 주문 인기⋯ "재택근무 때도 쓰세요"〉, 《지디넷코리아》, 2020. 12. 30.

23 이경탁, 〈박정호 SKT 사장 "사무실 출근하지 마라⋯ 해외서도 한 팀으로 근무"〉, 《조선일보》, 2020. 11. 18.

24 신연주, 〈분산 오피스, 1인용 사무실 '집무실(執務室)' 1호점 오픈〉, 《벤처스퀘어》, 2020. 8. 24.

25 이형관, 〈[소멸의 땅] 1장: 위기의 전조⋯ 지방이 사라진다〉, 《KBS》, 2021. 1. 2.

4장 역진행 수업 VS. 온라인 수업
: 온라인 수업으로 인한 학력 격차를 해소하는 대안적 교육

1   김수현, 〈"1학기 초등생 등교 일수 서울 12일 최소… 전남의 5분의 1 수준"〉, 《연합뉴스》, 2020. 10. 27.

2   박기홍, 〈페이오니아, '코로나19 이후 떠오르는 온라인 교육 시장' 보고서 발간〉, 《이뉴스투데이》, 2020. 11. 2.

3   김동현, 〈휴넷 "AI로 기업 교육 시장 공략"… 작년 매출 사상 최대〉, 《한국경제》, 2021. 1. 25.

4   마켓앤드리서치 www.marketandresearch.biz

5   대한무역투자진흥공사 www.kotra.or.kr

6   한국무역협회 www.kita.net

7   이정기. (2017). 대학생들의 K-MOOC 수강의도 결정요인 연구: IMTBPT를 중심으로. 사회과학연구, 33(2), 161-182.

8   김서영, 〈원격 수업 학부모 만족도 절반에 그쳐… 올해는 저학년 매일 등교 가능〉, 《경향신문》, 2021. 1. 28.

9   하지수, 〈내년도 서울 사립초 입학 경쟁률 7대1… 전년 대비 3배↑〉, 《조선일보》, 2020. 12. 11.

10 김민정, 〈서울 주요 대학들, 올해도 '비대면 온라인'… 학생들은 "차라리 입대·휴학"〉, 《조선일보》, 2021. 2. 3.

11 장은정, 〈포스트 코로나 교육의 지각변동, 이렇게 대비하자〉, 《전자신문》, 2021. 2. 3.

12 Barnum, C., & Wolniansky, N. (1989). Taking cues from body language. Management Review, 78(6), 59-61.

13 Bates, S., & Galloway, R. (2012, April). The inverted classroom in a large enrolment introductory physics course: a case study. In Proceedings of the HEA STEM learning and teaching conference (Vol. 1).

14 Keller, J. M. (1993). Motivation by design. Unpublished manuscript, Florida State University, Florida.

15 Bandura, A., & Adams, N. E. (1977). Analysis of self-efficacy theory of behavioral change. Cognitive therapy and research, 1(4), 287-310.

16 이종연, 박상훈, 강혜진, & 박성열. (2014). Flipped learning의 의의 및 교육환경에 관한 탐색적 연구. 디지털융복합연구, 12(9), 313-323.

17 정창교, 〈장성민 인하대 교수 플립 러닝 비대면 학습효과 검증〉, 《국민일보》, 2021. 1. 12.

18 양지호, 〈강의실 없앤 '미네르바 스쿨', 구글·아마존 사무실서 배운다〉, 《조선일보》, 2019. 1. 18.

5장 글로벌 보복 소비 VS. 로컬 소비

: 억눌린 소비 심리가 향할 곳은 우리 동네가 아니다

1 통계청 www.kostat.go.kr

2 박용선, 〈지원금 쓰러 동네 마트로… '코로나 머니'에 울고 웃는 유통가〉, 《조선일보》, 2020. 5. 18.

3 황희경, 〈지난해 편의점 3사 매출, 백화점 '빅3' 매출 첫 추월〉, 《연합뉴스》, 2021. 2. 14.

4 윤슬빈, 〈여름 국내여행 비중, 지난해 11%→올해 89%로 대폭 증가〉, 《뉴스1》, 2020. 10. 9.

5 조성란, 〈아고다, 즉흥 국내 여행 위한 '고로컬 투나잇' 선봬〉, 《투어코리아》, 2021. 3. 3.

6 Antras, P. (2020). De-Globalisation? Global Value Chains in the Post-COVID-19 Age. NBER Working Paper, (w28115).

7 신각수, 〈'90% 경제' 시대, 포용적 경제로 지속가능한 체제를〉, 《중앙일보》, 2020. 7. 7.

8 홍찬선, 〈"코로나 백신 맞겠다" 70%… 왜? "해외여행 가려고" 90%〉, 《뉴시스》, 2020. 12. 15.

9 DHL www.dhl.com/global-en/spotlight/globalization/global-connectedness-index. html

10 IMF www.imf.org/en/Publications/WEO/Issues/2020/09/30/world-economic-outlook-october-2020

11 Fatas, A. (2000). Do business cycles cast long shadows? short-run persistence and economic growth.Journal of Economic Growth, 5(2), 147-162.

12 이선우, 〈"국내선 쉽게 못 구해요" 3시간 만에 완판… 여행사 변신 통했다〉, 《한국경제》, 2021. 3. 18.

13 백봉삼, 〈지마켓·옥션, '보복 소비' 심리에 명품 해외직구↑〉, 《지디넷코리아》, 2020. 7. 5.

14 차민영, 〈여행길 막히자 보복 소비… 몰테일, 11월 해외직구 80%↑〉, 《아시아경제》, 2020. 12. 8.

15 박의명, 〈美 코로나 확산세 주춤… '보복 소비'로 오를 7개 종목은?〉, 《한국경제》, 2021. 2. 15.

16 서혜진, 〈에어비앤비 주가, 예상 웃도는 실적에 상장 이래 최대폭↑〉, 《파이낸셜뉴스》, 2021. 2. 27.

17 김준영, 〈'코로나19 직격탄' 에어비앤비, 2021년 하반기 회복 기대〉, 《세계일보》, 2021. 3. 2.

18 김현석, 〈코로나로 못쓴 돈 1조 3000억 달러, 내년 '보복 소비' 터진다〉, 《한국경제》, 2020. 11. 24.

19 Tan phung, 〈코로나19 무풍지대, 베트남의 명품열기〉, 《인사이드비나》, 2021. 3. 25.

6장 소셜 릴레이션 서비스 VS. 소셜 미디어와 개인주의
: 허락된 관계의 특별함, 폐쇄형 소셜 미디어와 프라이빗 비즈니스

1 훗스위트 www.blog.hootsuite.com/simon-kemp-social-media/

2 안희정, 〈트위터, 코로나19 관련 사용자 분석 결과 웨비나로 공개〉, 《지디넷코리아》, 2020. 7. 8.

3 Jessica Brown, 〈What the science suggests so far about the impact of platforms such as Facebook, Twitter or Instagram on your mental well-being〉, 《BBC》, 2018. 1. 5.

4 Clive Cookson, 〈Falsehood flies and the truth comes limping after〉, 《Financial Times》, 2018. 3. 9.

5 Vosoughi, S., Roy, D., & Aral, S. (2018). The spread of true and false news online. Science, 359(6380), 1146-1151.

6 전웅빈, 문동성, 임주언, 박세원, 〈고삐 풀린 유튜브의 '극과 극' 알고리즘, 갈등 키운다〉, 《국민일보》, 2020. 12. 10.

7 Arpaci, I., Baloğlu, M., & Kesici, Ş. (2018). The relationship among individual differences in individualism-collectivism, extraversion, and self-presentation. Personality and Individual Differences, 121, 89-92.

8 Megan Graham, 〈Starbucks is the latest company to pause advertising across social media platforms〉, 《CNBC》, 2020. 6. 28.

9 Chang, W. Y., & Song, K. J. (2017). A study on the network characteristics and political participation of SNS user group. The Korean Journal of Area Studies, 35(3), 353-376.

10 Stewart, A. J., Mosleh, M., Diakonova, M., Arechar, A. A., Rand, D. G., & Plotkin, J. B. (2019). Information gerrymandering and undemocratic decisions. Nature, 573(7772), 117-121.

11 옥스퍼드 인터넷 인스티튜트 www.oii.ox.ac.uk/news/releases/social-media-manipulation-by-political-actors-now-an-industrial-scale-problem-prevalent-in-over-80-countries-annual-oxford-report/

12 Sari, A., Qayyum, Z. A., & Onursal, O. (2017). The dark side of the china: The government, society and the great cannon. Transactions on Networks and Communications, 5(6), 48.

13 Ahn, J. S. (2015). Chinese consumers' animosity toward korea, japan, US and its impact on purchasing behavior: Differences by consumer lifestyles and target countries. International Business Journal, 26(2), 181-207.

14 Nguyen, N. T. (2019). Cultural modalities of vietnamese higher education.

Vietnamese Higher Education, 50(17), 17-33.

15 Vosoughi, S., Roy, D., & Aral, S. (2018). The spread of true and false news online. Science, 359(6380), 1146-1151.

16 Morning Consult www.morningconsult.com/2016/12/06/fake-news-poll/

17 Espinoza, M., Cevallos, N., & Tusev, A. (2017). Changes in media consumption and its impact in modern advertising: a case study of advertising strategies in Ecuador. INNOVA Research Journal, 2(6), 120-135.

18 김신애, & 권기대. (2014). 마케터의 관계주의가 한국적 정(情) 및 구전 효과에 미치는 영향에 관한 탐색적 연구-한약재 시장을 중심으로. 식품유통연구, 31(3), 1-28.

19 훗스위트 www.hootsuite.com/research/social-trends

20 황치규, 〈"소셜 미디어가 점점 덜 소셜해지고 있다"〉, 《블로터》, 2019. 12. 23.

21 성상민, 〈클럽하우스, 모두를 위한 '클럽' 될 수 있을까〉, 《미디어오늘》, 2021. 2. 27.

7장 브랜드 커뮤니티 VS. 초개인화
: 개인 맞춤 취향보다 소속 집단 마케팅으로 충성도를 높여라

1 보스턴 컨설팅 그룹 www.bcg.com/publications/2019/next-level-personalization-retail

2 엘리 프레이저, 이현숙, 이정태, 《생각 조종자들》, 알키, 2011.

3 김일선, 〈'인스타 추천 게시물 안 뜨게', 뒷광고→SNS 알고리즘 마케팅 불만 폭주〉, 《이투데이》, 2020. 8. 2.

4 김기윤, 〈"이 영상 나한테 왜 떴지?" 뜬금없는 유튜브 알고리즘에 피로감〉, 《동아일보》, 2021. 1. 5.

5 정지윤, 〈'뛰는 알고리즘 위에 나는 요즘 애들'… MZ세대의 알고리즘 활용법〉, 《이데일리》, 2021. 2. 12.

6 김태원, 《데이터 브랜딩》, 유엑스리뷰, 2021.

7 주지혁. (2012). 성별에 따른 명품 브랜드 구매 행동의 차이: 과시 소비 성향과 준거집단의 영향력을 중심으로. 광고연구, (94), 70-93.

8 Pires, G. D., Stanton, J., & Stanton, P. (2011). Revisiting the substantiality criterion: From ethnic marketing to market segmentation. Journal of business research, 64(9), 988-996.

9 동아비즈니스리뷰 www.dbr.donga.com/article/view/1203/article_no/9513

10 동아비즈니스리뷰 www.dbr.donga.com/article/view/1203/article_no/9787

11 엄지용, 〈무엇이 무신사를 '커뮤니티 커머스'의 제왕으로 만들었나〉, 《바이라인네트워크》, 2021. 1. 26.

12 동아비즈니스리뷰 www.dbr.donga.com/article/view/1202/article_no/9936/ac/search/ac/m_editor

13 방주희, 〈구글, 내년부터 이용자 인터넷 기록 추적 안 한다〉, 《연합뉴스TV》, 2021. 3. 4.

8장 보복 관람 VS. 디지털 문화 콘텐츠
: 영화, 공연, 스포츠… 집에서만 즐기던 소비자를 밖으로 초대하다

1 김상혁, 〈코로나19로 전 세계 인터넷 트래픽 몸살…한국은 '이상 無'〉, 《오피니언뉴스》, 2020. 3. 24.

2 R.T. Watson, 〈World-Wide Streaming Subscriptions Pass One Billion During Pandemic〉, 《The Wall Street Journal》, 2021. 3. 18.

3 박형수, 〈[특징주]알로이스, 디즈니플러스發 OTT 전쟁…세계 최고 수준 기술로 차별화〉, 《아시아경제》, 2021. 4. 7.

4 오리콤, 〈2021년 미디어는 어디로 가는가?〉, 《M-TREND Report》, 2021. 2.

5 제일기획 https://static.ad.co.kr/data/lit/j10/54/0e/9b/a5/178085.pdf

6 민경원, 〈디지털 콘서트서 아날로그 역발상 보여 줬다, 블랙핑크 '더 쇼'〉, 《중앙일보》, 2021. 1. 31.

7 김준영, 〈그래도 지구는 평평하다?〉, 《중앙일보》, 2020. 5. 25.

8 원우식, 〈실버 버튼 0.5%를 뚫어라… '초등생 장래희망' 전업 유튜버의 이면〉, 《중앙일보》, 2021. 2. 24.

9 박돈규, 〈매진, 매진, 매진… 코로나 속 흥행 미스터리〉, 《조선일보》, 2021. 4. 14.

10 노도현, 〈작은 예술영화관 '라이카시네마'의 도전 "극장은 살아있다"〉, 《경향신문》, 2021. 2. 8.

11 조지영, 〈메가박스 코로나19 확산 방지를 위한 '우만씨' 캠페인 진행 "소규모 영화 관람"〉, 《스포츠조선》, 2020. 4. 21.

12 이한규, 박은애, 〈오늘의집, 배민도 만드는 브랜드 매거진… 트렌드와 전문성을 담다〉, 《인터비즈》, 2021. 3. 25.

13 안옥희, 〈극장의 고군분투… 팝콘 배달에서 대관까지 '생존 묘수' 찾기〉, 《한경비즈니스》, 2021. 2. 18.

14 서정민, 〈영화관에서 게임을? 코로나19 기죽는 기발한 신문화〉, 《한겨레》, 2021. 2. 1.

15 주덕, 〈문건호 문화기획자 "문화 콘텐츠 비대면 한계… 질적 향상 방법 모색해야"〉, 《리더스경제》, 2021. 4. 6.

16 김창일, 〈우리 동네에서 즐기는 공연, 서울시향 2021년 우리 동네 음악회 '실내악 이동식 공연' 개최〉, 《문화뉴스》, 2021. 4. 16.

17 김동우, 〈'길에서 문화 기술을 만난다'… 경기도, 이동전시관 '스테이션 031' 선보여〉, 《머니S》, 2020. 9. 24.

18 고승희, 〈미래 먹거리 된 日 뮤지컬 시장… 지금이 진출 적기인 이유〉, 《헤럴드경제》, 2021. 3. 30.

9장 업사이징 디바이스 VS. 모바일 디바이스
: 집도, 차도, 화면도 거거익선의 시대가 도래하다

1   스트래티지 애널리틱스 www.strategyanalytics.com

2   스트래티지 애널리틱스 www.strategyanalytics.com

3   신은진, 〈내 귀에 첨단 장치, 무선 이어폰 시장 77% 폭발적 성장〉, 《조선일보》, 2021. 3. 24.

4   Jagmeet Singh, 〈iPhone 12 mini Production May Be Discontinued Due to Weak Demand: JP Morgan〉, 《Gadgets 360》, 2021. 2. 8.

5   전혜영, 〈스마트워치 '수면 분석'의 한계… '렘수면' 포착엔 둔감〉, 《헬스조선》, 2021. 2. 19.

6   송채경화, 〈돌돌 말리는 롤러블 vs 절반 접히는 폴더블… 스마트폰 승자는?〉, 《한겨레》, 2021. 1. 4.

7   한재희, 〈'노트북 르네상스' 안 놓치겠다는 삼성〉, 《서울신문》, 2021. 4. 15.

8   조계완, 〈삼성전자, 세계 TV 시장 판매액 '3분의 1' 차지… 역대 최고〉, 《한겨레》, 2020. 11. 24.

9   이안나, 〈집 크기 따라 다른 TV사이즈?…구매 공식 깨졌다〉, 《디지털데일리》, 2020. 9. 29.

10 박진우, 〈OLED TV 대세로 떠오른 65인치… 큰 화면 통했다〉, 《조선일보》, 2020. 12. 2.

11 남재준, & 이제욱. (2020). 프로야구 PPL 광고 속성이 브랜드인지, 브랜드 태도 및 행동의 도에 미치는 영향. 한국응용과학기술학회지, 37(4), 1052-1065.

10장 로세토 효과 VS. 개인 건강
: 팬데믹에 맞설 최강의 무기, 안티 바이러스와 공동체 문화

1   World Health Organization. (2009). WHO guideline on hand hygiene in health care. Geneva: WHO Press. Retrieved from https://www.who.int/infection-prevention/publications/hand-hygiene-2009/en/

2   Park, S., Kim, C., Rou, D., Sin, M., Lee, Y., Lee, J., Hong, J., Hwang, S., Hwang, J. (2018). Direction of the fifth National Heath Promotion Plan. Ministry of Health and Welfare & Daegu Catholic University.

3   Korea Centers for Disease Control & Prevention. (2020c). Health promotion material. Retrieved from http://www.cdc.go.kr/gallery.es?mid=a20503010000&bid=0003

4   안치영, 〈코로나19, 메르스보다 개인 예방 수칙 실천률 향상〉, 《의학신문》, 2020. 6. 12.

5   이재명, 〈[60초 경제] 안티바이러스는 이제 필수품… 근데 항균·살균·멸균 차이가 뭔가요?〉, 《서울경제》, 2020. 7. 13.

6   대한무역투자진흥공사 https://news.kotra.or.kr/user/globalBbs/kotranews/782/globalBbsDataView.do?setIdx=243&dataIdx=184248

7   대한무역투자진흥공사 https://news.kotra.or.kr/user/globalBbs/kotranews/782/globalBbsDataView.do?setIdx=243&dataIdx=184473

8   이에스더, 〈정은경 "코로나, 예방 접종으로 근절 불가… 매년 발생할 수도"〉, 《중앙일보》, 2021. 5. 6.

9   이재길, 〈직장인 10명 중 9명 "코로나19로 건강에 대한 태도 변해"〉, 《이데일리》, 2020. 3. 17.

10 이세현, 〈삼성 '99.9% 바이러스 제거' 공기 청정기 광고 과징금 취소 소송 패소〉, 《뉴스1》, 2021. 3. 30.

11 김규찬, 〈코로나19 불안감 악용하는 지마켓, 공기 청정기가 코로나19 잡는다?… 공정위 "팩트 아냐, 허위 광고"〉, 《뉴스워커》, 2020. 2. 26.

12 전혼잎, 〈"혹시 가짜 마스크?" 이 마스크 산 분들, 꼭 확인하세요〉, 《한국일보》, 2020. 10. 29.

13 송채경화, 〈코로나19 피해 기업들 "IMF 때보다 경제 충격 30% 더 크다"〉, 《한겨레》, 2020. 5. 10.

14 박고은, 〈"재고 소진 도와요"… 위기에 똘똘 뭉친 대구 시민〉, 《노컷뉴스》, 2020. 2. 25.

15 이진구, 〈'가자, 박애 병원으로!'[횡설수설/이진구]〉, 《동아일보》, 2020. 12. 26.

16 우경임, 〈대구와 '로세토 효과'[횡설수설/우경임]〉, 《동아일보》, 2020. 2. 27.

11장 신체 건강 VS. 정신 건강
: 코로나 블루를 극복하려면 멘탈 케어보다 몸을 먼저 움직여라

1   박한선. (2021). 코로나 블루. 황해문화, 215-233.

2   김수연. (2020). 코로나 블루, 코로나 앵그리-여러분의 마음은 괜찮으신가요?. 여성우리, (64), 14-17.

3   백준형 (2020). 코로나 시대의 건강관리. 한국웰니스학회 학술발표회, 3-3.

4   최두선, 〈일상 속 '코로나 블루' 스스로 확인한다… 심리 상태 자가 진단 앱 나와〉, 《한국일보》, 2021. 3. 25.

5   박선우, 〈'코로나 블루'의 시대… 우울증에 맞서는 네 가지 방법〉, 《시사저널》, 2021. 3.

24.

6   이현석, 〈올 새해 트렌드는 '집콕·안전·멘탈 관리'〉, 《아이뉴스24》, 2021. 1. 19.

7   김보경, 〈올해 소비자 트렌드는 '집콕·안전 제일·멘탈 관리'〉, 《이데일리》, 2021. 1. 19.

8   폴인 https://www.folin.co/story/1002

9   위용성, 〈'우울한 한국' 한국 38명씩 극단선택… OECD '최고 자살률'〉, 《뉴시스》, 2020. 9. 22.

10 통계청 http://kostat.go.kr/portal/korea/kor_nw/1/6/2/index.board

11 소비자 인사이트 https://www.thinkwithgoogle.com/intl/ko-kr/consumer-insights/

12 플래텀 https://platum.kr/archives/150417

13 김상훈, 〈"코로나로 인한 무기력함, 테니스로 날렸죠"〉, 《동아일보》, 2021. 4. 9.

14 김서진, 〈영국 '치유 농업' 확산… "코로나 우울 해소 효과"〉, 《농민신문》, 2020. 11. 26.

15 김대영, 〈농진청, '치유 농업'으로 국민 건강과 농업 활력 높인다〉, 《한의신문》, 2020. 5. 27.

16 Kang, M., & Johnson, K. K. P. (2011). Retail therapy: Scale development. Clothing & Textiles Research Journal, 29(1), 3–19. doi:10.1177/0887302X11399424

17 노유선, 〈온·오프라인 유통업계의 미래… '리테일 테라피' 각축전〉, 《주간한국》, 2021. 4. 2.

18 조길상, 〈'리테일 테라피 시대, 소담원으로 초대합니다'〉, 《금강일보》, 2021. 4. 14.

19 Elliott, R. (1994). Addictive consumption: Function and fragmentation in postmodernity. Journal of Consumer Policy, 17(2), 159–179. doi:10.1007/BF01016361

20 문지영, 〈서울 시민 40% "코로나19로 정신 건강 나빠져"… 여가·여행 부족〉, 《YTN》, 2020. 9. 21.

21 권순일, 〈봄에 오히려 우울증 증가… 걷기가 좋은 이유〉, 《코메디닷컴》, 2021. 3. 15.

12장 메디컬 라포르 VS. 디지털 의료
: 원격 의료 시대에 진정한 환자 중심 서비스를 고민하다

1   보건복지부 http://www.mohw.go.kr/react/index.jsp

2   Y. S. Jang. (2020). Korea Medical Association recommends the member to stop the prescription of telephone consultation entirely. Health focus. 2020. 5. 18. (Online) http://www.healthfocus.co.kr/news/articleView.html?idxno=95167

3   World Health Organization, Telemedicine, Global Observatory for eHealth series-Volume 2, 2010, pp.8-9.

4   J. S. Kim, S. H. Oh, S. Y. Kim & P. S. Lee. (2015). A Study on the Current Status of

Telemedicine Policy. Seoul: Research institute for Healthcare Policy, Korean Medical Association.

5   김대중, "주요국의 원격 의료 추진 현황과 시사점 - 미국과 일본을 중심으로", 보건·복지 Issue & Focus 제270호, 한국보건사회연구원, 2015. 2.

6   U. S. Food and Drug Administration, Enforcement Policy for Non-Invasive Remote Monitoring Devices Used to Support Patient Monitoring During the Coronavirus Disease 2019 (COVID-19) Public Health Emergency, March 2020, pp. 5-6.

7   김대중. (2015). 주요국의 원격 의료 추진 현황과 시사점-미국과 일본을 중심으로, 보건·복지 Issue & Focus, 270(2),

8   대한무역투자진흥공사 https://news.kotra.or.kr/user/reports/kotranews/20/usrReportsView.do?reportsIdx=10985

9   박성민, 〈"매일 30분씩 게임 하세요" 약 대신 게임 처방 받는 세상〉, 《동아일보》, 2021. 3. 13.

10 신대현, 〈코로나19 종식 이후 병원 서비스 모습은?〉, 《메디포뉴스》, 2020. 12. 3.

11 임솔, 〈환자들은 왜 의료소송을 제기하나, 의사·환자 간 '라포'가 열쇠〉, 《메디게이트》, 2019. 3. 14.

12 Levy, J. A. & Strombeck, R. Health benefits and risks of the Internet. Journal of Medical Systems, 2002 ; 26(6) : 495-510

13 손애리, 보건의사소통, 제7강: 헬스커뮤니케이션에서 고려할 점

14 김상기, 〈건강 불평등 완화 위해 '헬스 리터러시' 향상 정책 추진한다〉, 《라포르시안》, 2021. 1. 28.

15 신연희, 이은남, 조영신, 정선애. (2017). 라포르에 대한 개념 분석, 근관절건강학회지, 24(3), 187-195.

16 이종화, 〈[바이오] "열악한 노인 주거환경… 복지 결합한 커뮤니티 케어가 답"〉, 《매일경제》, 2020. 11. 4.

17 고위드유 https://www.gowithu.co.kr/about-us

13장 웰빙 경제 VS. 사회 안전
: 내 일자리와 행복을 지켜 줄 새로운 경제 시스템의 출현

1   이형진, 〈코로나의 역설… 감기·독감 환자 절반 줄고, 식중독은 1/3 감소〉, 《뉴스1》, 2020. 10. 28.

2   안대규, 〈"1년만 버티자" 폐업 위기서 코로나로 대박〉, 《한국경제》, 2020. 8. 9.

3   조지민, 〈로봇 카페 비트, 3세대 공개 "자율 운영 매장 시대 연다"〉, 《파이낸셜뉴스》, 2021. 3. 3.

4 정우용, 〈구미시, 동네 슈퍼 10곳 무인 운영 가능한 '스마트 슈퍼' 육성〉,《뉴스1》, 2021. 4. 7.

5 전기택. (2020). 코로나19 확산과 여성 고용, 젠더 리뷰, 2020_여름호, 이슈브리프, 70-77.

6 황선웅. (2020). 코로나19 충격의 고용 형태별 차별적 영향. 산업노동연구, 26(3), 5-34.

7 박정훈, 〈코로나 이후 비정규직 35.8% 실직… 정규직의 5배〉,《오마이뉴스》, 2021. 3. 29.

8 정진영, 〈"키오스크, 어려운데 뒷사람 눈치까지"… 어려움 호소하는 노인들〉,《국민일보》, 2020. 9. 9.

9 국민총행복전환포럼 https://blog.naver.com/gnhforum/222126071475

10 국민총행복전환포럼 https://blog.naver.com/gnhforum/222219386411

11 국민총행복전환포럼 https://blog.naver.com/gnhforum/221888707123

12 스탠퍼드 소셜 이노베이션 리뷰 https://ssir.org/articles/entry/the_vision_of_a_well_being_economy

13 주 코스타리카공화국 대한민국 대사관 https://overseas.mofa.go.kr/cr-ko/brd/m_6608/view.do?seq=965463&srchFr=&amp%3BsrchTo=&amp%3BsrchWord=&amp%3BsrchTp=&amp%3Bmulti_itm_seq=0&amp%3Bitm_seq_1=0&amp%3Bitm_seq_2=0&amp%3Bcompany_cd=&amp%3Bcompany_nm=

14장 스몰 데이터와 감성 지능 VS. ICT 생태계와 초혁신 기술
: 빅 데이터보다 작지만 더 큰 가치를 창출하는 고객 행동 분석

1 국제연합 www.un.org/development/desa/dpad/wp-content/uploads/sites/45/publication/FTQ_1_Jan_2019.pdf

2 경제협력개발기구 www.oecd.org/going-digital/data-in-the-digital-age.pdf

3 경제협력개발기구 www.oecd-ilibrary.org/trade/trade-and-cross-border-data-flows_b2023a47-en

4 임수정, 〈구글의 북미 최대 스마트 시티 프로젝트 실패의 교훈〉,《조선일보》, 2021. 2. 9.

5 브리태니 카이저, 고영태,《타겟티드》, 한빛비즈, 2020.

6 김성모, 〈네이버 '실검', 16년 만에 역사 속으로〉,《동아일보》, 2021. 2. 5.

7 동아비즈니스리뷰 www.dbr.donga.com/article/view/1201/article_no/9437/ac/magazine

8 동아비즈니스리뷰 www.dbr.donga.com/article/view/1203/article_no/9635

9 황지영,《리:스토어》, 인플루엔셜, 2020. 10.

10 정희선, 〈상품이 아닌 데이터를 파는 시대〉,《패션포스트》, 2020. 5. 8.

11 동아비즈니스리뷰 www.dbr.donga.com/article/view/1203/article_no/9749/ac/a_view
12 동아비즈니스리뷰 www.dbr.donga.com/article/view/1202/article_no/9438/ac/magazine
13 심재석, 〈HR이 디지털 트랜스포메이션 여정에 중요한 역할〉, 《바이라인네트워크》, 2019. 7. 16.
14 중소기업연구원 www.kosbi.re.kr/kosbiWar/front/functionDisplay?menuFrontNo=3&menuFrontURL=front/focusDetail?dataSequence=Y210405K01

15장 폴리매스형 전문가 VS. 긱 워커와 로봇
: 유일무이하거나 다재다능한 전문가만 살아남는 긱 이코노미

1 동아비즈니스리뷰 www.dbr.donga.com/article/view/1203/article_no/9459/is_free/Y
2 조유빈, 〈배달 시장 성장 이면의 '플랫폼 노동' 문제 주목해야〉, 《시사저널》, 2021. 1. 27.
3 구체적인 내용은 플랫폼 노동의 보호 대상에 관한 당사자 협의 및 제안(기존 업무 수행 실패 진단, 위장 자영업 오분류에 대한 기준 논의 등), 배달 산업 시장 질서 확립을 위한 기준 마련(불공정 계약 조항 근절 및 세제 적용 재편, 배달 산업 양성화를 위한 단기·중장기 제도 개선 과제 도출), 배달 산업 종사자 처우 안정을 위한 사회적 보호 조치(보험, 안전 등), 법제도 개선 방안 등이다.
4 국회입법조사처 www.assembly.go.kr/flexer/view.jsp?fid=bodo1&a.bbs_num=47684&file_num=43115&fpath=Bodo
5 박수호, 〈[코로나가 바꾼 新직업 시대] 프리랜서, 재능 팔아 억대 연봉 긱 워커·N잡러 신인류 속속 등장〉, 《매일경제》, 2020. 5. 22.
6 샌드박스네트워크 www.sandbox.co.kr/news/176
7 박혜림, 〈"이러니 당근마켓에 카메라 내놓지ㅠㅠ" 1인 유튜버 위협하는 기업형 채널!〉, 《헤럴드경제》, 2021. 1. 26.
8 성호철, 임경업, 〈[스타트업]#2 퍼블리의 6년 피벗, 박소령 인터뷰〉, 《조선일보》, 2021. 3. 16.
9 최진순, 〈'막 오른 유튜버 전문가 시대'… "맞춤형 콘텐츠 시장 열릴 것"〉, 《한국경제》, 2019. 8. 4.

16장 전망·공간 마케팅 VS. 디지털 확장 현실
: 가상 현실은 공간을 만들고, 전망은 고객을 만든다

1 안하늘, 〈10대들이 유튜브·넷플릭스보다 더 빠진 '메타버스'가 뭐길래〉, 《한국일보》,

2021. 2. 18.

2 김경환, 〈'포켓몬 고' 열풍에 스몸비 몸살, 스마트폰 안전사고 예방 골머리〉, 《머니투데이》, 2017. 2. 15.

3 서울연구원 www.si.re.kr/node/64258

4 하종훈, 〈'스몸비' 교통사고 5년 새 2배 늘었다〉, 《서울신문》, 2020. 7. 2.

5 정지영, 조광수, 최진해, & 최준호. (2017). VR 콘텐츠의 사이버 멀미 유발 요인: 시점과 움직임의 효과에 대한 실험 연구. 한국콘텐츠학회논문지, 17(4), 200-208.

6 임주형, 〈3D 게임을 하면 왜 멀미가 날까?〉, 《아시아경제》, 2020. 11. 16.

7 김치호. (2017). 가상 현실 및 증강 현실의 기술을 활용한 테마파크 어트랙션의 연구. 디지털융복합연구, 15(9), 443-452.

8 한국콘텐츠진흥원 문화기술 인사이트 www.blog.naver.com/creative_ct/221349692780

9 한국콘텐츠진흥원 www.kocca.kr/cop/bbs/view/B0000147/1843531.do?menuNo=201825

10 한국콘텐츠진흥원 www.hiic.re.kr/vol-02-메타버스와-프라이버시-그리고-윤리-논의의-시작/

11 김영은. (2013). 상호 작용과 몰입 모델 연구, 차세대컨버전스정보서비스기술논문지, 2(2), 67-72.

12 정동훈. (2017). 가상 현실에 관한 사용자 관점의 이론과 실제. 정보화정책, 24(1), 3-29.

13 고립위, & 김준교. (2013). 브랜드의 다차원 (미각, 시각, 언어) 요소가 소비자 선호도에 미치는 영향-브랜드 커피 전문점을 중심으로. 브랜드디자인학연구, 11(4), 137-150.

14 문수정, 〈그냥 쇼핑 아닌 '힐링 쇼핑'… 더 현대 서울 열흘에 200만 인파〉, 《국민일보》, 2021. 3. 8.

15 김종윤, 〈'파격' 더 현대 서울, 예상 밖 흥행에 매출 1조 클럽 빨라지나〉, 《뉴스1》, 2021. 3. 14.

16 하입비스트 www.hypebeast.kr/2019/12/gentle-monster-skp-digital-analog-future-display-event

17 임예빈, 박남기. (2020). 미디어 화면 크기와 관여도가 광고 태도, 제품 태도와 구매 의도에 미치는 영향: 현존감과 플로우의 매개 효과. 방송과 커뮤니케이션, 21(3), 5-40.

17장 스마트 대중교통 VS. 자율 주행차
: 자율 주행 상용화는 멀고 서비스형 모빌리티 대중화는 가깝다

1 윤솔, 〈日 혼다 "세계 최초 '레벨3' 자율 주행차 내년 3월까지 출시"〉, 《조선비즈》, 2020. 11. 12.

2 〈일론 머스크 테슬라 "5단계 자율 주행 매우 근접"〉, 《BBC뉴스코리아》, 2020. 7. 10.

3 구기성, 〈모셔널, 완전 자율 주행 인증 획득〉, 《한국경제》, 2021. 2. 23.

4 변지희, 〈[단독] 현대차, 구글과 합작사 설립해 무인차 서비스 개발한다〉, 《조선비즈》, 2021. 4. 2.

5 권희원, 〈"테슬라 자율 주행 시스템의 강점은 주행 데이터와 독자적 기술"〉, 《연합뉴스》, 2020. 12. 14.

6 민서연, 〈실시간 위치·주행 기록 모으는 테슬라, 끊임없는 사생활 침해 논란〉, 《조선비즈》, 2021. 3. 24.

7 Largest Companies by Market Cap https://companiesmarketcap.com

8 박종익, 〈고속으로 달리는 테슬라 차량서 '쿨쿨' 자는 운전자 또 포착〉, 《나우뉴스》, 2019. 9. 10.

9 최현준, 〈독일 법원 "테슬라 '오토파일럿' 광고는 허위"〉, 《한겨레》, 2020. 7. 15.

10 Patrick Howell O'Neillarchive page, 〈Hackers can trick a Tesla into accelerating by 50 miles per hour〉, 《MIT Technology Review》, 2020. 1. 29.

11 Tencent Keen Security Lab, 〈Tencent Keen Security Lab: Experimental Security Research of Tesla Autopilot〉, 《Keen Security Lab Blog》, 2019. 3. 29.

12 남빛나라, 〈NTSB "우버 자율 주행차 보행자 사망 사고, 원인은 운전자 부주의"〉, 《뉴시스》, 2019. 11. 20.

13 강석기, 〈자율 주행차의 윤리적 딜레마〉, 《사이언스타임즈》, 2016. 7. 1.

14 〈자율 주행차, 운전 안하면 뭐하지?〉, 《컨슈머인사이트》, 2020. 4. 24.

15 Kim-Mai Cutler, 〈Andreessen Horowitz-Backed Leap Buses Are Hitting San Francisco's Streets This Week〉, 《Tech Crunch》, 2015. 3. 18.

16 박건형, 〈자율 주행은 요원한 꿈인가… '선구자' 구글차 CEO의 퇴장〉, 《조선일보》, 2021. 4. 6.

17 최보규, 〈자율 주행 테슬라 로보택시 연내 가능? 머스크 CEO 장담〉, 《카가이》, 2020. 7. 17.

18 김인혁, 〈우버는 왜 '자율 주행차 사업' 매각했나〉, 《지디넷코리아》, 2020. 12. 8.

18장 필정부 탈개인 패러다임 VS. 필환경 패러다임
: 그린 뉴딜과 필환경 시대에 꼭 필요한 환경 정책과 비즈니스

1 〈54일 역대급 최장 장마 종료… 기후 변화 대처 방법은?〉, 《연합뉴스TV》, 2020. 8. 16.

2 김정문, 〈바이든 美 대통령, '파리기후협정' 복귀 명령〉, 《에코타임스》, 2021. 1. 21.

3 〈플라스틱 폐기물: 2040년까지 13억 톤의 플라스틱 쓰레기가 배출될 것〉, 《BBC뉴스코리아》, 2020. 7. 27.

4 김성민, 〈윤준병 의원, '자원재활용법' 대표 발의〉, 《시사매거진》, 2021. 4. 6.

5 안대규, 〈[취재수첩] '포장재 표시의무화법' 수천 억 피해 뻔한데…〉, 《한국경제》, 2021. 4. 2.

6 〈Coca-Cola company trials first paper bottle〉, 《BBC NEWS》, 2021. 2. 12.

7 이남의, 〈뉴패러다임 ESG, 금융권 '돈' 흐름이 보인다〉, 《머니S》, 2021. 4. 17.

8 심재율, 〈해초 먹은 소, 메탄가스 배출 82%나 줄어〉, 《사이언스타임즈》, 2021. 3. 19.

9 이해성, 〈정부 "2030년까지 충전소 1000곳 설치"〉, 《한국경제》, 2021. 5. 9.

10 김민서, 〈바이든이 쓰는 새로운 미국, 환경 부문에서는 어떤 변화가 일어날까?〉, 《에너지설비관리》, 2021. 1. 5.

19장 정부의 선한 영향력 VS. 미닝아웃
: 가치 소비와 불매 운동에 앞장서는 미닝아웃 세대를 사로잡아라

1 오수연. (2019). 미닝아웃 바람. 마케팅, 53(11), 55-61

2 김소연, 〈'선 넘은 표현의 자유' 용납 않는 MZ세대… 광고주도 떤다〉, 《한국일보》, 2021. 3. 28.

3 김수현, 〈홍대 치킨집 돈쭐 낸 무명 가수, 그를 보고 모두들 부끄러웠다〉, 《머니투데이》, 2021. 3. 22.

4 김용진, 〈'갓뚜기'의 착한 마케팅은 언제나 성공하지 않는다〉, 《프레시안》, 2021. 2. 1.

5 김아름, 〈'다시마 라면' 원조 농심, 오동통면 완판에 "신경 쓰이네"〉, 《디지털타임스》, 2020. 6. 23.

6 이진희. (2015). 윤리적 소비가치(코즈마케팅)가 구매 태도와 구매 의도에 미치는 영향, 한국IT서비스학회지, 14(3), 19-31.

7 Edelman Trust Barometer 2020, 코로나19 팬데믹과 신뢰도, 2020.5.

8 강정규, 〈인천관광공사 "인천 8미9경을 선정해 주세요"〉, 《중앙일보》, 2017. 3. 21.

9 강근주, 〈구리시 '곱창데이' 진행… "생활 축제 활성화"〉, 《파이낸셜뉴스》, 2020. 11. 15.

10 정만석, 강진성, 김귀현, 〈잘 만든 지역 캐릭터가 지역 경제 살린다〉, 《경남일보》, 2015. 7. 26.

20장 알고리즘 역이용 VS. 개인 정보 보호
: 디지털 빅 브라더의 노예로 살 것인가, 주도적으로 역이용할 것인가

1 이지선, 〈"당신이 뭘 했는지 다 알아" CCTV가 지켜보고 있다〉, 《경향신문》, 2008. 8. 28.

2 이상서, 〈CCTV "당신이 어제 어디서 뭐 했는지 난 다 알아요"〉, 《연합뉴스》, 2017. 12. 24.

3 얼라이드 마켓 리서치 www.alliedmarketresearch.com

4 윤고은, 〈중국, '생체 정보 수집·활용' 96개국 중 1위〉, 《연합뉴스》, 2021. 2. 29.

5   신진호, 〈AI 채팅봇 '이루다'에 내 집 주소가?… 개인 정보 유출 논란까지〉,《서울신문》,
    2021. 1. 11.

6   류선우, 〈이번엔 카카오맵 개인 정보 유출 논란… 군사 기밀까지 노출됐다〉,《SBS》, 2021.
    1. 15.

7   구본권, 〈온라인 쇼핑몰 다크 패턴 역이용하면 '할인 꿀팁'?〉,《한겨레》, 2019. 12. 26.